ACHTUNG DEUTSCH!
GERMAN FOR LEAVING CERTIFICATE

MARTINA BEHRENS-KENNY

g GILL EDUCATION

Gill Education
Hume Avenue
Park West
Dublin 12
www.gilleducation.ie

Gill Education is an imprint of M.H. Gill & Co.

© Martina Behrens-Kenny, 2009

Illustrations by Eoin Coveney

978 07171 4721 2

Print origination and design in Ireland by Carole Lynch

For Barry, your never-ending support and encouragement helped make this possible. Thank you for being there.

Contents

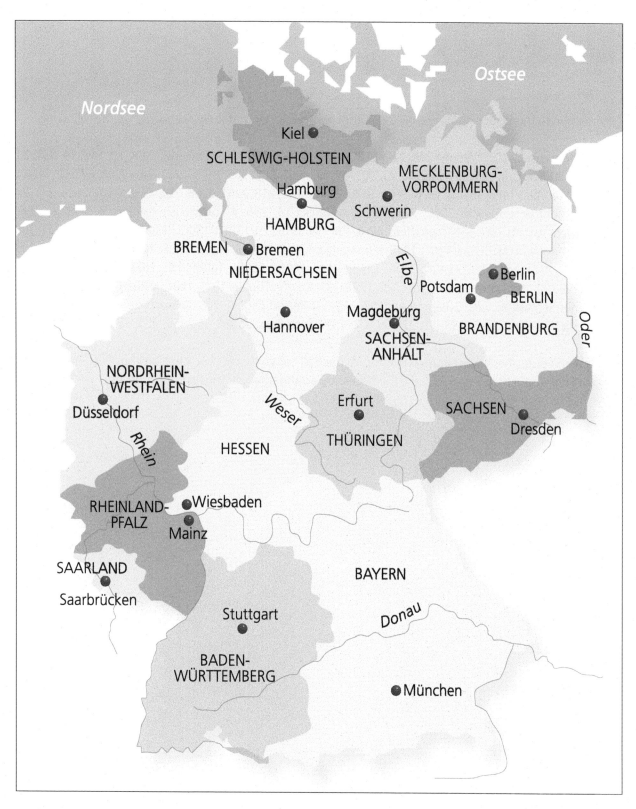

Die 16 Bundesländer: *It is important to familiarise yourself with Germany's federal states, main cities and rivers, as they frequently come up in the Leaving Certificate Examination.*

For permission to reproduce photographs the author and publisher gratefully acknowledge the following:

© Adam Trepczynski: 46C; © Alamy: 2TR, 2TCR, 2BCR, 2BR, 3TR, 3TCR, 3TC, 3CBR, 3BC, 3BR, 16, 18C, 19, 23T, 23C, 25, 26C, 26B, 31T, 31C, 32, 33, 35T, 35B, 40, 41, 46T, 47, 57T, 60T, 60C, 60B, 61, 62, 72T, 74, 77, 78, 87T, 91, 98, 113, 115, 136T, 140, 149C, 149B, 154CR, 160BL, 164, 167B, 214T, 214C, 218, 226T, 226B, 229, 233B, 240T, 240B, 241, 248; © Bernd Arnold/Greenpeace: 206C, 206B, 210; © Brick: 14, 245; © cartoons.manniac.de: 233T; © Erich Rauschenbach: 151; © Getty: 18B, 34, 65, 83B, 84, 87CR, 119, 120, 129, 130TR, 130CL, 130BL, 132B, 133, 184T, 206T, 235, 236, 243; © Glenn M. Bülow: 119C, 184B; © Imagefile: 1, 8, 11, 15, 88, 89, 93T, 93B, 104, 105, 119B, 121, 130TL, 130CR, 130BR, 132T, 149T, 150, 154CL, 154BL, 154BR, 154T, 159BR, 159BL, 160BR, 165, 167T, 168T, 168C, 171, 173, 174, 185, 188, 200, 207; © Ingmar Decker: 172C, 172B, 192; © Peter Thulke: 180T, 180C; © Press Association Images: 83T; © Reiner Schwalme: 72C; © Renate Alf: 157, 171C; © Report Digital: 215; © Rex Features: 181, 196T, 196B; © Topfoto: 167C; © Unsicht-Bar: 217CL, 223, 217CR; © Winfried Besslich (BESS): 205C, 205B.

The author and publisher have made every effort to trace all copyright holders, but if any has been inadvertently overlooked we would be pleased to make the necessary arrangement at the first opportunity.

Kapitel 1

Meine Familie und ich

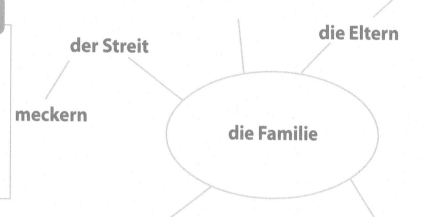

der Vater

die Eltern

der Streit

meckern

die Familie

Finden Sie zusammen mit Ihrem Partner so viele Wörter zum Thema „Familie" wie Sie können. Schreiben Sie die Wörter in das Diagramm rechts. Besprechen Sie Ihre Gedanken mit der Klasse.

Sprechen

Übung 1 – Arbeiten Sie zu zweit. Sprechen Sie über Ihre Familie, indem Sie die Fragen unten mündlich beantworten. Vergessen Sie nicht, die Rollen zu tauschen. Tragen Sie den Dialog der Klasse vor.

1. Wie heißen Sie? _____

2. Wie alt sind Sie? _____

3. Wann haben Sie Geburtstag? _____

4. Haben Sie Geschwister? _____

5. Wenn ja, wie alt sind sie? _____

6. Was machen Ihre Geschwister? _____

7. Sind Sie der/die Jüngste? _____

8. Sind Sie der/die Älteste? _____

9. Wie finden Sie das? _____

10. Wie verstehen Sie sich mit Ihren Eltern/Geschwistern?_____

11. Über was streiten Sie manchmal?_____

Übung 2 – Make up an identity or pretend you are someone famous. Get your partner to ask you questions and then get him/her to present 'you' to the class.

Lesen

Leseverständnis 1 (leicht)

Sag mal – brauchst du Familie?

Welches Verhältnis haben Kinder zu ihren Eltern? Das wollten wir von Jugendlichen in eurem Alter wissen. Das Magazin *JUMA* hat einige Jugendliche nach ihrer Meinung gefragt.

Übung 1 – Lesen Sie jetzt die Antworten der Jugendlichen und schlagen Sie die Ihnen unbekannten Wörter im Wörterbuch nach.

Susanne (17): Meine Eltern bemühen sich sehr, mich zu verstehen und meine Entscheidungen zu tolerieren. Schade nur, dass mein Vater in seinem Job viel unterwegs ist. Aber wir Frauen schmeißen den Laden schon.

Iris (16): Familie ist Stress. Ständig wird man zu Ausflügen mitgenommen, etwa zur Landesgartenschau, auf die man absolut keine Lust hat. Von Verständnis kann da nicht die Rede sein. Heiraten will ich später auf keinen Fall, Kinder haben schon gar nicht. Ich kann es nicht leiden, ständig eingeschränkt zu sein.

Nadim (18): Familie? Klar, brauche ich die. Es gab zwar früher teilweise richtig Stress, aber den gibt's wohl überall. Inzwischen habe ich wieder ein sehr positives Verhältnis zu meinen Eltern. Keine Frage, dass ich später selbst Familie haben will, und zwar mit drei Kindern.

André (12): Seit meine Eltern geschieden sind, lebt mein Vater leider in Amerika. Dort ist er wieder verheiratet. Meine Mutter ist aber für mich da. Ob wir zusammen in Urlaub fahren oder einen Ausflug machen: Es macht garantiert immer Spaß!

Stephie (13): Wir unternehmen zwar nicht viel zusammen, doch wichtig ist mir die Familie schon. Nervig sind Familienfeste. Meine Eltern interessiert vor allem, was ich in der Schule mache. Auch über Jungs rede ich mit ihnen.

Lydia (17): Ja, ich brauche meine Familie. Ich habe ein sehr freundschaftliches Verhältnis zu meinen Eltern. Ganz allein zu leben, stelle ich mir schrecklich langweilig und hart vor. Darum will ich später auch selbst Kinder.

Teresa (17): Ich habe wahnsinniges Glück mit meinen Eltern. Gerade für mich als Einzelkind waren sie immer meine ersten Ansprechpartner. Sie haben zugehört und geholfen.

Eskin (16): Meine Eltern sind wie gute Freunde für mich. Probleme lösen wir gemeinsam. Ab und zu muss ich zu Hause zwar kräftig mithelfen, aber das ist doch normal, oder? Später werde ich selbst eine Familie haben.

Alexander (18): Ich brauche meine Eltern. Wir fahren zum Beispiel zusammen in Urlaub. Für die Zukunft ist mir meine Karriere aber wichtiger als Frau und Kind.

Paul (16): In meiner Familie gibt es nur selten Streit, etwa wenn ich abends lange weggehen will. Nach der Schule will ich aber mit meiner Freundin leben.

source: http://www.juma.de./2001/j3_01/umfra.htm JUMA 3/2001

Übung 2 – Jetzt sind Sie dran! Schreiben Sie Ihr eigenes Kommentar. Was sind Ihre Gedanken zum Thema „Familie"?

Übung 3 – Sammeln Sie entweder die Gedanken an der Tafel, oder jeder schreibt sein Kommentar auf ein Stück Papier und der Lehrer liest sie der Klasse vor.

Hören

Interview mit Andrea Langenfeld

Nach Schätzungen des Deutschen Jugendinstituts München leben bundesweit zwischen 1 und 1,5 Millionen Kinder in so genannten „Patchwork-Familien" – mit Vater, Mutter und Kindern aus unterschiedlichen Beziehungen. Die neuen „zusammengewürfelten" Familien verdrängen zunehmend die traditionelle Kleinfamilie.

Nach Expertenmeinung zählt bereits jede siebte Familie in Deutschland zu den Patchwork-Familien. Steigende Scheidungsraten erhöhen die Wahrscheinlichkeit, einen Partner oder eine Partnerin für ein neues Zusammenleben zu finden. Allerdings erfordert der neue Familienverband von den Mitgliedern oftmals große Flexibilität.

Mitten in einem kleinen Dorf in Hessen verbirgt sich eine „Villa Kunterbunt": Andrea Langenfeld (36, Krankenschwester) und ihr Lebensgefährte Norbert Schmitz (39, Diplompädagoge) leben dort mit ihrem gemeinsamen Sohn Paul (3) und den Eltern von Norbert. An den Wochenenden wächst die Kleinfamilie zu einer großen Patchwork-Familie an, wenn die Geschwister Anna (13) und Jonas (12) sowie Philipp (13) aus den ersten Ehen anreisen. Die neue Familie hat sich vor sieben Jahren zusammengefunden, als Andrea und Norbert sich nach ihren jeweiligen Scheidungen kennen lernten.

Track 1

Übung 1 – Hören Sie sich jetzt das *Brigitte.de*-Interview mit Andrea Langenfeld an. Die Vokabeln dienen als Hilfestellung.

das Verhältnis – *relationship*	vertraut werden – *to get to know each other*
die Umstellung – *change, adjustment*	das Erlebnis – *experience, adventure*
verwöhnen – *to spoil*	auf einander angewiesen sein – *to rely on each other*
eifersüchtig – *jealous*	der Blödsinn – *nonsense*
brüllen – *to shout*	unabhängig – *independent*
erlauben – *to allow*	die Reiberei – *friction*

Übung 2 – Hören Sie sich das Interview erneut an und beantworten Sie die Fragen auf Englisch.

1. What is a *Patchwork-Familie*?

2. How is the other children's relationship to little Paul?

3. How did Norbert's son react to the new family set-up?

4. Mention the way Andrea's children expressed their unhappiness.

5. What did the family do together in their free time?

Grammatik

Die Wortstellung (*word order*)

Revise the word order rules! Remember that it is very important to get your word order right, especially in the letter and opinion on issue section of the Leaving Certificate Examination.

Here is a quick reminder of the word order rules.

The **verb** must come as the **second idea** in the main sentence.

The **order of elements** within the sentence should normally be:

TIME – MANNER – PLACE

wann? – wie? – wo?

Karl **geht** morgen mit seinem Bruder ins Schwimmbad.

Morgen **geht** Karl mit seinem Bruder ins Schwimmbad.

This order can occasionally be altered to add emphasis to a certain part of the phrase; however, the verb always remains the second idea.

Mit seinem Bruder **geht** Karl morgen ins Schwimmbad.

Ins Schwimmbad **geht** Karl morgen mit seinem Bruder.

Übung 1 – Rewrite the following sentences to include the phrases in brackets at the beginning. Watch out for the changing word order.

Example: Johannes joggt mit seiner Schwester im Wald. (einmal in der Woche)

Einmal in der Woche joggt Johannes mit seiner Schwester im Wald.

1. Ich fahre mit meiner Schwester in die Stadt. (samstags)

2. Meine Mutter geht mit mir ins Kino. (manchmal)

3. Wir fahren oft nach Spanien. (im Sommer)

4. Meine Familie frühstückt gemeinsam. (jeden Sonntag)

5. Meine Oma geht nicht spazieren. (allein)

6. Wir kommen gut aus. (mit meiner Mutter)

7. Ich gehe nicht ins Kino. (ohne meinen kleinen Bruder)

8. Die Familie Schmidt feiert mit Stil. (an Weihnachten)

9. Mein Bruder geht Fußball spielen. (immer freitags)

10. Ich räume selber auf. (mein Zimmer)

Übung 2 – Sort out these jumbled sentences. Remember where to put the verb and use the right form of the present tense.

Example: am / arbeiten / sie / heute / eifrig / Computer
             Sie arbeit**et** heute eifrig am Computer.

1. keine Zeit / ich / haben / heute

2. gehen / nach / Hause / ich

3. heißen / er / wie / ?

4. keine Zeit / mein / haben / Bruder

5. spielen / das Baby / dem Teddybär / mit / Bett / im

6. sein / laut / meine / sehr / Geschwister

7. und / Einzelkind / ich / finden / sein / gut / ich / das

8. getrennt / Eltern / meine / leben

9. Mutter / meiner / wohnen / bei / ich

10. beste / haben / Freundin / keine / meine / Eltern

Übung 3 – Now write five sentences in German about your own family, and remember to put the verb second!

Tipp! Go to the following website for more word order exercises: http://german.about.com.

When there are **two verbs** (in the future, conditional or past or when you use modal verbs), the **first verb is in second position**.

The **second verb** (infinitive or past participle) goes to the **end of the sentence**.

Karl **muss** morgen mit seinem Bruder schwimmen **gehen**.
Karl **ist** gestern mit seinem Bruder schwimmen **gegangen**.
Karl **wird** morgen mit seinem Bruder schwimmen **gehen**.
Karl **möchte** morgen mit seinem Bruder schwimmen **gehen**.

Übung 4 – Complete the following senten...

1. Samstags _____ ich nicht in die Schule

2. Wir _____ am Freitagabend bis 23

3. Meine große Schwester _____ imm ... (müssen / aufpassen).

4. Am liebsten _____ sie sonntags immer i

5. Sie _____ sehr faul _____. (könne

6. Seit letztem Jahr _____ sie nicht n

7. Sie und ihre Freundin _____ eine l

8. Meine Eltern _____ aber, dass sie z ...).

9. Dann _____ sie _____, was sie wi

10. Ich liebe die Schule und ich _____ nicht so schnell damit _____. (möchten / aufhören)

Handwritten note:
1. müssen, gehen
2. dürfen fernsehen
3. müss, aufpassen
4. möchte, liegen bleiben
5. kann, sein
6. will, gehen
7. möchten, machen
8. wollen, machen
9. soll, machen
10. möchte, aufhören

Übung 5 – Sort out these jumbled sentences. Remember where to put the verb and that it needs to be in the right form.

1. jeden Tag / Deutsch / sprechen / müssen / ich

2. dieses Wochenende / möchten / Tennis spielen / er

3. Eis / möchten / essen / trotzdem / Frida

4. dürfen / Petra / nicht / abends / immer / ausgehen

5. müssen / der Hausarbeit / bei / helfen / wir

6. kleiner / allein / mein / dürfen / zur / laufen / Schule / Bruder

7. Oma / sonntags / wir / besuchen / müssen / unsere

8. wollen / Hund / spazieren / meinen / gehen / ohne / nicht / sie

9. verreisen / du / im / alleine / Sommer / können

10. möchten / Eltern / sich / lassen / scheiden / seine

Lesen

Leseverständnis 2

Die andere Seite
Was denken Eltern eigentlich über ihre Kinder?

Anna (15)

Meine Eltern haben eine ganz gute Einstellung zum Weggehen. Natürlich will ich auch mal länger weg als bis Mitternacht. Manche von meinen Freundinnen dürfen länger, andere müssen schon eher heim. Sonst lassen mir meine Eltern viel **Freiraum** – auch, weil sie selbst viel unterwegs sind. Sie können ja schlecht sagen: „Heute Nachmittag bleibst du daheim", wenn sie dann nicht da sind. Ich kann immer Freunde mit heimbringen, das ist kein Thema. Meine Eltern sind nicht so **empfindlich**, was die Lautstärke angeht. Meine Mutter ist sehr streng erzogen worden. Ich bewundere an ihr, dass sie anders geworden ist. Sie versteht sich voll gut mit meinen Freunden, das ist mir auch wichtig. Meine Mutter und ich erzählen uns ziemlich viel – von Papa oder ihren Kollegen oder von Problemen mit ihrem Chef. Meistens dann, wenn wir uns in der Küche was zum Abendessen machen. Wir bleiben dann in der Küche hocken und quatschen; mein Vater und mein Bruder essen im Wohnzimmer und schauen fern. Meine Mutter ist eine dominante Persönlichkeit. Manchmal ist sie auch zu sehr Grundschullehrerin. Manche Sachen erklärt sie zehnmal, obwohl jeder sie schon beim ersten Mal verstanden hat. Sie lacht viel und gern. Am meisten bewundere ich an ihr, dass sie den ganzen Stress aushält: mit ihrer Arbeit und mit meinem Bruder, der mehr Unterstützung braucht als ich. In vielen Dingen bin ich wie meine Mutter. Wir sind beide selbstbewusst und dominant und haben bei Männern und Klamotten den gleichen Geschmack. Ich habe ein ziemlich gutes Verhältnis zu meinen Eltern. Ich habe sie beide gern. Manchmal, wenn ich schlecht gelaunt bin, lasse ich sie das vielleicht nicht genug spüren. Ich weiß nicht warum.

Angelika (40)

Anna geht sehr gerne weg. Mein Motto ist: leben und leben lassen. Wenn ich an meine eigene Jugend denke, fällt es mir leichter, Anna Freiheiten zu geben. Außerdem habe ich mir sehr früh Gedanken über das Loslassen gemacht und beschlossen: Anna soll **selbstständig** werden. Sie ist eine Führungspersönlichkeit, hat viele Ideen und kann gut organisieren. Ich finde es toll, dass sie so reif ist. Ich kann **Vertrauen** zu ihr haben. Sicher, irgendeinen Bock baut jeder mal. Aber ich versuche, das positiv zu sehen und mische mich nicht zu sehr ein. Mein Mann und ich haben immer gesagt, wir wollen Raum für unsere Kinder schaffen. Einen Platz, wo sie sich aufhalten können und sich nicht ausgestoßen fühlen. Einen Kellerraum hatten wir schon immer. Jetzt haben wir das Dach über der Garage ausgebaut. Ich bin der Meinung, wenn alle Jugendliche einen solchen Platz hätten, gäbe es viel

≫

weniger Probleme mit Drogen und Kriminalität. Unsere Kinder durften schon immer jeden heimbringen, auch übernachten war kein Problem. Ich sage „Hallo" und lasse sie dann allein. Das Gute ist, dass ich die meisten Freunde von Anna dadurch schon von Kindheit an kenne. Wenn ich nicht wüsste, mit wem sie sich trifft, wäre mir das nicht recht. Anna ist ein ähnlicher Typ wie ich. Vielleicht haben wir deshalb so ein gutes Verhältnis. Ich weiß von ihr nicht alles, aber das akzeptiere ich auch. Natürlich will ich, dass sie rechtzeitig Bescheid sagt, wenn sie irgendwohin will oder ich sie fahren soll.

Das findet sie dann spießig, aber ich muss ja auch planen. Manchmal ist Anna spießiger als ich – zum Beispiel, wenn Freunde was liegen lassen. Da kann sie sich tierisch aufregen. Ich sage dann nichts dazu, ich beobachte das nur.

voll – *totally*
hocken (sitzen) – *to sit*
einen Bock bauen (etwas falsch machen) – *to do something wrong*
spießig – *petty*

source: *JUMA* 4/2004

Übung 1 – Lesen Sie den Text über Anna und ihre Mutter.

Übung 2 – Schlagen Sie die fett gedruckten und die Ihnen unbekannten Wörter im Wörterbuch nach. Tragen Sie die Vokabeln in Ihr Vokabelheft ein.

Übung 3 – Beantworten Sie jetzt die folgenden Fragen.

1. Wie kommt Annas Mutter mit Annas Freunden aus?
2. Wie beschreibt Anna ihre Mutter?
3. Was sagt Angelika über ihre Tochter?
4. What is Angelika's view about bringing home friends?
5. Explain the expression *leben und leben lassen*.
6. Why does Anna's mother think that young people need their own space?
7. What does Anna find petty about her mother's behaviour?

Schreiben

Übung 1 – Lesen Sie den Brief von Ihrem/Ihrer Brieffreund/in aus München. Schreiben Sie einen Antwortbrief und beantworten Sie alle Fragen.

Liebe(r) _____,

Vielen Dank für deinen Brief. Ich finde es echt toll, einen Brieffreund in Irland zu haben. Du hast in deinem Brief viel von dir erzählt, aber sehr wenig von deiner Familie. Wie sieht die aus? Hast du Geschwister? Wie kommst du mit ihnen aus? Wie verstehst du dich mit deinen Eltern?

Wie du weißt, lebe ich bei meiner Mutter, denn meine Eltern sind seit 5 Jahren geschieden. Manchmal nervt es ein bisschen, denn ich hasse dieses ständige Hin und Her.

Ich verstehe mich ganz gut mit meiner Mutter. Sie ist recht cool. Nur ihr Putzfimmel geht mir manchmal auf den Keks, immer meckert sie über mein unordentliches Zimmer. Musst du auch ständig aufräumen? Wie ist es mit dem Haushalt? Hast du bestimmte Aufgaben?

Mein Vater ist sehr streng, besonders was die Schule angeht. Er möchte, dass ich unbedingt mein Abi mache und dann studiere. Ich würde lieber eine Ausbildung bei der Bank machen. Mal sehen. Wie sind deine Eltern im Bezug auf die Schule und deine Zukunft? Schreiben Sie dir auch vor, was du machen sollst?

Aber dafür sind beide eigentlich recht stressfrei, was das Ausgehen und meine Freunde angeht. Ich darf meistens so lange ausbleiben, wie ich möchte. Hauptsache ich schicke eine SMS und sie wissen wo ich bin. Bist du auch oft mit deinen Freunden unterwegs? Was macht ihr denn so am liebsten?

So, jetzt reicht es aber, ich habe wirklich genug Fragen gestellt. Ich mache jetzt besser Schluss.
Schreib mir bald.

Viele Grüße aus München,

dein(e) Toni

Übung 2 – Sie haben Probleme mit Ihrer Familie. Schreiben Sie einen kurzen Leserbrief an eine Zeitschrift (*problem page*), in dem Sie Ihre Gedanken äußern.
Die Überschriften unten dienen als Anregung. Sie können natürlich auch Ihre eigene Überschrift erfinden.

- Meine Eltern zwingen mich zum Schulabschluss
- Keiner versteht mich
- Meine Familie akzeptiert meinen Freund nicht
- Mit meinem Vater gibt es immer Streit
- Ich bin so allein
- Meine Mutter liest meine SMS-Nachrichten

Übung 3 (leicht) – You are going on an exchange visit to Berlin with your school. You have received the e-mail address of your German exchange partner. Write an e-mail in German to him/her, telling him/her about your family and yourself.
Remember to include the following details:

- Describe your family.
- Explain how you get on with your siblings.
- Talk about yourself, your hobbies, friends and interests.
- Say what you would like to see in Berlin.

- Ask what you should bring from Ireland.
- Tell him/her that you are really looking forward to the exchange.
- Write a suitable closing line.

Extra

Read the advice *BRAVO* gives to young people on how to get on better with your parents. Remember to write down all the new vocabulary in your vocabulary copy.

Eltern: So kriegst du endlich, was du willst!

Du willst bei Freunden übernachten, ein neues Haustier haben, abends länger raus oder endlich mehr Taschengeld? So kriegst du deine Eltern rum!

Klar: Deine Eltern sitzen in Sachen Erziehung immer am längeren Hebel. Sie können dir fast alles verbieten, Druck ausüben oder Strafen aufdrücken. Machtlos bist du aber trotzdem nicht!

Viele Eltern sind zu Kompromissen bereit, wenn du geschickt mit ihnen verhandelst.

Wir geben dir drei Tipps, wie du das am besten machst und wie du deine Eltern überzeugen kannst:

1. Tipp: Überrasch sie!

Ihr streitet euch immer wieder wegen der gleichen Sache? Dann schau mal, was passiert, wenn du dich plötzlich anders verhältst als sonst!

So geht's:

Hast du bisher immer geschmollt, dann versuch's mal anders: Lauf nicht weg, schrei nicht rum und zieh dich auch nicht beleidigt zurück! Bleib ganz ruhig und erklär ihnen so gelassen wie möglich deine Position!

Du wirst sehen: Das überrascht sie! Vielleicht nicht gleich beim ersten Mal, aber bestimmt auf längere Sicht. Sie spüren, dass du erwachsener wirst und dich zu einem ernst zu nehmenden Verhandlungspartner entwickelst. Die Folge: Sie vertrauen dir und somit erlauben sie dir auch mehr.

≫

2. Tipp: Such dir Verbündete!

Bei manchen Eltern nützt jedoch das schönste Reden nichts. So lange kein Erwachsener mit im Raum ist, flippen sie einfach aus. Dann such dir einen Verbündeten!

So geht's:

Am besten suchst du dir eine erwachsene Person, der auch deine Eltern vertrauen. Das kann ein Onkel oder die Tante sein, oder gute Bekannte deiner Eltern, deren Meinung sie respektieren.

Ideal ist jemand, der beide Seiten versteht und gut vermitteln kann. Setzt euch zusammen und versucht einen Kompromiss zu finden! Das klappt fast immer.

3. Tipp: Fordere nicht alles auf einmal!

Eltern müssen lernen, dass sie dir vertrauen können. Gib ihnen die Chance dazu!

So geht's:

Du willst zum Beispiel in den Ferien mit Freunden zwei oder drei Wochen wegfahren, aber deine Eltern sind dagegen. Dann handle zunächst mal ein kurzes Wochenende aus.

Checken deine Eltern, dass das gut klappt und sie dir vertrauen können, ist es wahrscheinlich, dass sie dir auch den Urlaub in den Ferien erlauben.

---

am längeren Hebel sitzen – *to have the advantage*
machtlos – *powerless*
geschickt – *clever*
verhandeln – *to negotiate*
überzeugen – *to convince*

überraschen – *to surprise*
schmollen – *to sulk*
beleidigt – *insulted*
gelassen – *relaxed*
spüren – *to feel*
entwickeln – *to develop*

der Verbündete – *ally*
ausflippen – *to go crazy*
vertrauen – *to trust*
vermitteln – *to mediate*
fordern – *to demand*
aushandeln – *to bargain, negotiate terms*

 Tipp! Auf der *BRAVO*-Website (www.bravo.de) gibt es noch mehr Informationen zu diesem Thema.

Übung 1 – Sind diese Tipps eine gute Idee? Was meinen Sie? Begründen Sie Ihre Antwort. Was möchten Sie oft von Ihren Eltern und wie überzeugen Sie sie?

Übung 2 – Sammeln Sie Ideen in einer Gruppe zum Thema „Was darf ich und was erlauben mir meine Eltern nicht". Diskutieren Sie Ihre Ideen mit der Klasse und schreiben Sie die Ergebnisse an die Tafel.

Übung 3 – Hier sind noch drei weitere Überschriften für Tipps, wie Sie Ihre Eltern beeinflussen können. Schreiben Sie eine kurze Erklärung auf Englisch, die zu den Überschriften passt.

◆ Zeig, dass du zuverlässig bist! ◆ Mach ein Angebot! ◆ Schaff Vertrauen!

Vokabeln zu Kapitel 1

Learn the vocabulary regularly. Use the empty columns for practice.

die Geschwister	siblings		
zanken/streiten	to quarrel		
auskommen	to get along		
das Elternhaus	home		
teilen	to share		
sich gut verstehen	to get on well		
einsam	lonely		
der Druck	pressure		
aufräumen	to tidy up		
der Haushalt	household		
helfen	to help		
staubsaugen	to vacuum		
die Wäsche waschen	to do the washing		
einkaufen	to shop		
sich kümmern	to attend to, to care		
dürfen	to be allowed		
wollen	to want		
das Einzelkind	only child		
geschieden	divorced		
getrennt leben	to live separated		
der Stiefvater	stepfather		
die Familienmitglieder	family members		
die/der Älteste	the oldest		
die/der Jüngste	the youngest		
die Verwandten	relatives		
streng	strict		
die Verantwortung tragen	to carry the responsibility		
selbstständig	independent		
hilfsbereit	helpful		
unordentlich	untidy		
launisch	moody		
meckern	to nag		
volljährig	of full/legal age		
verwöhnt	spoiled		

Useful Phrases

Ich finde meine Familie total cool.	*I think my family are totally cool.*
Manchmal streite ich mich mit meinen Geschwistern.	*Sometimes I fight with my siblings.*
Die Familie ist wichtig, denn sie unterstützt einen.	*Family is important because it lends support.*
Der Familienzusammenhalt ist sehr wichtig.	*The family unit is very important.*
Ich könnte ohne meine Familie nicht leben.	*I could not live without my family.*
Meine Eltern nerven manchmal.	*Sometimes my parents annoy me.*
Nicht jeder möchte später mal eine Familie haben.	*Not everyone wants to have a family later in life.*
Ich möchte erst spät im Leben heiraten und eine Familie gründen.	*I want to get married and have a family later in life.*

„Ich hasse Familienausflüge."

Kapitel 2
Wohnen und Umgebung

Trennen Sie die Wörter im folgenden Text und setzen Sie die Satzzeichen. Schreiben Sie den Text in Ihr Heft.

RenatewohntinSchwahnheimDasisteinVorortvonFrankfurtRenatewohntmitihrerFamilieineinemEinfamilienhausD
asHausistnichtriesiggroßaberRenateundihrBruderHeinzhabenbeideeineigenesZimmerInSchwahnheimgibtesnich
tbesondersvielfürJugendlichezutunNatürlichgibteseinFitnessstudioundeinJugendzentrumEsgibteinpaarGeschäft
eundGaststättenaberansonstenkannesschonmalrichtiglangweiligwerdenZumGlückistmanmitderStraßenbahnin3
0MinutendirektderInnenstadtRenateundHeinztreffensichoftmitihrenFreundeninderStadtRenatewohntgerninSc
hwahnheimSiekennthiervieleLeuteunddasLebenisthiernichtsohektischwieinderbelebtenInnenstadt.

Sprechen

Übung 1 – Beschreiben Sie Ihren Wohnort und die Umgebung, in der Sie wohnen.
Hier ein paar Fragen, um Ihnen weiterzuhelfen. Benutzen Sie als Hilfe die Vokabeln am Ende des Kapitels.
Beantworten Sie die Fragen für sich und arbeiten Sie dann mit einem Partner zusammen. Kann Ihr Partner
die Fragen alle beantworten? Geben Sie 2 Punkte für jede richtige Antwort. Wer von Ihnen hat die meisten
Punkte?

1. Wo wohnen Sie?

2. Wo liegt das genau?

3. Was gibt es hier alles für Jugendliche zu tun?

4. Wie finden Sie Ihren Wohnort?

5. Was finden Sie hier nicht so gut?

6. Wohnen Sie gerne hier? Warum?

Lesen

Leseverständnis 1 (schwer)

Viele Jugendliche träumen von den eigenen vier Wänden. Manchmal nerven die Eltern, oder man will einfach endlich selbstständig werden und auf den eigenen Füßen stehen. Der Autor des folgenden Textes macht sich Gedanken.

WG gesucht …
… oder auch nicht? Das ist hier die Frage.

Ja, ich weiß, eigentlich heißt es SEIN oder NICHTsein, das ist hier die Frage. Aber hängen diese zwei Fragen nicht zusammen?

Eine räumliche Trennung von Mama, Papa und den Geschwistern? Kein Chaos mehr am Frühstückstisch. Wenn du Glück hast, niemand mehr, der sich dafür interessiert, wie deine Deutsch- oder Physikklausur gelaufen ist, oder der in dein Zimmer kommt, um dich mit deinem von ihm ganz persönlich kreierten Spitznamen anzusprechen.

Die lästige Fahrgemeinschaft, die viel Zeit und Benzin kostet, wird gegen die eigenen vier Wände eingetauscht. Obwohl, so schlimm war es dann auch wieder nicht. Sicher, manchmal nervt die Mitfahrerin, aber die lustigen Gespräche und die lauten Musiksessions im Auto waren doch ganz witzig. Ist das die neue Wohnung wert?

Mit dem Eintauschen dieser Art von Freiheit gewinnst du eine neue Freiheit. Jetzt bricht die Zeit an, wo du selbst verantwortlich wirst für dich und natürlich deinen ganzen Kram. Wäsche waschen, einkaufen, kochen, aufräumen, lernen. Ja, ja, ich weiß, das hast du zu Hause auch schon alles gemacht, aber wenn du keine Lust hattest, war doch immer jemand da, der deinen Job für dich gemacht hat.

Wenn du Pech hast, hast du für diese vier Wände, welche du dann zur Verfügung hast, deine Familie gegen mies gelaunte Mitbewohner eingetauscht und die einzigen Kommunikationspartner, die bleiben, sind Sam – dein Laptop – oder dein Fernseher.

Was du nicht vergessen darfst, ist natürlich der finanzielle Aspekt. Die Kosten würden wahrscheinlich etwas ansteigen, auch wenn du jetzt nicht mehr so viel Geld für die monatliche Zugfahrkarte ausgeben

»

musst. Dann ist da das Haushaltsgeld, das du wöchentlich an deine Eltern gezahlt hast. Aber auf der anderen Seite gibt es jetzt Miete zu zahlen, und nicht zu vergessen sind die Nebenkosten. Und was ist mit Lebensmitteln, Waschpulver … usw.?

Der große Bonus ist natürlich mehr Zeit … und mehr Freiheit. Das ist doch bestimmt mehr wert als Geld, oder?

Dies alles geht dir durch den Kopf, während du überlegst, ob du die Nummer, welche du in dein Handy eingetippt hast, auch wirklich wählen sollst. Ob du dir diese Vierer-WG wirklich mal ansehen solltest und es wagen solltest, den nächsten großen Schritt in deinem Leben zu gehen?

Ausziehen, allein – mit Fremden in der „großen, weiten Welt".

Willst du das wirklich?

WG (Wohngemeinschaft) – *flat-share group*	die Fahrgemeinschaft – *car pool*	der Kram – *stuff*
die Trennung – *separation*	lästig – *annoying*	zur Verfügung – *available*
das Pech – *misfortune*	die Mitfahrerin – *passenger*	die Nebenkosten – *extra costs (gas, electricity …)*
die Klausur – *test*	eintauschen – *to exchange, swap*	der Fremde – *stranger*
kreiert – *created*	die Freiheit – *freedom*	
der Spitzname – *nickname*	verantwortlich – *responsible*	

Übung 1 – Beantworten Sie die folgenden Fragen schriftlich auf Englisch.

1. What advantages does the writer mention for not living at home any more?

2. What negative aspects does the writer list?

3. Why are costs so high for living on your own?

4. Describe the author's overall attitude. Is he/she for moving out or not? What makes you think that? Make direct reference to the text.

Lesen

Leseverständnis 2 (leicht)

Von zu Hause ausziehen ist ein großer Schritt in die Selbstständigkeit und ins Ungewisse. In dem folgenden Text berichten drei Jugendliche von ihren persönlichen Eindrücken über den Umzug vom Land in die Großstadt.

Landeier in der Großstadt

Das Leben in einer großen Stadt kann ziemlich aufregend sein. Vor allem für junge Frauen aus einer ländlichen Umgebung – im Volksmund „Landeier" genannt.

Lee Ann, 20 Jahre, kam vor einem Jahr mit ein paar Koffern nach Berlin. „Meine Eltern wohnen in einem kleinen Dorf bei Lübeck. Der letzte Bus fährt um halb sieben", sagt Lee Ann.„Dort war der Hund begraben!"* Sie wollte unbedingt in die Großstadt, obwohl sie dort niemanden kannte. „Außer ein paar Leuten, die ich durch das Internet kennen gelernt habe." So fand sie auch ihre erste Unterkunft. „In der ersten Woche war es richtig schlimm", erinnert sich Lee Ann,„da wollte ich eigentlich gleich wieder weg, nur zurück." Sie fand die Atmosphäre in der Großstadt kalt. Einen Ausbildungsplatz fand sie erst nach langer Suche. Mittlerweile hat die junge Frau eine eigene Wohnung gefunden. Mit ihr wohnt nur ihre Katze. Ihr Bild von den Großstadtmenschen ist auch besser geworden. Die Berliner sind total freundlich, findet sie. Nur die Jungs, „da habe ich eher schlechte Erfahrungen gemacht", sagt Lee Ann. „Man lernt sich schnell kennen, aber wird genauso schnell wieder vergessen."

„Ich wollte mein eigenes Leben haben", sagt Lee Ann. Bei den Eltern eines Freundes fand sie Unterkunft.

„In der Großstadt ist jeden Tag was los", meint Daniela. Sie genießt das Leben in Berlin.

Daniela, 20 Jahre, hat ihre Kindheit in einem Dorf mit 300 Einwohnern in Sachsen-Anhalt verbracht. Dort machte sie eine Lehre zur Steuerfachangestellten. Doch nach und nach verließen die meisten ihrer Freunde das Dorf. Dann machte ihr Freund mit ihr Schluss. Da begann auch Daniela darüber nachzudenken, wegzugehen. „Wenn ich es jetzt nicht mache, werde ich hier auf dem Dorf alt", dachte sie. Ein Cousin wohnte in Berlin, und sie kannte die Stadt von Besuchen. Daniela überredete eine Freundin aus dem Dorf, mit nach Berlin zu kommen. Die beiden mieteten sich zusammen eine Wohnung. Daniela fand einen Job in einem Steuerbüro; ihre Freundin arbeitete als Krankenschwester in einer großen Klinik. „Mandy war allerdings ziemlich frustriert in der ersten Zeit. Sie lernte überhaupt niemanden kennen." Daniela dagegen genoss das Leben in der Großstadt. „Im Dorf ging man nur einmal pro Woche aus", sagt Daniela, „in der Stadt kann man fast jeden Tag irgendwo auf Partys oder in Bars gehen." Das Schönste an der Großstadt ist für Daniela ihr neuer Freund: Alexander, ein echter Berliner.

>>

Für Vera, 18 Jahre, stand gleich nach der mittleren Reife fest: Auf dem Dorf hält mich nichts mehr! Die Klassenfahrt nach Berlin imponierte der Schülerin aus einem kleinen Dorf in Mittelhessen. „Allein die Auswahl der Theater und Kinos in Berlin! Da weiß man vor lauter Angeboten gar nicht, wo man zuerst hingehen soll", sagt Vera. Auch die verrückt gestylten* Menschen in der U-Bahn haben Eindruck auf sie gemacht. Veras erste Adresse in der Großstadt war die Wohnung ihres Großvaters. Der wohnt allein im Stadtzentrum. Ganz allein wollte ich nicht wohnen", sagt Vera. Das Hochhaus mit den 12 Etagen kam Vera riesig vor. Dass die Nachbarn nicht mal grüßen, erstaunte sie. Gleichaltrige kennen lernen war gar nicht so einfach. An der Berufsfachschule waren noch Ferien. Jeden Abend mit dem Opa vor dem Fernseher sitzen wollte Vera auch nicht. In den ersten Wochen fühlte Vera öfters ein Ziehen in der Magengegend. Die Menschenmassen in der U-Bahn und auf den Straßen kamen ihr abstoßend vor. Jeder hetzte scheinbar irgendwelchen dringenden Terminen hinterher. „Echte Freunde findet man in der Stadt nicht", steht für Vera fest. Sie spielt mit dem Gedanken, „aufs Land" zurückzugehen.

„Das Stadtleben ist O.K., aber nicht für immer", sagt Vera. Das Stadtleben ist ihr zu hektisch.

source: *JUMA* 2/2005. Text/Fotos von Dirk Engelhardt

 Worterklärungen!
*Dort war der Hund begraben – dort war nichts los
verrückt gestylt – hier: verrückt angezogen, geschminkt, frisiert

die Selbstständigkeit – *independence*	der Ausbildungsplatz – *apprenticeship, training position*
das Ungewisse – *the unknown*	
die Eindrücke – *impressions*	die Erfahrungen – *experiences*
aufregend – *exciting*	die Lehre – *apprenticeship*
die Umgebung – *surroundings*	das Ziehen – *tug*
die Unterkunft – *accommodation*	abstoßend – *repulsive*

Übung 1 – Was bedeutet der Ausdruck „Landei" Ihrer Meinung nach? Besprechen Sie das Wort in der Klasse. Gibt es ähnliche Ausdrücke im Englischen?

Übung 2 – Füllen Sie die Tabelle mit Informationen aus dem Text auf Englisch aus.

	Where in Germany is she from?	Where does she live in the city?	Advantages of living in the city	Negative aspects of city life
Lee Ann	Berlin	small village in lubedle	people are friendly	atmospher cold boys
Daniela	Saxony	small village		
Vera		apartment	learns new skills	totally alone no genuine friends

OPBUA

Übung 3 – Beantworten Sie die folgenden Fragen schriftlich.

1. Welche Erfahrungen hat Lee Ann mit Jungs gemacht?

2. Wo arbeitet Daniela?

3. Warum denkt Vera daran, zurück aufs Land zu ziehen?

4. Welche der drei Mädchen hat Ihrer Meinung nach die positivste Einstellung zum Leben in der Großstadt?

Schreiben

Äußerung zum Thema

Übung 1 – Irgendwann müssen wir alle einmal von zu Hause ausziehen. Was sind Ihre Gedanken zu diesem Thema? Äußern Sie sich kurz schriftlich. Ihre Antwort sollte die folgenden Fragen beinhalten.

◆ Würden Sie gerne von zu Hause ausziehen? Erwähnen Sie mindestens drei Gründe warum/warum nicht.

◆ Nennen Sie vier Vorteile, zu Hause zu wohnen.

◆ Nennen Sie vier Vorteile, alleine zu wohnen.

◆ Was finden Sie besser, eine eigene kleine Wohnung oder eine Wohngemeinschaft?

Grammatik

Konjunktionen (conjunctions) Teil 1

Conjunctions are words that link together two independent sentences:

<table>
<tr><td>Tom sleeps a lot,</td><td>when</td><td>he is sick</td></tr>
<tr><td>sentence 1</td><td></td><td>sentence 2</td></tr>
</table>

 Remember! There are two sets of conjunctions (coordinating and subordinating) and they each affect word order differently in a sentence.

Übung 1 – Look at the three definitions for coordinating and subordinating conjunctions below. Two are false. Underline the correct statement.

A coordinating conjunction …

1. sends the verb to the end of the sentence.

2. joins two main clauses and does not change the word order.

3. links the clauses and the verb follows immediately.

A subordinating conjunction …

1. sends the verb to the end of the sentence.

2. joins two main clauses and does not change the word order.

3. links the clauses and the verb follows immediately.

Übung 2 – Highlight the coordinating conjunctions in one colour and the subordinating conjunctions in another in the box below. Copy them into your vocabulary book if you don't know them very well.

und – *and*	aber – *but*	als – *when*	bevor – *before*
bis – *until*	da – *since*	damit – *in order that*	dass – *that*
ob – *whether*	obwohl – *although*	ohne dass – *without*	denn – *because*
sobald – *as soon as*	so dass – *so that*	sondern – *but rather*	während – *while*
weil – *because*	wenn – *if*	oder – *or*	wie – *as*

Übung 3 – Find two examples of coordinating conjunctions and subordinating conjunctions in the text *Landeier in der Großstadt*.

Übung 4 – Link the following pairs of sentences, using coordinating conjunctions.

Example: Ich **wohne** in Frankfurt. Ich **finde** es schön hier.
Ich **wohne** in Frankfurt, **denn** ich **finde** es schön hier.

1. Manchmal nerven die Eltern. Ich würde niemals ausziehen.

2. Eine WG kann sehr nett sein. Man ist nicht sehr oft allein.

3. Anne findet ihre Wohnung nicht gut. Frau S. ist sehr neugierig.

4. Alleine wohnen macht unabhängig. Ich finde das sehr gut.

5. Irgendwann muss jeder von zu Hause ausziehen. Es ist ein wichtiger Schritt in die Selbstständigkeit.

Übung 5 – Link the following pairs of sentences, using subordinating conjunctions.

Example: Ich **habe** eine eigene Wohnung. Die Mietpreise **sind** sehr hoch.
Ich **habe** eine eigene Wohnung, **obwohl** die Mietpreise sehr hoch **sind**.

1. Bei uns zu Hause ist es immer laut. Wir sind sechs Personen.

2. Ich werde im Sommer ausziehen. Ich habe ein wenig Angst.

3. Susi arbeitet diesen Sommer. Sie kann dann die Kaution bezahlen.

4. Ich muss alleine wohnen. Ich finde zu viele Leute nervig.

5. Tom sucht ein Zimmer in einer Vierer-WG. Er wird diesen Sommer volljährig.

Übung 6 – Complete the following sentences.

1. Ich möchte nicht ausziehen, denn …

2. Vera findet das Stadtleben schwierig, weil …

3. Daniela arbeitet viel, damit …

4. Ich suche eine eigene Wohnung, sobald …

5. Meine Eltern geben mir kein Geld für ein Zimmer in der Stadt, obwohl …

6. Lee Ann kannte niemanden in der Stadt, aber …

7. Ich finde die WG manchmal sehr laut, aber …

8. Er wohnt alleine, und …

9. Sie zieht aus, sobald …

10. Manchmal muss sie aus dem Haus, wenn …

Lesen

Wer eine Wohnung sucht, liest erst einmal die Inserate in der Zeitung oder im Internet. Etwas Passendes zu finden, ist nicht immer leicht.

Übung 1 – Lesen Sie die zwei Inserate auf Seite 23 und besprechen Sie Ihre Eindrücke mit der Klasse.

≫

Objekt 1

ZIMMERFLÄCHE:	20,00 m²		
KALTMIETE:	300,00 EUR (ZZGL. NEBENKOSTEN)		
WARMMIETE:	350,00 EUR		
BEZUGSFREI AB:	01. OKTOBER		

Sonstiges: 2-Zi-Whg., guter Zustand, modernes Du.-Bad, Wohnung wird von gesuchtem Mitbewohner zum größten Teil allein benutzt, da Hauptmieter Wohnung nur selten nutzen; ideal für Wochenendheimfahrer, gute Parkplatzsituation, große helle Wohnküche m. Balkon.

Mindestmietdauer:	12 Monate und mehr	Etagenanzahl:	5
WG-Gesamtfläche:	60,00 m²	Balkon/Terrasse:	Ja
Zimmer:	2	Badezimmer:	1
WG-Größe:	2er-WG	Badezimmer mit:	WC, Dusche
Alter der derzeitigen Mitbewohner:	Von 35 bis 40 Jahre	Wohnungsausstattung:	Kühlschrank, Herd, Backofen
		TV-Anschluss:	Kabel
Gesuchtes Geschlecht:	Männlich oder weiblich	Keller:	Ja
Gesuchtes Alter:	Von 20 bis 50 Jahre	Heizungsart:	Zentralheizung
Anzahl gesuchter Mitbewohner:	1	Parkplatzsituation:	Gute Parkmöglichkeit
		Haustiere:	Nein
Rauchen:	Unerwünscht	Kaution:	700 Euro
Etage:	3		

Objekt 2

Zimmerfläche:	28,00 m²		
Kaltmiete:	395,00 EUR (zzgl. Nebenkosten)		
Warmmiete:	485,00 EUR		
Bezugsfrei ab:	01. September		

Sonstiges: schönes, helles Zimmer (28 qm) in 4-Zimmer-WG zu vermieten; Gesamtfläche der WG ca. 80 qm; 4. Stock, toller Ausblick, Wohnung ist in sehr gutem Zustand, großes Bad + Gäste-WC; u.a. auch Herd, Spülmaschine, Waschmaschine und Wäschetrockner vorhanden.

Möblierung:	Nein	Wohnungstyp:	Dachgeschoss
Bodenbelag:	Teppichboden	Etage:	4
WG-Gesamtfläche:	80,00 m²	Etagenanzahl:	4
Zimmer:	4	Badezimmer:	1
WG-Größe:	3er-WG	Badezimmer mit:	WC, Dusche, Badewanne
Männliche Mitbewohner:	2	Gäste-WC:	Ja
Alter der derzeitigen Mitbewohner:	Von 26 bis 30 Jahre	Wohnungsinventar:	Kühlschrank, Spülmaschine, Waschmaschine, Herd, Backofen
Gesuchtes Geschlecht:	Männlich oder weiblich		
Gesuchtes Alter:	Von 20 bis 40 Jahre	Keller:	Ja
Anzahl gesuchter Mitbewohner:	1	Nebenkosten:	90,00 EUR
		Kaution:	1070,00 EUR
Rauchen:	Erlaubt		

Übung 2 – Compare both adverts and write down as many details as you can about each. After 10 minutes, exchange your information with your neighbour. Discuss your findings with the class.

Übung 3 (leicht) – Sind die folgenden Sätze richtig oder falsch?

1. Beide Wohnungen haben eine Terrasse.

2. Objekt 1 ist kleiner als Objekt 2.

3. Objekt 2 ist für drei Personen.

4. Objekt 1 liegt im Dachgeschoss.

5. In Objekt 2 darf man nicht rauchen.

6. Beide Wohnungen sind im Herbst frei.

7. Eine der Wohnungen hat eine Badewanne.

8. Objekt 1 sucht zwei Mitbewohner.

9. Beide Wohnungen kosten unter 500 Euro warm.

10. Objekt 2 hat die billigste Kaution.

11. Beide Wohnungen haben einen Keller.

Übung 4 (schwer) – Beantworten Sie die folgenden Fragen auf Deutsch.

1. Was ist der Unterschied zwischen „Kaltmiete" und „Warmmiete"?

2. Was sind Ihrer Meinung nach die „Nebenkosten"?

3. Was ist die Kaution?

4. Welches der beiden Objekte finden Sie besser? Was sind Ihrer Meinung nach die Vor- und Nachteile?

Hilfe!

Hier noch ein paar Erklärungen:

- WC – *toilet*
- 2-Zi-Whg. = 2-Zimmer-Wohnung – *flat with two rooms*
- m. = mit – *with*
- u.a. = unter anderem – *among other things*
- zzgl. = zuzüglich – *in addition*

Remember! In Germany, the number of rooms advertised also includes the living room. So, if you see an advertisement for three rooms, it means three rooms plus kitchen and bathroom. If you want to use one of the rooms as a living room, that's up to you. For more flat offers check out www.imobilienscout24.de!!

Schreiben

Übung 1 – Lesen Sie zuerst das Inserat für Objekt 3.

Objekt 3

Zimmerfläche:	**19 m²**
Kaltmiete:	**150,00 EUR (zzgl. Nebenkosten)**
Warmmiete:	**200,00 EUR**
Wohnungstyp:	Etagenwohnung
Nutzfläche ca.:	35 m²
Etage:	1
Etagenanzahl:	3
Schlafzimmer:	1
Badezimmer:	1
Balkon/Terrasse:	Ja
Garten/-mitbenutzung:	Ja
Einbauküche:	Ja
Objektzustand:	Vollständig renoviert
Baujahr:	1966
Heizungsart:	Zentralheizung
Bezugsfrei ab:	Sofort
Nebenkosten:	50,00 EUR monatlich

Objektbeschreibung: Bei dem Objekt handelt es sich um ein geräumiges Haus der Studentenverbindung APL! Hercynia Haus, verkehrsgünstig gelegen, 7 Einzelzimmer, 5 Badezimmer, ein gemeinsames großes Wohnzimmer, eine gemeinsame Küche, 2 Balkone und einen gemeinsamen Keller.
Zusätzlich stehen allen Bewohnern die Küche, der Keller, der Garten, das Wohnzimmer und einige weitere Räume zur gemeinsamen Benutzung zur Verfügung.

Ausstattung: Die Zimmer verfügen teilweise über einen eigenen Balkon, alle Räume haben Zentralheizung, Kabelanschluss, DSL-Flatrate, Telefonanschluss, Laminatboden und werden teilmöbliert vermietet (inkl. Bett, Schreibtisch und Schrank). Die Zimmer wurden frisch renoviert und sind in sehr gutem Zustand.
Die Badezimmer und die gemeinsam genutzten Bereiche des Hauses wie Wohnzimmer und Flure werden einmal die Woche von einer Putzfrau gereinigt, deren Kosten im Mietpreis schon enthalten sind.
Das Haus verfügt über eine voll ausgestattete Küche, Fernsehzimmer, Aufenthaltsraum, Bar, Partykeller, Festsaal, Garten, Gemeinschaftsraum mit DVD- und Videospieler, Terrasse, einen großen Balkon, Gästebäder und -toilette, großen Keller und vieles mehr.

Lage: Die Lage des Hauses ist sehr zentral in Frankfurt!
Bibliothek: Ganz in der Nähe unseres Hauses befindet sich die Deutsche Bibliothek.
Einkaufsmöglichkeiten: Alles was man so braucht! In unmittelbarer Nähe des Hauses gibt es Supermärkte, Reinigung, Bäckerei, McDonalds, Friseur, Imbissbude, Autovermietung und eine 24-Stunden-Tankstelle.
Zentrumnähe: Stadtzentrum, Haupt- oder Konstablerwache sind in 15 Min. mit der U-Bahn oder in 20 Min. zu Fuß zu erreichen. Der Hauptbahnhof ist in 20 Minuten mit U-Bahn erreichbar.
Universitätsnähe: Direkt vom Bett in den Hörsaal: Campus Westend zu Fuß in 5 Minuten.

Übung 2 (schwer) – Stellen Sie sich vor, Sie sind in Frankfurt und haben diese Studentenwohnung gemietet. Schreiben Sie einen Brief an Ihre Eltern, in dem Sie die Wohnung und Umgebung beschreiben. Erklären Sie Ihren Eltern wie die Wohnungssituation ist. (Sie teilen eine Küche, ein Schlafzimmer … usw.). Versichern Sie Ihren Eltern, dass sie sich keine Sorgen machen müssen, denn Sie sind sehr zufrieden mit dem Zimmer.

Übung 3 (leicht) – Write a letter in English to your parents including the following points.

- Explain you live in a student flat in Frankfurt.
- Give a detailed description of your room.
- Say you share the bathroom and kitchen with others.
- Say you find your flatmates very nice, one girl in particular.
- Tell your parents that you are going out with them tonight.
- Assure them that you are very happy and you will see them next weekend.

Hören

Wohnungschau: Anne zieht aus

Eine Wohnung und ihre Einrichtung verrät manchmal viel über ihre Bewohner. *jetzt.de* besichtigt jede Woche ein anderes Zuhause und fragt die Mieter nach ihren Gewohnheiten.

Anne lebt in München in einer ungewöhnlichen WG-Konstellation: Eine ihrer Mitbewohnerinnen ist 84 Jahre alt und hat Anne das Fürchten gelehrt.

Track 2 **Übung 1 – Hören Sie sich das Interview von *jetzt.de* mit Anne an und beantworten Sie die Fragen auf Englisch. Die Vokabeln unten dienen als Hilfestellung.**

1. What had happened to Anne's furniture when she came back from Birmingham?

2. Who does she share the flat with?

3. What are Anne's feelings about the living situation?

4. What are the good things she mentions about her living situation?

5. What negative aspects does she mention?

6. Mention one annoying thing Frau Schmidt does.

7. Why is Anne's kitchen special? Give details.

möbliert – *furnished*	der Sonderfall – *special case*	der Hörschaden – *damage to one's hearing*
die Verzweiflung – *desperation*	widerlich – *disgusting*	gammelig – *scruffy*
einziehen – *to move in*	peinlich – *embarrassing*	der Geruch – *odour*
in den Sinn kommen – *to cross someone's mind*	die Nase voll haben – *to have enough*	lüften – *to air*
	ausziehen – *to move out*	selten – *rarely*
abgetrennt – *separated*	lauschen – *to overhear, eavesdrop*	verrückt – *crazy*
durchlaufen – *to walk through*	verstecken – *to hide*	der Aufruf – *appeal*

Übung 2 – Afterwards, discuss in class how you would feel if you were living in Anne's flat.

Tipp! If you find the exercise too difficult, read the transcript at the end of the book.

Extra

Lesen Sie „Die Geschichte vom Daumenlutscher", eine der berühmten Kindergeschichten von Dr. Heinrich Hoffmann aus seinem Sammelwerk „Der Struwwellpeter". Für noch mehr „gruselige" Geschichten gehen Sie zur Webseite: www.struwwelpeter.com.

„Konrad!" sprach die Frau Mama,
„Ich geh' aus und du bleibst da.
Sei hübsch ordentlich und fromm,
bis nach Haus ich wieder komm'.
Und vor allem, Konrad hör'!
Lutsche nicht am Daumen mehr;
denn der Schneider mit der Scher'
kommt sonst ganz geschwind daher,
und die Daumen schneidet er
ab, als ob Papier es wär."

Fort geht nun die Mutter und
Wupp! den Daumen in den Mund.

Bauz! Da geht die Türe auf,
und herein in schnellem Lauf
springt der Schneider in die Stub'
zu dem Daumen-Lutscher-Bub.
Weh! Jetzt geht es klipp und klapp
mit der Scher' die Daumen ab,
mit der großen scharfen Scher'!
Hei! Da schreit der Konrad sehr.

Als die Mutter kommt nach Haus,
sieht der Konrad traurig aus.
Ohne Daumen steht er dort,
die sind alle beide fort.

fromm – *pious*
geschwind – *quickly*
bauz – *bang*
die Stube – *parlour*
der Bub – *boy*
fort – *gone*

Vokabeln zu Kapitel 2

Learn the vocabulary regularly. Use the empty columns for practice.

die Wohnung	*apartment*		
das Wohngebiet	*residential area*		
der Wohnblock	*block of flats*		
das Hochhaus	*tower block, high rise building*		
die Siedlung	*estate*		
das Einfamilienhaus	*one-family home, detached house*		
das Reihenhaus	*terraced house*		
die Wohngemeinschaft (WG)	*flat-share group*		
die Studentenwohnung	*student flat*		
das Studentenheim	*student accommodation*		
der Untermieter	*lodger*		
Ich wohne zur Untermiete.	*I'm in digs.*		
mieten	*to rent*		
das möblierte Zimmer	*furnished room*		
einziehen	*to move in*		
umziehen	*to move house*		
ausziehen	*to move out*		
einsam	*lonely*		
alleine wohnen	*to live alone*		
unabhängig/selbstständig	*independent*		
die Verantwortung tragen	*to carry the responsibility*		
die Rechnungen	*bills*		
der Strom	*electricity*		
die Heizkosten	*heating costs*		
bezahlen	*to pay*		
die Lebensmittel	*groceries*		
die Wäsche waschen	*to do the washing*		
teuer/kostspielig	*expensive*		
die hohen Kosten	*high costs*		
die eigenen vier Wände	*your own four walls*		

Useful Phrases

Meine Eltern nerven.	*My parents are annoying.*
Man kann machen, was man will.	*One can do what one likes.*
Ich kann mir eine eigene Wohnung nicht leisten.	*I cannot afford my own flat.*
Die Mieten sind sehr teuer.	*The rents are very high.*
Alleine zu wohnen stelle ich mir sehr einsam vor.	*I imagine living alone is very lonely.*
In einer WG ist mir zu viel los.	*There is too much going on in a shared apartment.*
Meine Mutter macht alles für mich, warum sollte ich ausziehen?	*My mother does everything for me, why should I move out?*
Ich möchte meine eigene Selbstständigkeit.	*I want my own independence.*
Ich wäre gerne unabhängiger.	*I'd like to be more independent.*
Zum Glück kann ich zu Hause wohnen bleiben, wenn ich zur Uni gehe.	*Luckily, I can live at home when I go to university.*

Kapitel 3

Freizeit und Hobbys

Zum Aufwärmen

Übung 1 – Füllen Sie gemeinsam mit Ihrem Partner den Fragebogen unten aus. Überlegen Sie … wie verbringen *Sie* jeden Tag Ihre freie Zeit? Welche Antwort ist richtig? Ob Sie richtig oder falsch liegen beantwortet Ihnen die Statistik in Übung 2.

---

1. Wie lange telefonieren Jugendliche am Tag?

½ Stunde ☐

1 Stunde ☐

1 ½ Stunden ☐

2 Stunden ☐

2. Wie viel Zeit verbringen Jugendliche im Internet?

30–60 Minuten ☐

60–90 Minuten ☐

90–145 Minuten ☐

145–200 Minuten ☐

3. Wie lange sehen Jugendliche am Tag fern?

60 Minuten ☐

90 Minuten ☐

120 Minuten ☐

180 Minuten ☐

4. Wie viel Zeit verbringen Jugendliche mit Lesen?

30 Minuten ☐

60 Minuten ☐

90 Minuten ☐

120 Minuten ☐

Übung 2 – Äußern Sie sich zu den folgenden Punkten schriftlich.

1. Welche der im Text beschriebenen Berufe/Hobbys finden Sie am ungewöhnlichsten für Mädchen? Warum?

2. Kennen Sie Jungen mit ungewöhnlichen Hobbys/Berufen?

3. Stimmt es, dass die Gesellschaft zwischen Mädchen und Jungen Hobbys unterscheidet? Was ist Ihre Meinung dazu?

4. Was ist Ihr Traumhobby/-beruf? Warum?

Lesen

Leseverständnis 2 (leicht)

Mein Sonntag

Der Tag, an dem die Arbeit ruht – das ist nach altem christlichen Brauch der Sonntag. *JUMA* wollte wissen: Wie verbringen Jugendliche heute diesen Tag?

Viel Sport und gutes Essen

Dennis geht samstags meistens aus. Darum schläft er am Sonntag lange. „Es kann schon mal drei Uhr nachmittags werden", sagt er. Seine Eltern und seine Schwester haben dann schon lange gefrühstückt. Er findet es „nicht weiter dramatisch", dass er allein seinen Kaffee trinkt: „Wir sehen uns sehr oft in der Woche." Dennis verabredet sich für den Nachmittag gern mit Freunden. Vorher macht er Hausaufgaben oder übt für die nächste Klausur. Bei gutem Wetter trifft er sich mit seinen Freunden im Park. Meistens nimmt er seinen amerikanischen Ball, das „Ei", dorthin mit. Dennis hat ein Jahr als Austauschschüler in Amerika gelebt. Seitdem spielt er *American Football*. Nach dem Spiel geht es bei Dennis sportlich weiter. Wenn er noch Zeit hat, fährt er ins Fitnesscenter. „Weil ich oft Rückenschmerzen habe, nehme ich an einem speziellen Training teil." Die Familie lässt am Sonntag das Mittagessen ausfallen. Dafür wird abends gekocht und warm gegessen. Das Essen am Sonntag mag Dennis besonders. „Meistens gibt es etwas besonders Leckeres, was meine Mutter gekocht hat. Am Sonntag kocht sie etwas aufwendiger als in der Woche. Dafür hat sie sonst keine Zeit, weil sie berufstätig ist." Abends bekommt Dennis oft noch Besuch von einem Freund. Zusammen schauen sie sich ein Video an. Comedy oder Action gefällt dem Abiturienten am besten. „Um elf Uhr liege ich wieder im Bett, weil ich am Montag früh raus muss. Zur ersten Stunde!"

verabreden – *to make a date*
die Klausur – *exam*
ausfallen – *to be cancelled*
aufwendig – *elaborate*

≫

„Ausschlafen kann ich am nächsten Wochenende"

Eigentlich ist Thomas kein ausgesprochener Frühaufsteher. „Der Sonntag ist der einzige Tag in der Woche, an dem man sich entspannen kann", sagt er. „Am Samstag hat man zwar auch frei, aber meistens noch etwas zu erledigen." Dass er trotzdem am Sonntag oft früh aufsteht, hat verschiedene Gründe. Um 8.30 Uhr klingelt der Wecker, wenn er mit seinen Eltern zur Kirche gehen will. Das ist ziemlich ungewöhnlich für Jugendliche, weiß Thomas. In seiner Klasse gibt es niemanden sonst, der das macht. „Meine Eltern kommen aus Polen. Da ist es ganz normal, dass man mit der Familie am Sonntag in die Kirche geht", sagt er. Thomas schätzt an der Kirche vor allem die Gemeinschaft der Gläubigen.

der Frühaufsteher – *early riser*
sich entspannen – *to relax*
ungewöhnlich – *unusual*
die Gemeinschaft – *community*
deftig – *hearty*

Im Sommer steht Thomas oft noch früher auf, nämlich um 7 Uhr. Als Tennisspieler nimmt er an Turnieren teil. „Ausschlafen kann ich dann am nächsten Wochenende", sagt er. Hat er keinen Sport, macht er nach der Kirche Hausarbeiten oder lernt für die Schule. Um 14 Uhr kommt das Mittagessen auf den Tisch. „Wir essen am Sonntag immer sehr deftig. Mit Kraut und Knödeln, das kocht meine Mutter nach Rezepten aus ihrer Heimat", erzählt er. Am Nachmittag genießt Thomas dann seine Ruhe: Er sitzt vor dem Fernseher oder spielt Computerspiele. Mit Freunden verabredet er sich an diesem Tag nur ungern. Auch den Abend verbringt er am liebsten mit seiner Familie zu Hause.

Der Sonntag ist ein Familientag

Jenny wacht am Sonntag ziemlich spät auf. „So gegen 11 Uhr", schätzt sie. Sonntag ist eben ein Tag, an dem man richtig ausschlafen kann. Meistens steht dann schon das Frühstück auf dem Tisch. Am Sonntag frühstückt die Familie zusammen, mit Croissants und heißer Schokolade. Das ist anders als an einem normalen Wochentag. „In der Woche esse ich morgens hauptsächlich gesunde Sachen, Obst und Müsli beispielsweise. Am Sonntag mag ich es lieber süß", so Jenny. Nach dem Frühstück bleibt die Familie noch lange am Tisch sitzen, um Zeitung zu lesen. Dazu ist in der Woche kaum Zeit. „Wir haben extra viele Sonntagszeitungen abonniert", erzählt die Schülerin.

Für Jenny ist der Sonntag ein Familientag. Außerdem entspannt sie sich in der freien Zeit. Wie das aussieht? „Ich mache vor allem viel Sport", erklärt sie. Manchmal hat sie ein Volleyballspiel mit ihrer Mannschaft, oder sie joggt mit ihren Eltern um einen See. Gegen 17 Uhr trifft sich die Familie zum gemütlichen Kaffeetrinken. Dazu gibt es leckere Kuchen vom Bäcker. Der Bäcker darf am Sonntag öffnen. Fast alle anderen Geschäfte sind geschlossen. Jenny bedauert das: „Sonst könnte man den Sonntag zum Shoppen nutzen. In der Woche habe ich wegen der Schule keine Zeit." Sonntagabends guckt Jenny Fernsehen oder liest. Manchmal erledigt sie Hausaufgaben, die sie noch nicht geschafft hat.

ausschlafen – *to sleep in*
abonnieren – *to subscribe*
bedauern – *to regret*

source: *JUMA* 3/2002 http://www.juma.de./2002/j3_02/sonn.htm. Text von Petra Kroll

Übung 1 – Answer the following questions.

1. How does Dennis spend his Sunday?

2. Why does his mother never cook complicated dishes during the week?

3. Where does Thomas go on Sunday mornings?

4. Describe what Thomas does in the afternoon.

5. What does Jenny eat for Sunday morning breakfast? What does she have during the week?

6. What does Jenny do on Sundays?

Sprechen

Übung 1 – Überlegen Sie sich Antworten auf die folgenden Fragen. Vergessen Sie nicht, dass diese Fragen für Ihre mündliche Prüfung relevant sind. Sammeln Sie zuerst relevante Wörter mit Hilfe einer *mind map*.

1. Welche Hobbys haben Sie? Erzählen Sie etwas darüber.

2. Was machen Sie in Ihrer Freizeit?

3. Was machen Sie am Wochenende?

4. Was gibt es in Ihrer Umgebung alles für Jugendliche zu tun?

5. Wie finden Sie das?

6. Was fehlt hier in Ihrem Wohnort?

7. Was würden Sie ändern? Was wünschen Sie sich?

Übung 2 – Fragen Sie Ihren Partner diese Fragen und tauschen Sie dann die Rollen. Schreiben Sie jetzt Ihre eigenen Antworten schriftlich auf.

Grammatik

Konjunktionen (conjunctions) Teil 2

Adverbial conjunctions

also – *therefore, and so*	deshalb – *therefore, and so*
auch – *also, and (too)*	kaum – *hardly*
außerdem – *besides*	sonst – *otherwise*
da – *then, as, so*	trotzdem – *in spite of that*
daher – *therefore, and so*	zwar – *to be sure; while it is true*
dennoch – *yet, nevertheless*	

≫

Remember! When your clause or sentence starts with an adverbial conjunction, the **verb** immediately follows.

Example: Es regnet, **dennoch fahre** ich mit dem Fahrrad.
Ich bin ein Mädchen, **trotzdem mache** ich Skispringen.
Kaum bin ich aus dem Haus, spielt mein Bruder am Computer.

Übung 1 – Match up the sentence halves and link them with an adverbial conjunction.

Example: Sport ist sehr wichtig, **dennoch** darf man es nicht übertreiben.

1. Sport ist sehr wichtig,
2. Unter der Woche hat er wenig Zeit,
3. Emma spielt jede Woche Klavier,
4. Ich interessiere mich für Tiere,
5. Seine Umgebung ist nicht besonders aufregend,
6. Die Schule ist langweilig,
7. Sie möchte gute Noten bekommen,
8. In meinem Wohnort gibt es einen Jugendklub,
9. Am Wochenende spielt Susi oft Turniere,
10. Sie hat einen großen Freundeskreis,

a. hat er immer ein bisschen Zeit für sein Hobby.
b. lernt sie jeden Abend.
c. ist ihr nie langweilig.
d. darf man es nicht übertreiben.
e. hat sie wenig Zeit für einen Freund.
f. lese ich viel und engagiere mich.
g. sie nächstes Jahr auf die Musikhochschule möchte.
h. müssen wir fürs Abi lernen.
i. lebt er gerne hier.
j. gehe ich lieber in den Jugendklub in der Innenstadt.

Correlative conjunctions

entweder … oder – *either … or*
je … desto – *the … the*
sowohl … als auch – *as well as*
teils … teils – *partly … partly*
weder … noch – *neither … nor*

 Remember! As in English, these conjunctions have two parts:

Example: **Je** mehr du **trainierst, desto** fitter wirst du.
Ich **spiele sowohl** Hockey **als auch** Fußball.
Er **ist weder** Torwart **noch** Stürmer. Er spielt im Mittelfeld.

Übung 2 – Complete the following sentences.

1. Entweder ich trainiere, oder …
2. Je mehr er sich anstrengt, um so …
3. Sie ist weder sportlich noch …
4. Ich bin nicht nur gut in Mathe, sondern auch …

≫

5. Er mag weder schwimmen noch …

6. Ich entspanne mich entweder nach dem Lernen, oder …

7. Wir trainieren sowohl jeden Dienstag als auch …

8. Je besser meine Noten sind, desto …

9. Weder ich noch …

10. Sie liebt nicht nur Musik, sondern auch …

Übung 3 – **You now know many different types of conjunctions. Connect the following sentences using the conjunctions in brackets, taking word order into account.**

1. Ich spiele gerne Fußball. Meine Schwester spielt lieber Tennis. (aber)

2. Donnerstags treffe ich meine Freunde. Ich habe meine Hausaufgaben gemacht. (wenn)

3. Peter kann nicht zur Party kommen. Er muss so viel lernen. (weil)

4. Ich gehe in den Jugendklub. Ich treffe dort viele Jugendliche. (denn)

5. Susi bekommt nicht immer gute Noten. Sie ist immer guter Laune. (trotzdem)

6. Ich habe eine 5 in der Klausur bekommen. Ich habe viel gelernt. (obwohl)

7. Meine Eltern unterstützen mich im Moment sehr stark. Ich muss mich auf die Schule konzentrieren. (weil)

8. Sie hat gemerkt. Peter ist ein super Skifahrer. (dass)

9. Ich spiele Klavier. Ich hasse Klavier spielen. (obwohl)

10. Meine Freundin ist sauer. Ich lerne jeden Abend. (denn)

11. Ich war jede Woche beim Training. Ich bin nicht bei dem Spiel am Samstag dabei. (trotzdem)

12. Die Prüfungen kommen immer näher. Wir werden immer nervöser. (Je … desto)

13. Sie geht jeden Abend um 9 ins Bett. Sie ist sehr müde vom vielen Lernen. (denn)

14. Ich habe drei Mal in der Woche Ballettunterricht. Ich habe Zeit für meinen Freund. (dennoch)

15. Er ist erst glücklich. Seine Mannschaft gewinnt den Pokal. (wenn)

16. Sie lernt nicht. Sie spielt lieber Geige. (sondern)

17. Unser Wohnort ist langweilig. Es gibt nichts für Jugendliche zu tun. (weil)

18. Es gibt keinen guten Film im Kino. Ich gehe heute Abend in eine Vorstellung. (trotzdem)

19. Wir haben so gut gespielt. Wir haben 3 zu 2 verloren. (dennoch)

20. Ich glaube. Das Lernen ist sinnvoll. (dass)

Schreiben

Äußerung zum Thema

Übung 1 (leicht) – Imagine you are Dennis from the text *Mein Sonntag* and you are talking to Thomas about how you spend your Sundays. Re-read the text and complete the dialogue correctly.

Dennis: Also, ich schlafe immer ganz lange am Sonntag. Und du?

Thomas: _____

Dennis: So früh! Bei mir kann es schon mal drei Uhr werden.

Thomas: Neh, also wir gehen dann alle zusammen in _____

               Was machst du denn am Nachmittag?

Dennis: Wenn ich mit Lernen fertig bin, _____

Thomas: Und was macht ihr im Park?

Dennis: _____

Thomas: Was gibt es bei euch zum Mittagessen?

Dennis: _____

Thomas: Ausfallen?! Dann würde ich verhungern! Wir essen um 14 Uhr.

Dennis: Was kommt auf den Tisch?

Thomas: _____

               Und wann esst ihr dann am Sonntag?

Dennis: Wir essen _____

Thomas: Was machst du abends?

Dennis: _____

Thomas: Ja, ich auch. Familie ist einfach sehr wichtig für mich.

Übung 2 (schwer) – Sprechen Sie über das Thema „Hobbys". Machen Sie zuerst Notizen. Ihr Kommentar sollte die folgenden Punkte beinhalten.

◆   Warum ist es wichtig, ein Hobby oder eine Freizeitbeschäftigung zu haben, Ihrer Meinung nach?

◆   Wieso haben viele Menschen keine Hobbys? Sind Hobbys überhaupt sinnvoll?

◆   Wie kann man sich am besten entspannen, glauben Sie?

◆   Was machen Sie persönlich, um Stress abzubauen?

Lesen

Leseverständnis 3

Abhängen

Der Himmel ist grau. Regen fällt auf den schmutzigen Schnee. Die Straßen und Plätze Berlins sind jetzt äußerst ungemütlich. Doch wohin kann man gehen? Zu Hause ist es langweilig. Wo kann man ein paar Freunde treffen? Eigentlich hat man gar nichts vor. Viele Jugendliche in Berlin haben ungewöhnliche Orte als Treffpunkt entdeckt. Zum Beispiel Orte, die eigentlich zum Einkaufen bestimmt sind. „Abhängen" heißt diese Art des Nichtstuns.

Für Robert, Steffen, Johannes und ihre Clique ist die Sache klar: Sie treffen sich in einem Einkaufszentrum. Diese „Shopping-Malls" sind nach amerikanischem Vorbild in den vergangenen Jahren in Berlin entstanden. „Wir sind so ziemlich jeden Tag hier", erzählt Marco, 15. „Meist gehen wir so auf blauen Dunst hin", ergänzt der 15-jährige Adrian. Konkrete Pläne haben sie selten.

„Abhängen" kann ganz schön anstrengend sein. „Wir treffen uns immer in der obersten Etage. Dort haben wir den besten Überblick", sagt Johannes, 15. Sein Lieblingsort ist ein Einkaufszentrum an der Frankfurter Allee im Stadtteil Friedrichshain. Von ganz oben kann man sehen, wer unten kommt. An einer Stelle bleiben die Jugendlichen selten. Mal ziehen sie durch die Gänge, kaufen mal hier etwas oder schauen dort. Einen besonderen Blick haben die Jungs natürlich auf die Mädchen geworfen. Die kommen meistens paarweise zum „Abhängen".

Warum er nun herkommt? „Tussen anmachen", sagt der 16-jährige Steffen ganz offen. „Ich komme nur her, wenn ich Single bin und eine neue Freundin suche", erläutert Robert, 16. Das klingt so, als ob er aus jahrzehntelanger Erfahrung spricht. Auch die anderen Jungen möchten gerne mit Mädchen ins Gespräch kommen. „Wir sehen sie auf der Rolltreppe. Dann versuchen wir, ihre Aufmerksamkeit zu erreichen", beschreibt Johannes seine Taktik.

Auch die beiden 15-jährigen Freundinnen Jenny und Jessica sind oft im Einkaufszentrum unterwegs. „Natürlich um Jungs kennen zu lernen", sagen sie. „Zwischen vier Uhr nachmittags und sechs Uhr abends sind wir hier", erzählen sie. Was alle dort machen? Quatschen, flirten, Eis essen, 'ne Cola oder Süßigkeiten holen. Und durch die Etagen ziehen, vor die Tür des Einkaufszentrums, ins Nachbargebäude. „Manchmal gehen wir auch von hier aus ins Kino oder in einen Jugendklub", erzählt Steve.

Spannung bringen die Katz-und-Maus-Spiele mit den Wachleuten. Denn in vielen Einkaufszentren sieht man die Jugendlichen nicht so gern. „Die verärgern unsere Kundschaft und schüchtern ältere Leute ein", sagen die Wachleute. „Gar nicht wahr", meinen Patrick und seine Kumpel. Sobald einer der Wachmänner auftaucht, teilt sich die Gruppe. Zwei oder drei Jugendliche gehen in die eine Richtung. Andere fahren per Rolltreppe nach unten. Wiederum zwei oder drei verschwinden in einem Geschäft oder auf der Straße. Den einen oder anderen erwischt es trotzdem: „Die haben mir für ein halbes Jahr Hausverbot gegeben", erzählt Martin. Den Grund erzählt er nicht. Doch er nimmt den Vorfall nicht gerade ernst. „Meine Mutter arbeitet hier; die bringt das wieder in Ordnung", meint er und zuckt mit den Schultern.

≫

Sport in der Unterführung

Eine andere Art des „Abhängens" hat sich Nils ausgesucht. Der 16-Jährige aus Charlottenburg und seine Freunde sind im Hockeyfieber. Immer, wenn draußen schlechtes Wetter ist, trifft man sich „unter Tage" – in einer Unterführung für Fußgänger. „Zum Hockeyspielen ist es hier ideal", sind Nils, sein jüngerer Bruder Marc, 14, und ihre Freunde überzeugt. „Der Boden ist nämlich absolut eben." Da können sie sogar mit einem richtigen Puck spielen – wie beim Eishockey. Nils hat sich richtige Hockeykleidung gekauft. Er möchte gerne einmal in einem Verein spielen. Marc hat von einem älteren Spieler ein paar alte Beinschoner bekommen. Er spielt den Torwart. Nils hat auch besondere Hockey-Inline-Skates. Die anderen „Untergrund-Spieler" nehmen ihre ganz normalen Inliner und einen Hockeystock.

„Ich bin erst zum zweiten Mal hier", erzählt der 14-jährige Maksim. „Mit ihm spielen wir nicht so hart wie mit unseren Kumpels", erklärt Nils. Body-Checks und Rempeleien gegen die Wand fallen sowieso aus. Verletzen will sich schließlich niemand. Und was sagen die Passanten dazu? „Die meisten nehmen uns gar nicht richtig zur Kenntnis", berichtet Marc. „Und wenn viel Betrieb ist, hören wir sowieso auf."

Seine Eltern haben ihm scherzhaft gesagt: „Pass nur auf, dass dich die Polizei nicht erwischt." Doch mit den Beamten, die ab und zu mal dort auf Streife gehen, haben die Hockeyspieler ein Abkommen getroffen. „Solange wir niemanden behindern, brauchen wir keine Angst zu haben", heißt die Regelung.

source: *JUMA* 2/2000 http://www.juma.de./2000/j2_00/abhaeng.htm. Text von Klaus Martin Höfer;
Fotos von Michael Kämpf

das Nichtstun – *doing nothing*	die Wachleute – *security men*	auf Streife gehen – *to go on patrol*
auf blauen Dunst – *on a whim*	die Unterführung – *underpass*	das Abkommen – *agreement*
der Überblick – *overview*	die Rempeleien – *pushing/shoving*	behindern – *to impede*
Tussen anmachen – *to flirt with girls*	die Passanten – *passers by*	

Übung 1 (schwer) – Beantworten Sie die folgenden Fragen auf Deutsch.

1. Warum treffen sich die Jugendlichen im Einkaufszentrum?

2. Was machen sie im Einkaufszentrum?

3. Warum finden die Wachleute Jugendliche, die nur „abhängen", nicht gut?

4. Was machen die Jugendlichen, wenn einer der Wachmänner kommt?

5. Warum ist die Unterführung ein idealer Ort zum Hockeyspielen?

Übung 2 (leicht) – Beantworten Sie die folgenden Fragen auf Englisch.

1. Why do the teenagers meet up in shopping centres?

2. What are Steffen's reasons for hanging around the shopping centre?

≫

3. What exactly do the girls do in the shopping centre?

4. Where do Nils and his friends meet up?

5. What's the deal they have struck with the police?

Übung 3 – Projektarbeit im Internet (Einzel- oder Gruppenarbeit). Suchen Sie nach Informationen über „Freizeitangebote für Jugendliche in Frankfurt". Hier ein paar Suchmaschinen:

◆ www.altavista.de

◆ www.lycos.de

◆ www.fireball.de

◆ www.nathan.de

◆ www.metacrawler.de

Achtung! Je genauer Ihre Suchbegriffe, um so besser das Ergebnis. Halten Sie Ihre Ergebnisse schriftlich fest und tragen Sie diese der Klasse vor.

Hören

Tracks 3–5
Übung 1 – Hören Sie die drei Kurznachrichten und beantworten Sie die Fragen auf Englisch. Die Vokabeln unten dienen als Hilfestellung.

1. When does the break-in happen?

2. What did he try to steal?

3. How many people are dead?

4. What ages are the scouts?

5. What did the person throw off the bridge?

müde – *tired*	der Klotz – *block, chunk*
entkommen – *to flee*	die Stelle – *area*
schnappen – *to snatch, catch*	schleudern – *to throw*
die Mülltonne – *refuse bin*	die Windschutzscheibe – *windscreen*
töten – *to kill*	zerbrechen – *to break*
die Bergung – *rescue*	beschreiben – *to describe*

Extra

Rätsel

After learning the vocabulary at the end of this chapter, test yourself with this crossword.

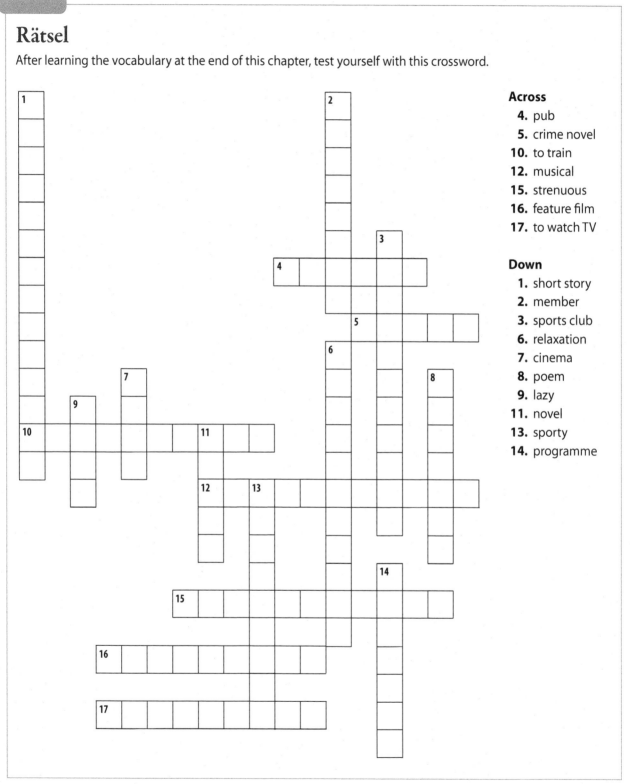

Across

4. pub
5. crime novel
10. to train
12. musical
15. strenuous
16. feature film
17. to watch TV

Down

1. short story
2. member
3. sports club
6. relaxation
7. cinema
8. poem
9. lazy
11. novel
13. sporty
14. programme

Kapitel 4
Arbeiten und Nebenjobs

- ◆ Nehmen Sie ein leeres Blatt Papier und schreiben Sie so viele verschiedene Nebenjobs für Jugendliche auf, wie Ihnen einfallen.
- ◆ Nach 3 Minuten liest jeder Schüler seine Liste der Reihe nach vor. Wenn einer der Jobs von Ihrer Liste aufgerufen wird, streichen Sie ihn durch.
- ◆ Wenn Sie drankommen, lesen Sie nur die Nebenjobs vor, die noch nicht genannt wurden.
- ◆ Waren Sie erfolgreich? Hatten Sie eine Jobidee, auf die kein anderer kam?

Lesen

Leseverständnis 1

Nach Schulschluss Geld verdienen

Schülerjobs – zehn Euro Taschengeld reichen nie! Doch wie findet man die richtige Arbeit neben der Schule? Und wann leidet die Lernleistung?

Das Wochenende des Münchner Gymnasiasten Lion Bischoff beginnt in der Regel erst am späten Freitagabend. Dann hat er, wie auch am Tag zuvor, zumeist viereinhalb Stunden an der Supermarkt-Kasse gesessen und Berge von Lebensmitteln über den rot flimmernden Laserstrahl gezogen. Er hat viele Tausend Male den Bestätigungspieps des Scanners gehört, hat Brötchen aufgebacken, die Obst- und Gemüseregale aufgefüllt, Pfandgläser einsortiert und viele Kunden bedient. »

Der 18-Jährige gehört dem Berufsstand der Schülerjobber an. Eigentlich ist der Sohn eines erfolgreich in der Musikbranche tätigen Vaters in seiner Freizeit am liebsten mit seiner 4-Mann-Rockband *The Little Rascalls* aktiv. Aber weil sein Hobby Musik teuer ist, weil er gern CDs kauft und häufig auf Konzerte geht, muss das Taschengeld aufgebessert werden. Seit zwei Jahren jobbt Lion nun für knapp neun Euro Stundenlohn bei Tengelmann*. Rund 300 Euro kommen so monatlich zusammen. „Anfangs", sagt er, „war es stressig für mich mit dem Scannen, dem Geld, aber dann fand ich es extrem gut für mein Selbstbewusstsein." Das Klima sei freundlich, bei den Kunden ist der junge aufmerksame Mann beliebt, und manchmal passiert es, dass ihm eine ältere Dame mit verschwörerischem Schmunzeln eine Tafel Schokolade zusteckt.

Selbst erarbeitetes Geld zu haben, findet Lion „cool, weil es mein eigenes Geld ist". Seine Mutter Barbara drückt es eleganter aus: „Er hat einen ernsthaften Bezug zum Thema Geld bekommen, seit er weiß, dass man sich jeden einzelnen Euro erarbeiten muss. Und er genießt das Gefühl, über das selbstverdiente Geld zu verfügen." Am Anfang hatte sie Sorgen, dass die Schulleistungen des Sohnes unter dem Job leiden könnten, aber jetzt findet sie: „Er macht das prima und er schafft beides, den Job und das Lernen."

Die 17-jährige Berliner Gymnasiastin Sabrina Waiser gibt an zwei Nachmittagen Nachhilfe und arbeitet an einem Abend als Babysitterin. Damit kommt sie auf bis zu 40 Euro die Woche. Der Minijob ermöglicht Extras bei Kleidung, Geschenken, Kino und Ausgehen. „Babysitten macht mir mehr Spaß, als in einer Boutique zu jobben", sagt sie. Und die Schule? „Die hat immer Priorität, lieber sage ich einen Job ab." Beim Babysitten könne man sowieso prima lernen, wenn die Kleinen erst mal schlafen.

Die Kinder müssen viel schlafen, denn Sabrina bekommt super Noten in der Schule.

source: Barbara Esser. *FOCUS Schule* Nr. 3 (2007) 01.06.07

 Worterklärungen!
*Tengelmann – ein deutscher Supermarkt

flimmern – *to flicker, blink*	aufmerksam – *attentive*
der Strahl – *beam*	das Schmunzeln – *smile, smirk*
das Selbstbewusstsein – *self-confidence*	ausdrücken – *to express*
	verfügen – *to have control*

Übung 1 (schwer) – Beantworten Sie die folgenden Fragen auf Deutsch.

1. Welche Aufgaben hat Lion Bischoff in seinem Nebenjob?

2. Wie fand Lion am Anfang seinen Job und warum findet er den Job jetzt gut?

3. Welche Jobs hat Sabrina? Nennen Sie einige Details.

4. Was macht Sabrina mit dem Geld?

5. Was ist für Sabrina wichtiger, die Schule oder der Job?

Übung 2 (leicht) – Beantworten Sie die folgenden Fragen auf Englisch.

1. Why does Lion have a part-time job? What does he spend his money on?

2. How much money does he earn?

3. What was his mother worried about when Lion started his job?

4. What jobs does Sabrina do and what does she spend her money on?

5. What is more important for her, job or school?

Lesen

Leseverständnis 2 (leicht)

Endspurt *für Ferienjobs*

Gerangel um die letzten Stellen

Die großen Ferien haben in manchen Bundesländern schon begonnen. Trotzdem ist es für die Suche nach einem Job nicht unbedingt zu spät, wenn Schüler und Studenten ideenreich und flexibel genug sind.

Bei den Arbeitsagenturen finden Schüler nicht so oft Ferienjobs; denn Sommerjobs werden der Agentur für Arbeit nur selten gemeldet. „Interessierte Schüler sollten stattdessen die Initiative **ergreifen**, und direkt bei Arbeitgebern in der Umgebung nachfragen", rät Knut Börnsen von der Arbeitsagentur Hamburg. „Man kann ja direkt Kontakt aufnehmen, etwa mit dem Supermarkt um die Ecke."

Börnsen rät, bei der Auswahl der Ferienjobs bereits an den zukünftigen Berufswunsch zu denken: „Man kann solche **Gelegenheiten** früh nutzen, wenn man zum Beispiel später mal ins Handwerk will", sagt der Experte. „Auch in der Gastronomie gibt es gute Gelegenheiten, über einen Ferienjob interessante **Einblicke** in die Branche zu bekommen." Solche Erfahrungen können auch bei späteren Bewerbungen von Vorteil sein.

»

Gesetzliche Regelungen beachten

Wer eine Stelle gefunden hat, sollte einige rechtliche **Einschränkungen** beachten. Laut Jugendarbeitsschutzgesetz dürfen Schüler ab 13 Jahren nur bis zu zwei Stunden am Tag arbeiten. Dabei dürfen sie nur leichte Arbeiten verrichten: Babysitten, Nachhilfe geben oder Zeitungen austragen. Außerdem müssen die Erziehungsberechtigten zustimmen.

Ab 15 Jahren dürfen Schüler bis zu vier Wochen in den Ferien arbeiten, allerdings in der Regel nicht am Wochenende; das ist mit Einschränkungen nur in **Gaststätten** oder Krankenhäusern erlaubt. Nur wenn sie ihre Vollzeitschulpflicht – also je nach Bundesland neun oder zehn Jahre Schulbesuch – absolviert haben, dürfen sie länger arbeiten.

Empfehlenswert ist es für Schüler und Studenten auch, auf das Gehalt zu achten. Der Nebenjob sollte maximal zwei Monate oder nicht mehr als 50 Arbeitstage lang gemacht werden – andernfalls werden Sozialabgaben fällig.

Zudem dürfen Jugendliche nicht mehr als 7680 Euro netto im Jahr verdienen. Liegt ihr **Einkommen** über dieser Grenze, dann bekommen die Eltern kein Kindergeld mehr.

source: Thomas Kärst. *Unispiegel*, 25. Juni 2005
http://www.spiegel.de/unispiegel/jobundberuf/0,1518,362005,00.html

Übung 1 – Schlagen Sie die fett gedruckten Wörter aus dem Text im Wörterbuch nach. Schreiben Sie die Vokabeln in Ihr Vokabelheft.

Übung 2 – Beantworten Sie die folgenden Fragen auf Englisch.

1. Instead of finding a job with an agency, what does Knut Börnsen advise?
2. What is an *Unternehmen*?
3. Why does Börnsen advise students to take into account their own future career plans?
4. Sum up the German legal situation regarding part-time work.

Übung 3 – Research the rules and regulations in your country regarding part-time jobs for students. Discuss the similarities/differences with your class.

Schreiben

Übung 1 – Sie haben bei www.jobs3000.net eine Anzeige für einen Sommerjob als Nachhilfelehrer/in gefunden. Schreiben Sie eine E-Mail und bewerben Sie sich für den Job als Englischlehrer in einer Sprachschule in Frankfurt. Ihr Bewerbungsschreiben sollte die folgenden Punkte beinhalten:

- Erklären Sie, woher Sie kommen, und dass Englisch Ihre Muttersprache ist.
- Erklären Sie weiterhin, dass Sie für 3 Monate diesen Sommer bei einer Gastfamilie in Deutschland sind.
- Sagen Sie, dass Sie bereits Erfahrung im Unterrichten haben (Nachhilfe, Sprachschule, Sommerjobs …).
- Geben Sie drei Gründe an, warum Sie denken, dass Sie für den Job geeignet sind.
- Geben Sie Ihre Adresse an und eventuelle Referenzen.

> Remember! Remember! Your email has to be formal, i.e. you have to address the person you are writing to with *Sie*. Also, note that the opening and end of your written piece will be different.

Übung 2 – Look at the picture story below and write out the story the pictures tell. Write in the present tense.

Bildergeschichte

Sprechen

Lesen Sie den folgenden kurzen Text aus dem *FOCUS-Schule*-Magazin. Was ist Ihre Meinung zum Thema „Nebenjobs für Jugendliche"?

Das erste Geld macht Arbeit

Wenn Kinder ihr Budget aufbessern wollen, müssen sie und ihre Eltern bestimmte Vorschriften beachten. Sonst wird das finanzielle Plus schnell zum Minus. Die Bildergalerie zeigt, was Eltern beachten müssen.

Wenn Kinder sich was dazuverdienen wollen, ist das kein Grund zur Sorge. Schwindel erregende Handy-Rechnungen oder massenhafter Konsum von Süßigkeiten mögen zwar der Auslöser für den Wunsch nach mehr Geld sein. Langfristig überwiegen aber die positiven Aspekte des Jobbens.

Eine Untersuchung des Deutschen Instituts für Wirtschaftsforschung ergab, dass arbeitende Jugendliche in ihrer Freizeit generell aktiver sind, was beispielsweise das Musizieren oder Sporttreiben betrifft. Außerdem sparen die Jobber auch mehr als ihre Kumpels ohne Nebenverdienst.

Um die schulische Leistung müssen Eltern sich ebenfalls nicht sorgen. Während 25 Prozent der Befragten ohne Job eine Klasse wiederholen, sind es nur 20 Prozent der arbeitenden Kids. Eltern können ihr Kind also ruhig unterstützen, wenn es sie bei der Jobsuche nach Rat fragt.

source: Sven Hasselberg. *Focus Schule* 18.09.06

Übung 1 – Machen Sie eine Liste mit den Vor- und Nachteilen, die ein Nebenjob bringen kann.

Übung 2 – Diskutieren Sie dieses Thema eventuell mit der ganzen Klasse oder bilden Sie zwei Gruppen. Die eine Gruppe sind die kritischen Eltern, die andere die Jugendlichen, die einen Nebenjob suchen.

Grammatik

Modalverben *(modal verbs)* Teil 1

Übung 1 – Revise the modal verbs by completing the following grid.

Remember!

♦ The endings of modal verbs are the same as for normal regular verbs except for the *ich* and *er/sie/es* forms.

♦ All of the modal verbs except for *sollen* change their vowel in the *ich, du* and *er/sie/es* forms.

♦ Don't forget that the modal verb changes the word order in a sentence. It puts the verb into the infinitive (ending in *-en*) and sends it to the end of the sentence.

Example: Max **spielt** Gitarre. (*without modal verb*)
Max **kann** Gitarre **spielen**. (*with modal verb*)

	wollen	sollen	können	müssen	dürfen	mögen
ich			kann			
du						
er/sie/es						mag
wir		sollen				
ihr					dürft	
sie/Sie						

Übung 2 – Circle the modal verbs and underline the second verb in the infinitive in the text „Das erste Geld macht Arbeit".

Übung 3 – Rewrite the following sentences using the modal verbs in brackets.

Example: Renate **spart** für den Führerschein. (müssen)
Renate **muss** für den Führerschein **sparen**.

1. Ich verdiene viel Geld mit meinem Nebenjob. (können)

2. Wir arbeiten gerne. (wollen)

3. Robert geht am Donnerstag zu einem Vorstellungsgespräch. (müssen)

≫

4. Holger und Sandra füllen den Fragebogen aus. (sollen)

5. Du kommst nicht zu spät. (dürfen)

6. Ich habe den Job. (wollen)

7. Ihr kommt am Dienstag mit zur Berufsmesse, oder? (möchten)

8. Herr Müller, Sie rufen mich später an. (müssen)

9. Wir arbeiten heute nicht, wir lernen für die Prüfung. (sollen)

10. Tanja gibt ihr Geld für Klamotten aus. (mögen)

Übung 4 – Rewrite the following sentences with modal verbs of your choice. Make sure that the sentences still make sense when you insert the modal verb and pay special attention to the word order.

Example: Jan hat kein Geld und sucht einen Nebenjob.
Jan hat kein Geld und **muss** einen Nebenjob **suchen**.

1. Er liest die Inserate in der Zeitung.

2. Dann sammelt er Informationen im Internet.

3. Er bessert seinen Lebenslauf auf.

4. Er schreibt Bewerbungsbriefe und schickt sie los.

5. Acht Tage wartet er auf eine Antwort.

6. Er hat Glück, denn er arbeitet an der Tankstelle um die Ecke.

7. Wenn er am Samstag und am Sonntag arbeitet, verdient er viel Geld.

8. Mit dem Geld kauft er sich Computerspiele.

9. Er spart auch für seinen Führerschein.

Hören

Track 6

Übung 1 – Sie hören jetzt ein Interview mit Michael Mollnuber zum Thema „Die perfekte Jobsuche". Hören Sie sich das Interview eventuell mehrmals an und beantworten Sie dann die Fragen. Die Vokabeln auf Seite 54 dienen als Hilfestellung.

1. Where can young people find information about different careers?

2. Who should one speak to first to find out about one's suitablity for a particular job?

3. Mention ways of obtaining information about a certain area of work.

4. Where can one find information about various companies?

≫

5. What does a good application comprise?

6. What happens to badly written applications?

7. What is the most frequent mistake young people make when applying for a job?

die Berufsorientierung – *career orientation*

geeignet – *suited*

der Überblick – *overview, general idea*

das Praktikum – *internship, work experience*

die Eigeninitiative – *own initiative*

die Bewerbungsunterlagen – *application documents*

erstellen – *to put together*

der Lebenslauf – *CV*

vorbereiten – *to prepare*

das Vorstellungsgespräch – *job interview*

peinlich – *embarrassing*

Extra

Internet-Übung – Hier sehen Sie eine der vielen Seiten mit *BRAVO*- Ratschlägen. Suchen Sie auf der *BRAVO*-Website www.bravo.de nach weiteren Informationen über Jobs und Bewerbungen. Diskutieren Sie Ihre Meinung in der Klasse oder mit Ihrem Nachbarn.

Vokabeln zu Kapitel 4

Learn the vocabulary regularly. Use the empty columns for practice.

der Nebenjob	*part-time job*		
Geld verdienen	*to earn money*		
das Gehalt/der Lohn	*wage*		
aushelfen	*to help out*		
die Aushilfe	*help*		
die Tankstelle	*petrol station*		
der Tankwart	*petrol station attendant*		
die Kassiererin	*cashier (f)*		
Regale einräumen	*to stack shelves*		
Kunden bedienen	*to serve customers*		
teilzeit	*part time*		
Kinder betreuen	*to look after children*		
aufpassen	*to mind, supervise*		
Hunde ausführen	*to walk dogs*		
ausgeben	*to spend*		
sparen	*to save*		
die Kneipe	*pub*		
die Kollegen	*colleagues, co-workers*		
der Chef/Boss	*boss*		
das Praktikum	*work experience*		
der Lebenslauf	*CV*		
das Bewerbungsgespräch	*job interview*		
die Bewerbung	*application for a job*		
der Berufswunsch	*job wish*		
die Zukunftsaussichten	*future prospects*		
die Chancen	*opportunities*		
die Möglichkeiten	*possibilities*		
das Selbstvertrauen	*self-confidence*		
stärken	*to strengthen*		
teuer	*expensive*		

Useful Phrases

Ich helfe hinter der Bar aus.	*I help out behind the bar.*
Es fördert die eigene Unabhängigkeit.	*It promotes one's own independence.*
Man trägt Verantwortung.	*One carries responsibility.*
Man lernt etwas fürs Leben.	*One learns something for life.*
Ich spare für meinen Führerschein.	*I'm saving up to do my driver's licence.*
Viele Jugendliche haben heutzutage einen Nebenjob.	*A lot of young people have a part-time job these days.*
Jugendliche brauchen Geld/geben viel Geld aus.	*Young people need money/spend a lot of money.*
Ein Job darf sich nicht negativ auf die Schule auswirken.	*A job should not have negative effects on school.*
Man braucht auch noch Zeit zum Lernen.	*One needs a lot of time to study.*
Ein Nebenjob ist gut, um Erfahrungen zu sammeln.	*A part-time job is good for gaining experience.*
Unsere langen Sommerferien sind gut für Nebenjobs.	*Our long summer holidays are good for doing part-time jobs.*
Jugendliche sollten nicht arbeiten müssen.	*Young people should not have to work.*
Manche Jugendliche arbeiten gerne.	*Many young people like to work.*
Es bringt viel Abwechslung und man trifft neue Leute.	*It brings a lot of variety and you can meet new people.*
Zu viel arbeiten kann auch ablenken.	*Too much work can be distracting.*
Man sollte nur am Wochenende arbeiten.	*You should only work at weekends.*
Manchen Jugendlichen ist ein Job zu viel Stress.	*Many young people find a job too stressful.*

Kapitel 5

Schule

Der erste Schultag

Hier sehen Sie ein Erstklässler mit Schultüte. Die Schultüte ist individuell dekoriert und mit kleinen Geschenken und Süßigkeiten gefüllt. In Deutschland ist es Tradition zum ersten Schultag eine Schultüte von den Eltern zu bekommen. Jeder Erstklässler kommt dann am ersten Schultag mit der Schultüte in die Schule. Sie bringen die Schultüte sogar mit in die erste Unterrichtsstunde. Am nächsten Tag kommt man natürlich ohne Schultüte in die Schule. Die bleibt dann zu Hause und wird vielleicht als Erinnerungsstück aufgehoben. Die Schultüte ist also was ganz besonderes für deutsche Kinder.

Was fällt ihnen zum Thema „Schule in Deutschland" ein? Sammeln Sie so viele Begriffe wie möglich, die sich mit diesem Thema befassen. Machen Sie eine Liste oder malen Sie ein Spider-Diagramm.

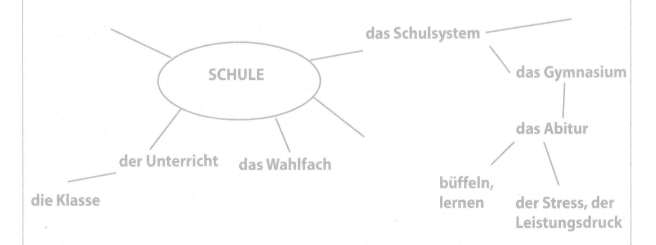

Lesen

Übung 1 – Lesen Sie jetzt den Text „Das Deutsche Schulsystem" und sehen Sie sich auch die folgende Grafik an. Beantworten Sie die Fragen auf Seite 59 mündlich oder schriftlich.

Das deutsche Schulsystem

In Deutschland kommen die Kinder im Alter von 6 oder 7 Jahren in die Schule. Zuerst gehen sie alle in die Grundschule. Nach vier Jahren beenden sie die Grundschule und können zwischen drei Schulen der Sekundarstufe wählen: dem Gymnasium, der Realschule und der Hauptschule. Die Hauptschule dauert fünf Jahre. Die meisten Hauptschüler verlassen dann die Schule und versuchen, eine Lehrstelle zu finden, wo sie einen Beruf lernen können. Das nennt man Lehre oder Ausbildung. So eine Lehre kann man auf einer Berufsschule machen.

Den Realschulabschluss bekommt man nach sechs Jahren. Danach kann man noch auf ein Fachgymnasium gehen, wenn man möchte, und später auch noch studieren. Die meisten Schüler machen nach der Realschule eine Lehre und möchten so bald wie möglich arbeiten und Geld verdienen.

Wenn man gute Noten hat, kann man das Gymnasium wählen. Im letzten Jahr des Gymnasiums muss man eine Prüfung ablegen, das Abitur. Wenn man das Abitur gemacht hat, kann man direkt zur Universität gehen. Es ist aber auch möglich, zu einem Fachgymnasium zu wechseln, wenn man das Gymnasium sechs Jahre besucht hat. Dort muss man nicht so viele Fächer lernen. Danach kann man zu einer Fachhochschule gehen. Das ist wie eine Universität, nur braucht man für eine Fachhochschule nur das Fachabitur, nicht das Abitur. In manchen Städten können die Kinder auch eine Gesamtschule besuchen. Das ist eine Kombination von allen drei Schulen der Sekundarstufe, also der Hauptschule, der Realschule und dem Gymnasium.

das Gymnasium – *secondary school that prepares for third level education*

die Hauptschule – *upper elementary school that prepares for vocational school or apprenticeship*

die Ausbildung – *education, training*
die Berufsschule – *vocational school*
die Gesamtschule – *comprehensive school*

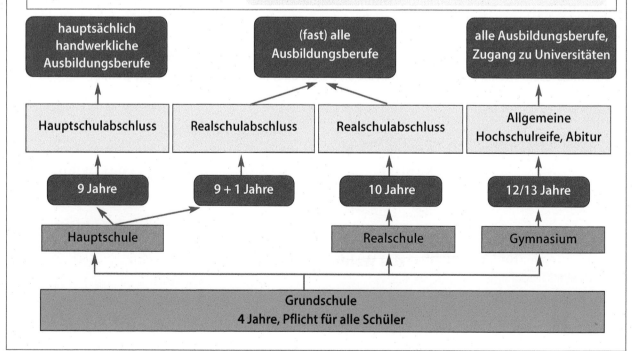

1. Was sind die Vorteile des deutschen Schulsystems, glauben Sie?

2. Was sind Ihrer Meinung nach die Nachteile?

3. Wie ist das Schulsystem in Irland? Welches System ist Ihrer Meinung nach besser?

4. Machen Sie eine Grafik von dem irischen Schulsystem und notieren Sie die wichtigsten Unterschiede.

Übung 2 – Diskutieren Sie in der Klasse, was Sie über das deutsche Schulsystem wissen. Beachten Sie die folgenden Punkte.

♦ Wie alt sind die Erstklässler und wie alt sind die Abiturienten in Deutschland?

♦ Welche Schulsysteme gibt es?

♦ Was ist anders in deutschen Schulen?

Schreiben

Äußerung zum Thema

Übung 1 – Füllen Sie die folgende Tabelle über Schule in Deutschland und in Irland aus.

Schule in Deutschland	Schule in Irland
Unterricht beginnt um 8.00 Uhr	Unterricht beginnt um 9.00 Uhr
Schule ist um 1.30 Uhr aus	…

 Remember! Don't forget to mention the following: uniform, holidays, length of classes, mixed schools, etc.

Übung 2 – Schreiben Sie kurz auf, was Sie über die Unterschiede der beiden Schulsysteme gelernt haben, indem Sie die folgenden Fragen beantworten.

1. Welche Hauptunterschiede kennen Sie zwischen deutschen und irischen Schulen?

2. Tragen Sie eine Uniform? Beschreiben Sie die Uniform.

3. Finden Sie eine Uniform in der Schule eine gute Idee? Warum?/Warum nicht?

4. Denken Sie, dass die Sommerferien in Irland zu lang sind? Nennen Sie drei Gründe, die Ihre Meinung unterstützen.

5. Was finden Sie besser – eine gemischte Schule oder eine reine Mädchen-/Jungenschule? Begründen Sie Ihre Meinung.

Lesen

Leseverständnis 1 (leicht)

Keine Erziehungsmaßnahme und keine Beschäftigungstherapie – was Schüler und Lehrer über Hausaufgaben denken.

Schülermeinungen an der Gesamtschule

Claudia (13), 7. Klasse:

„Hausaufgaben **abschaffen**? Nein. Aber ich finde, man sollte weniger Hausaufgaben bekommen. Wenn ich spät aus der Schule komme und noch Hausaufgaben machen soll, habe ich überhaupt nichts mehr von meiner Freizeit. Dabei sitzt man schon den ganzen Tag in der Schule und braucht auch mal eine Pause. Und dann hat man ja auch noch andere Sachen als Schule im Kopf."

Rieke (13), 8. Klasse:

„Oft **schimpfe** ich, dass wir so viel bekommen. Wenn ich manchmal meine Hausaufgaben so aufgelistet sehe, denke ich, das schaffst du nie. Um fünf Uhr nachmittags kann ich mich einfach nicht mehr konzentrieren."

Lukas (13), 7. Klasse:

„Früher bin ich aufs Gymnasium gegangen. Da bin ich um halb eins aus der Schule gekommen und habe oft noch bis fünf Uhr an den Hausaufgaben gesessen. Dadurch habe ich gar nichts mehr verstanden. Weil das so viele Aufgaben waren, habe ich sie nur schnell gemacht. Ich finde es besser, wenn der Lehrer den **Stoff** in der Schule erklärt. Das reicht doch vollkommen aus. Hausaufgaben sollte man einfach abschaffen!"

Stephan (14), 8. Klasse:

„Ich finde Hausaufgaben **sinnvoll**. Dadurch kann man den Stoff zu Hause noch mal bearbeiten. Ohne Hausaufgaben würde ich nicht so viel in der Schule verstehen."

Mark (14), 8. Klasse:

„Wahrscheinlich braucht man Hausaufgaben, um den Unterrichtsstoff besser zu verstehen. **Unsinnig** finde ich, wenn man in Nebenfächern oder im Deutschunterricht Texte abschreiben oder **auswendig lernen** soll. Hausaufgaben sind doch keine **Beschäftigungstherapie**!"

Schülermeinungen am Gymnasium

Lisa (16), 10. Klasse:

„Ich arbeite ziemlich chaotisch. Wenn ich keinen Nerv mehr habe, Hausaufgaben zu machen, dann lasse ich es einfach. Den Rest schreibe ich entweder in der Schule ab oder mache ihn schnell noch in der Pause. Meistens bekommen wir aber nicht so viel auf. Ich finde Hausaufgaben sinnvoll. Es gibt einfach Sachen, die man nicht in der Schule machen kann."

Sirvan (17), 10. Klasse:

„Ich finde, es sollte weniger Hausaufgaben geben. Ich treibe viel Sport. Wegen der Schule möchte ich nicht darauf **verzichten**. Man braucht ja einen gewissen Ausgleich. Manchmal kann ich deshalb meine Hausaufgaben erst abends machen. Viel verstehe ich dann nicht mehr davon.

Kommentare von Lehrerinnen der Gesamtschule und des Gymnasiums

Magarethe Hoffmann (48):

„Hausaufgaben sollen keine Beschäftigungsmaßnahme für Schüler sein. Sie müssen Sinn machen. Sie haben nur dann einen Sinn, wenn sie den Lernerfolg des einzelnen Schülers **fördern**. Wir wollen, dass Schüler das Lernen lernen."

Dagmar Siegmann (46):

„Welche Hausaufgaben sinnvoll sind, hängt von den einzelnen Fächern ab. In Deutsch ist es zum Beispiel **notwendig**, Lektüre zu lesen, sonst kann man im Unterricht nicht darüber sprechen. Aber auch Text**recherchen** oder Material sammeln sind sinnvolle und notwendige Hausaufgaben in diesem Fach. Schüler **stöhnen** natürlich immer, dass sie so viel aufhaben."

source: *TIPP* 3/2000, ergänzender Text zu *JUMA* 3/2000, Seite16–19

vollkommen – *altogether, entirely*
abschreiben – *to copy*
der gewisse Ausgleich – *certain degree of balance*
der Lernerfolg – *sucessful learning outcome*

Übung 1 – Schlagen Sie die **fett gedruckten** Wörter in einem Wörterbuch nach. Schreiben Sie die Wörter dann in Ihr Vokabelheft.

Übung 2 – Beantworten Sie die folgenden Fragen auf Englisch.

1. What is the general opinion regarding homework?
2. Why does Claudia think they should get less homework?
3. What was Lukas' solution to the heavy workload in the *Gymnasium*?
4. What does Mark find a senseless task?
5. What does Lisa do when she can't finish her homework at home?
6. According to Frau Siegmann, why is homework in German necessary?

Schreiben

Übung 1 – Was denken Sie über Hausaufgaben? Sinnvoll oder nicht? Schreiben Sie einen kurzen Kommentar (60 Wörter).

Beispiel: Ich finde Hausaufgaben sinnvoll ...

Lesen

Übung 1 – Bevor Sie den folgenden Text lesen, diskutieren Sie in der Klasse, was Sie unter dem Begriff „Sitzenbleiben" verstehen.

Leseverständnis 2 (schwer)

Wiederholungstat: Sitzenbleiben

Zu faul, zu langsam, zu lange krank ... jährlich bleiben in Deutschland 250 000 Schüler sitzen. Toni ist einer von ihnen.

Endlich macht Toni das Abitur. Das hätte er eigentlich schon vor einem Jahr machen sollen, aber er blieb sitzen. In der zehnten Klasse musste Toni erfahren, dass es in der Schullaufbahn auch Strafrunden gibt. In Deutschland bleiben jährlich 250 000 Schüler sitzen. Die Gründe dafür sind unterschiedlich. „Bei mir lag es an Französisch", sagt Toni. „Ich habe einfach nicht verstanden, was der Lehrer da vorn erzählt hat. Und er verstand mich wohl auch nicht. Ich mochte ihn genauso wenig wie er mich." *Un problème*, wie sich herausstellte. „Ich stand in Französisch fast vor einer Fünf und konnte sie mit keiner anderen Note ausgleichen. Mein Lehrer fand, ich sollte besser freiwillig wiederholen. Ich musste einwilligen, da ich sonst die Fünf bekommen hätte. So gab er mir eine Vier und auf dem Zeugnis stand liebevoll vermerkt ‚Wiederholt Schuljahr freiwillig'."

Oft fällt es Sitzenbleibern in solchen Fällen schwer. Sich in die neue Klasse zu integrieren, ist nicht leicht. Toni hatte Glück im doppelten Unglück: Ein Freund von ihm musste die Zehnte auch wiederholen. Mit dem alten Freund fiel der Start in der neuen Klasse leicht.

Wie wirkungsvoll die Ehrenrunde wirklich ist, wird in Deutschland seit Jahren diskutiert. Viele kritisieren schon lange, dass Sitzenbleiben sinnlos sei. Besser wäre es, den Schüler zu versetzen und ihm im Problemfach besonders zu helfen. Unter den Kultusministern herrscht Uneinigkeit darüber. Seit einiger Zeit gibt es erste Schulen, an denen das Sitzenbleiben probeweise abgeschafft wurde.

$\gg$

Das Problem vieler Wiederholer ist tatsächlich, dass sich die Noten oft nicht verbessern. Martin Beier hat schon viele Schüler gesehen, die ein Jahr wiederholt haben. Er ist Lehrer an Tonis Gymnasium. „Es gibt drei Arten von Sitzenbleibern: die Faulen, die Kranken und die Langsamen. Wer in eine der letzten beiden Kategorien fällt, wiederholt besser. Manche verstehen den Stoff einfach nicht so schnell oder müssen zu viel nachholen. Wenn sie die Chance zu wiederholen haben, können sie sich meist verbessern. Wer wegen Faulheit sitzen bleibt, schafft selten den Sprung nach oben."

Toni hat noch eine vierte Kategorie: „Es hängt auch vom Lehrer ab." Von seiner Vier schaffte er es während der Ehrenrunde recht schnell auf eine Drei. „Dabei habe ich kein bisschen mehr gelernt als vorher. Meine neue Lehrerin konnte den Stoff einfach viel besser erklären." Toni schreibt Zweien, ab und zu gibt es Vieren in Mathe. „Aber wer hat die denn nicht?", fragt er.

Bereut hat Toni seinen Schritt zurück nie: „Nur die Umstände, durch die ich wiederholen musste, waren blöd. Gelegentlich habe ich vielleicht auch viel geschwänzt", sagt Toni. Davor bewahrt ihn jetzt seine Freundin. „Sie ist ein Grund für mich, jeden Tag in die Schule zu gehen. Da kann ich mit ihr dann zusammen über die Lehrer meckern."

source: Maria Feldmann. http://www.spiesser.de/default.aspx?ID=3771&showNews=85596

die Strafrunde – *penalty, extra round*	wirkungsvoll – *effective*	der Stoff – *material, coursework*
der Grund – *reason*	die Ehrenrunde – *lap of honour*	nachholen – *to catch up*
fast – *nearly, almost*	versetzen – *to move someone up*	bereuen – *to regret*
ausgleichen – *to compensate*	die Uneinigkeit – *disagreement*	die Umstände – *circumstances*
freiwillig – *voluntary*	abschaffen – *to abolish*	schwänzen – *to mitch, bunk off school*
einwilligen – *to agree*	der Wiederholer – *repeater*	

Übung 2 – Beantworten Sie die folgenden Fragen schriftlich.

1. Why is it difficult to repeat a year?

2. What do critics suggest is a better solution than repeating the year?

3. Who are the type of people most likely to repeat a year according to Martin Beier?

4. Why does Toni think his repeat year was a success?

5. Martin Beier lists three categories of students who repeat the year. Into which category would you put Toni?

6. Toni hat es in Mathe schnell auf eine Drei gebracht. Was ist seiner Meinung nach der Grund dafür?

7. Warum schwänzt Toni jetzt nicht mehr? Was ist der Grund dafür, dass er jetzt jeden Tag in die Schule geht?

Schreiben

Übung 1 – **Beschreiben Sie das irische Schulsystem, indem Sie die folgenden Fragen beantworten.**

1. Ab welchem Alter geht man zur Schule?

2. Wie viele Jahre geht man auf die Grundschule und Sekundarschule?

3. Mit wie vielen Jahren kann man von der Schule abgehen?

4. Sind die Schulen staatlich oder privat?

5. Sind Schulbücher kostenlos?

Übung 2 (schwer) – Du schreibst an deinen Brieffreund/in, und beantwortest ihm/ihr folgende Fragen, die er/sie in seinem/ihrem letzten Brief an dich gestellt hat.

1. Ist die Uni bei euch kostenlos?

2. Willst du zu Hause wohnen oder möchtest/musst du wegziehen?

3. Wer bezahlt das Zimmer, wenn du wegziehen musst? Gibt es Hilfe vom Staat?

4. Kann jeder, der will, bei euch studieren oder muss man bestimmte Noten im Abitur haben?

5. Was machst du wenn du nicht studierst?

Übung 3 (leicht) – Write a letter to your new penpal, telling him/her about school in Ireland. Your penpal is thinking of coming over to Ireland to go to school for a year. You offer some advice. Fill the missing words in the gaps and then go on to write the rest of your letter, covering the points listed below.

Hallo Martin/a,

Das finde ich _____, dass du ein ganzes Jahr nach Irland kommen möchtest. Das ist wirklich sehr _____ von dir. Hast du keine Angst, dass du _____?
Was ist mit deinen Freunden? Wirst du die _____? ...

nicht alle vermissen

echt super

viel Stoff verpasst

mutig

- Tell him/her that in Ireland there are a lot of single sex schools. Give your opinion on that.
- Explain that you wear a uniform to school. Describe it.
- Explain how many subjects you study in the Fifth year and which ones he/she should not choose to do.
- Tell him/her about the length of the school day and the extra curricular activities you participate in.
- Ask if he/she is interested in anything in particular.
- Tell him/her that you are looking foward to having him/her for the year and that your family is already very excited.

Leseverständnis 3

Unter Segeln lernen

Sechseinhalb Monate lang segeln 29 Schüler mit ihren Lehrern und einer erfahrenen Stammbesatzung mit dem Segelschiff „Thor Heyerdahl" von Kiel über Teneriffa nach Martinique, Costa Rica, Kuba, Mexiko und zu den Bermudas.

Dieser Mittwoch ist ein kalter Oktobertag im Hafen von Kiel. Fröstelnd stehen ein paar Jugendliche in Arbeitskleidung an der Pier. Vor ihnen liegt die „Thor Heyerdahl". Das Schiff, das in den nächsten Monaten ihre Schule, ihre Wohnung und ihr Freizeitraum ist. Einige Blicke sind skeptisch.

Am Samstag beginnt die elfte Reise des „High Seas High School"-Projektes. Zwei Mädchen säubern Plastikteile der Lüftung. Vorher haben sie die Kojen aus Holz poliert. „Das macht viel Spaß, weil man das zu Hause nicht macht", findet Marie Christine. Die 17-Jährige kommt aus einem Internat in der Nähe von Lüneburg: „Ich war noch nie in Südamerika", erzählt sie. Warum sie mitfährt? „Ich möchte meine psychischen und physischen Grenzen kennen lernen. Bei mir steckt eine große Abenteuerlust dahinter."

Svenja, 17 Jahre, kommt aus Kassel. Sie hat noch keine Erfahrungen mit Segelreisen. Bedenken mischen sich mit Vorfreude. „Man verlässt das gewohnte Leben, seine Eltern, die Freunde. Kontakt nach Hause haben wir nur, wenn wir an Land sind. Angst habe ich vor Weihnachten. Weihnachten und Silvester sind wir auf See. Doch ich freue mich auf die Delfine, die das Schiff begleiten werden."

Philipp, 19 Jahre, ist mit Farbe und Pinsel an Deck beschäftigt. Er ist seit einem Jahr Internatsschüler an der Hermann-Lietz-Schule in Meckenheim und hat einen Segelschein. Philipp freut sich auf die Reise: „Das ist ein einmaliges Erlebnis. Meine Eltern stehen total hinter mir. Sie finden super, dass ich das mache. Ich möchte die verschiedenen Kulturen kennen lernen. Ich habe einen Anfängerkurs Spanisch gemacht. Der Höhepunkt ist die Fahrt über den Atlantik. Angst habe ich nur, dass ein heftiger Sturm aufkommen könnte."

Jule, 17 Jahre, steht in der Messe, schmiert Brötchen und kocht Tee für die anderen. Normalerweise geht sie auf ein staatliches Gymnasium in Kiel. Jule hat sich gleich nach dem Halbjahreszeugnis der Klasse 10 für die Fahrt beworben. Die „Thor Heyerdahl" ist ihr nicht unbekannt. Ihre Wünsche: „Ich hoffe, dass die Reise schön wird, dass ich viel erlebe und dass wir gesund wieder zurückkommen." Doch ein bisschen unsicher ist Jule auch: „Ich hoffe, dass es keinen Ärger mit den anderen gibt."

Segeln und Lernen

Eine komfortable Vergnügungsreise ist die Fahrt auf der „Thor Heyerdahl" also nicht. Doch dafür bekommen die Jugendlichen etwas geboten, was in Deutschland einmalig ist. Detlev Soitzek, 54 Jahre, Kapitän und Besitzer der „Thor Heyerdahl", sagt dazu: „Die Jugendlichen bekommen eine umfassende seemännische und seglerische Ausbildung. Das Ziel ist es, dass sie das Schiff übernehmen und selbstständig zurücksegeln. Sie ≫

wählen ihren eigenen Kapitän. Da muss man navigieren können, Segel setzen und bergen, aber auch kochen und die Maschine bedienen. Sie sind persönlich gefordert und für alle da. Das weiß jeder, der schon mal einen Sturm draußen auf dem Meer erlebt hat. Das ist es auch, was mich motiviert, immer wieder diese Reise zu machen. Es ist für uns ein hohes Risiko und eine große Verantwortung. Doch solche hoch motivierten, leistungsfähigen Jugendlichen sollen die Möglichkeit bekommen, diese Leistungen zu bringen. In der Schule sind sie eher theoretisch gefordert und können diese Fähigkeiten nicht ausleben."

Um den Unterricht kümmern sich Lehrerinnen und Lehrer. Geplant sind Unterrichtsstunden, die sich auf Reisestationen beziehen, Exkursionen und Experimente. Doch auch der ganz normale Unterricht läuft weiter. Schließlich geht die „normale" Schule ja in einem halben Jahr weiter. In Teneriffa geht es mit dem Unterricht los. Vorher müssen sich die Lehrer wie die Schüler an das Leben auf dem Schiff gewöhnen.

Probleme und Regeln

Streit und Ärger können auf einer sechsmonatigen Schiffsreise zum Problem für alle werden. Darum muss man sich beim Leben, Lernen und Arbeiten auf engstem Raum auf den anderen verlassen können. Es gibt nur Sechser-, Vierer- und Dreier-Kabinen an Bord. Täglich begegnet man sich an Deck, in der Messe, der Küche oder den Waschräumen. Privatsphäre ist so gut wie unmöglich.

Elmar Meister, 36 Jahre, ist der pädagogische Leiter. Er erklärt, worauf es ihm ankommt: „Am Anfang muss ganz deutlich werden, dass ein Schiff ein ernst zu nehmendes Arbeitsgerät ist, kein Spielzeug. Alle Schüler sind in Wachmannschaften eingeteilt. Der Tagesablauf ist genau geregelt und es gibt festgeschriebene Bordregeln. Das ist Gesetz an Bord. An Land finden Jugendliche Gesetze manchmal ärgerlich, hier verstehen sie den Sinn."

Daneben sagt er deutlich, was nicht erwünscht ist: „Partnerschaften unter den Schülern lehnen wir ab. Wenn zwei nur füreinander Augen haben, haben sie keine Augen mehr für das, was rechts und links passiert."

source: *JUMA* 2/2005, Seite 16–19, http://www.juma.de/v.php?fl=2005/j2_05/segeln.htm

die Grenze – *limit, border*	die Vergnügungsreise – *pleasure cruise*
die Abenteuerlust – *desire for adventure*	einmalig – *unique*
die Vorfreude – *anticipation*	die Leistung – *performance*
die Messe – *dining room and lounge on a ship*	das Arbeitsgerät – *tool*
bewerben – *to apply*	die Wachmannschaft – *watch team*
unsicher – *insecure*	

Übung 1 – Beantworten Sie die folgenden Fragen auf Englisch.

1. Why is Marie Christine taking part in the trip?

2. Describe Svenja's feelings

3. What do Philipp's parents think/feel about the trip?

4. What is Jule worried about?

5. What is the aim of this trip according to Captain Soitzek?

6. What does Elmar Meister find most important?

7. What is strictly forbidden on board?

Übung 2 – Beantworten Sie die folgenden Fragen auf Deutsch.

1. Was sind Philipps Gedanken/Gefühle in Bezug auf die Reise?

2. Was wünscht sich Jule?

3. Warum kann es manchmal zu Streit und Ärger an Board kommen?

Hören

Track 7

Übung 1 – Sie hören jetzt ein Interview mit Detlev Soitzek, dem Kapitän der „Thor Heyerdahl". Beantworten Sie die folgenden Fragen schriftlich auf Englisch.

1. When did Detlev Soitzek start the 'High Seas High School' project in Germany, and what is his role?

2. Who was his partner in starting the project?

3. When does the project take place each year, and how long does it last?

4. Who else is on board the ship? Mention three people.

5. Mention five subjects taught on board.

6. Give two examples of projects the pupils get involved in on dry land.

7. Mention two of the regular chores to be done on the ship.

8. What proves that the students have learned a lot about sailing during the voyage?

source: Listening Part 1 Leaving Certificate 2000

Grammatik

Modalverben *(modal verbs)* Teil 2

Übung 1 – You should by now be familiar with the six modal verbs. For a quick revision, complete the table below and make sure that you know these verbs off by heart.

	müssen	**dürfen**	**können**	**mögen**	**wollen**	**sollen**
	(to have to)	(to be allowed to)	(to be able to)	(to like)	(to want to)	(to ought to)
ich						
du						
er/sie/es/man						
wir						
ihr						
sie/Sie						

Übung 2 – Find examples of five modal verbs in the text *Unter Segeln lernen*. Write the sentences in your exercise books and underline all the verbs in each sentence. Notice the position of the verb.

Übung 3 – Rewrite the following sentences using modal verbs.

Beispiel: Sechseinhalb Monate lang **segeln** 29 Schüler mit dem Schiff in die Karibik.
              Sechseinhalb Monate lang **dürfen** 29 Schüler mit dem Schiff in die Karibik **segeln**.

1. Am Samstag beginnt die elfte Reise des „High Seas High School"-Projektes.

2. Zwei Mädchen säubern Plastikteile der Lüftung.

3. Er unterrichtet Biologie und Erdkunde.

4. Sie wählen ihren eigenen Kapitän.

5. Doch auch der ganz normale Unterricht läuft weiter.

6. Täglich begegnet man sich an Deck.

Übung 4 – Complete these sentences. Use the verbs in the brackets.

1. Peter _____ nach dem Abi einen Nebenjob _____ (sollen/finden).

2. In Deutschland _____ man nach der 10. Klasse von der Schule _____ (können/abgehen).

3. Ich _____ 350 Punkte für den Kurs in Galway _____ (müssen/bekommen).

4. In vielen irischen Schulen _____ die Schüler nicht _____ (dürfen/rauchen) und sie _____ eine Schuluniform _____ (müssen/tragen).

5. Susi _____ unbedingt an dem Trainingskurs im September _____ (wollen/teilnehmen).

Übung 5 – Now write ten sentences of your own relating to the topic of school using modal verbs.

Extra

Test yourself! Find the German translations of the following words in the wordsearch.

1. class	**6.** study material	**11.** education/training
2. lessons	**7.** repeat ('stay down') a year	**12.** apprenticeship
3. secondary school	**8.** to study at university	**13.** to concentrate
4. primary school	**9.** knowledge	**14.** grinds
5. group work	**10.** pressure to get good grades	**15.** study group

```
Q  L  M  F  F  O  T  S  N  R  E  L  V  S  E
E  B  C  P  E  N  N  D  J  U  R  G  T  I  P
T  P  G  Q  P  O  A  T  L  E  E  L  Y  T  P
G  R  U  P  P  E  N  A  R  B  E  I  T  Z  U
N  E  R  E  I  R  T  N  E  Z  N  O  K  E  R
U  N  T  E  R  R  I  C  H  T  G  A  L  N  G
E  A  O  O  P  R  N  E  K  Y  X  U  J  B  S
F  G  I  T  T  J  S  E  M  W  H  S  S  L  T
L  T  A  K  E  S  C  N  R  C  A  B  E  E  I
I  E  D  X  A  N  A  E  S  E  K  I  A  I  E
H  Y  H  L  T  S  D  D  X  D  I  L  Z  B  B
H  O  K  R  I  S  N  R  E  U  V  D  H  E  R
C  O  N  U  E  U  E  V  U  P  Y  U  U  N  A
A  U  M  T  R  Q  J  V  S  C  T  N  K  T  B
N  M  I  G  W  I  S  S  E  N  K  G  I  S  S
```

Vokabeln zu Kapitel 5

Learn the vocabulary regularly. Use the empty columns for practice.

die Schularten	types of school		
die Klasse	class		
der Unterricht	lessons		
das Gymnasium	secondary school		
die Grundschule	primary school		
interessant	interesting		
die Fächer	subjects		
büffeln/pauken	to slog, study hard		
lernen	to learn		
schwänzen/blau machen	to mitch, skip school		
sich konzentrieren	to concentrate		
das Abitur (Abi)/der Schulabschluss	German equivalent of Leaving Certificate/ School Leaving Certificate		
der Abiturient	Leaving Certificate student		
die Klassenarbeit	class test		
die Prüfung	exam		
der Notendruck	pressure to get good grades		
die Nachhilfestunden	grinds		
die Arbeitsgruppe	study group		
die Gruppenarbeit	group work		
erschöpft	exhausted		
der Lernstoff	study material		
sitzenbleiben	repeat/'stay down' a year		
der Leistungsdruck	pressure to achieve		
studieren	to study at university		
das Wissen	knowledge		
die Ausbildung	education, training		
die Lehre	apprenticeship		
die Abifeier	debs		

Useful Phrases

Die Schulzeit ist zu lang.	*The time in school is too long.*
Die irischen Schüler sind sehr jung, wenn sie das *Leaving Certificate* machen.	*The Irish students are very young when they do the Leaving Certificate.*
Sie müssen sich früh über ihre Zukunft Gedanken machen.	*They have to think about their future early on.*
Sie müssen große Entscheidungen treffen.	*They have to make big decisions.*
Hausaufgaben nehmen viel Zeit in Anspruch.	*Homework takes up a lot of time.*
Hausaufgaben sind wichtig, um den Stoff noch einmal zu wiederholen.	*Homework is important to go over the material again.*
Ich finde Hausaufgaben sinnlos/nutzlos.	*I find homework senseless/pointless.*
Ich kann mich zu Hause nicht mehr konzentrieren.	*I cannot concentrate at home.*
Ich habe nur sehr wenig Zeit für Hausaufgaben.	*I have very little time for homework.*
In der Schule kann man immer den Lehrer fragen, aber zu Hause ist man alleine ohne Unterstützung.	*In school you can always ask the teacher, but at home you are on your own without support.*

Kapitel 6
Fremdsprachen lernen

Zum Aufwärmen

Vokabelspiel

- ◆ Schauen Sie sich die Wörter in der Tabelle unten an. (Die Übersetzungen finden Sie in der Vokabelliste am Ende des Kapitels.)

- ◆ Alleine oder mit einem Partner schreiben Sie Sätze mit den Wörtern.

- ◆ Für jedes benutzte Wort bekommen Sie einen Punkt.

- ◆ Für jeden richtigen Satz bekommen Sie zwei Punkte.

- ◆ Achtung! Wenn das Wort mit einem Pfeil auf ein weiteres Wort zeigt, *müssen* Sie dieses Wort auch in Ihren Satz integrieren.

- ◆ Sie haben 10 Minuten Zeit. Wer kann die meisten Sätze schreiben und die beste Punktzahl erreichen?

der Aufenthalt	das Wahlfach	die Vorteile ← sprechen	
wünschen → wichtig		üben	das Pflichtfach
der Austausch	die Kulturen	kennen lernen	verbessern
die Sprachkenntnisse ← treffen		die Erfahrungen	reisen
die mündliche Prüfung	schreiben	fließend	lesen
die Nachteile	die Sitten → die Fremdsprachen		die Texte

Sprechen

Übung 1 – Lesen Sie die folgenden Fragen. Was ist Ihre Meinung? Diskutieren Sie mit der Klasse.

1. Welche Fremdsprachen lernen Sie?

2. Wie lange lernen Sie schon Deutsch?

3. Wie finden Sie Deutsch?

4. Was machen Sie im Deutschunterricht?

5. Was finden Sie besonders schwierig/leicht?

6. Wie lernt man am besten eine Fremdsprache?

7. Was finden Sie besonders schwer beim Erlernen einer Fremdsprache?

8. Denken Sie, es wird in Irland zu viel oder zu wenig Wert auf Fremdsprachen gelegt?

9. Ist das Erlernen einer Fremdsprache überhaupt notwendig, Ihrer Meinung nach?

10. Wäre es nicht leichter, wenn alle Menschen dieselbe Sprache sprechen würden? Was denken Sie? Wie wichtig ist die eigene Muttersprache?

Übung 2 – Notieren Sie in 5 Minuten möglichst viele Vorteile und Nachteile, die Ihnen zum Thema „Sprachkurs im Ausland" einfallen. Dann sammeln Sie gemeinsam mit der Klasse die Ideen an der Tafel.

Hilfe!

Hier ein paar Hilfesätze:

- Ein Sprachkurs im Ausland ist sinnvoll/gut, denn …

- Ich finde einen Sprachkurs im Ausland eine gute Idee, denn …

- Ich finde einen Sprachkurs im Ausland nicht gut, denn …

 Note! Remember to use the correct word order when using conjunctions like *denn* or *weil*.

You can also use the conditional tense:

- Ich könnte nicht ohne meine Familie leben.

- Ich würde meine Freunde vermissen.

- Ich hätte Angst, dass …

Lesen

Leseverständnis 1 (schwer)

Sprachen im Kindergarten

Im Kindergarten und ab der ersten Klasse eine Fremdsprache, in der fünften Klasse dann die zweite Sprache – kleine Kinder sollen ein intensives „Sprachbad" nehmen, weil sie besonders **aufnahmefähig** sind, empfehlen Lernexperten. Englisch ist hier die beliebteste Wahl, denn Englisch wird ja fast überall gesprochen. Bei Eltern ist die Nachfrage groß. Es gibt nicht genug Plätze in zweisprachigen Kindergärten.

Strahlend zeigt die fünfjährige Zoé ihrer Englischlehrerin ein Blatt Papier, auf das sie einen gelben Schmetterling gemalt hat: "Look, a yellow butterfly." Seit einem Jahr lernt sie in einem Kindergarten in Hamburg ihre erste Fremdsprache. Englisch, Französisch oder Spanisch für die Knirpse liegen im Trend. Denn Kinder lernen Fremdsprachen, die auch wichtig für den späteren Beruf sind, sehr schnell.

Die Staats- und Regierungschefs der Europäischen Union **beschlossen** bei einem Treffen in Spanien, dass alle EU-Bürger vom frühesten Kindesalter zwei Fremdsprachen erlernen sollen. „Die Welt wächst zusammen. Wir müssen uns stärker international öffnen", **fordert** Bundesbildungsministerin Edelgard Bulmahn (SPD). Die Politiker möchten, dass Mädchen und Jungen schon in Kindergärten auf spielerische Weise Fremdsprachen lernen.

„Die skandinavischen Länder sind zum Beispiel deutlich besser als wir", sagt Marianne Demmer vom GEW-Vorstand in Frankfurt. Die GEW **unterstützt** einen frühen Fremdsprachen-Einstieg – unter bestimmten **Bedingungen**: Auf die Kinder dürfe kein Leistungsdruck ausgeübt werden, und die Lehrer müssten eine gute Ausbildung erhalten. Außerdem sollte nicht nur Englisch unterrichtet werden. „Viele Sprachen sind es wert, gepflegt zu werden", betont Demmer.

„Kinder sind sehr aufnahmefähig für Sprachen", sagt Anette Lommel, Vorsitzende des Vereins für frühe Mehrsprachigkeit an Kindergärten und Schulen (FMKS) in Kiel. Die Kleinen werden dabei nicht **überfordert**. Im **Gegenteil**: „Frühe Mehrsprachigkeit **fördert** die gesamte kognitive Entwicklung eines Kindes." Im Kindergarten sollen die Kinder am besten nach dem Prinzip „eine Person – eine Sprache" betreut werden: Eine Erzieherin spricht die Muttersprache der Kinder, die andere Person in der Gruppe **ausschließlich** die neue Sprache. Ab drei Jahren lernen die Kinder, wie man auf Englisch grüßt, sich verabschiedet und sie verstehen in der neuen Sprache, wenn die Zähne geputzt werden sollen.

„Die **Nachfrage** ist sehr groß. Wir haben zu wenige Plätze", berichtet Sabine Devich-Henningsen, die Leiterin des Kindergartens mit 103 Kindern. Auch Migrantenkinder „schaffen es total gut", neben ihrer Muttersprache und Deutsch noch eine dritte Sprache zu lernen.

Knirps(e) – *little ones, tots*

source: Silvia Kusidlo. 01. November 2004
http://www.spiegel.de/schulspiegel/0,1518,323435,00.html

Übung 1 – Lesen Sie den Text „Sprachen im Kindergarten" und ordnen Sie die Überschriften aus den Kästchen unten den einzelnen Paragraphen zu.

- Absolut beginners: Spielerisches Lernen
- Riesiges Interesse der Eltern
- Skandinavien ist weit voraus
- Englisch lernen – kinderleicht
- Schon Knirpse sollen Englisch lernen
- Fremdsprachen im Kindergarten

Übung 2 – Finden Sie die **fett gedruckten** Wörter im Wörterbuch und schreiben Sie sie in Ihr Vokabelheft.

Übung 3 – Beantworten Sie die folgenden Fragen auf Englisch.

1. Why, according to the text, is it important to learn a foreign language?

2. What have the EU bosses decided regarding foreign languages? What are the conditions Marianne Demmer mentions regarding the early learning of foreign languages?

3. What do the children learn to say in English when they are about 3 years old?

4. Explain the idea of *eine Person – eine Sprache*.

Schreiben

E-Mail an Michael/a

Übung 1 – Your whole class is taking part in an exchange programme. You have been paired up with Michael/a and you have just received an email from him/her with lots of questions. Read the email and answer the questions. Try and be as detailed as possible in your reply. Remember, Michael/a wants to find out as much information as possible. Don't forget to ask some questions yourself. (Write approximately 160 words.)

```
From:     michaelmustermann@yahoo.com
Subject:  Grüße aus Deutschland

Hallo …,

Wie geht's? Ich habe heute deine E-Mail-Adresse von meinem
Englischlehrer bekommen. Mann … war das eine Aufregung in der
Klasse. Ich freue mich schon riesig auf den Besuch in Irland. Ich
war noch nie in Irland. Hoffentlich ist mein Englisch nicht so
schlecht und ich kann alles verstehen. Na, im Notfall kann ich ja
immerhin Deutsch mit dir sprechen.
```

≫

So, jetzt habe ich aber ein paar Fragen an dich:

Erzähl mir was von deiner Familie. Hast du Geschwister? Wie kommt ihr miteinander aus? Ich habe einen Bruder, er macht dieses Jahr sein Abitur. Er ist OK, wir verstehen uns gut. Manchmal gibt es Streit wegen Kleinigkeiten, aber im Großen und Ganzen sind wir gute Freunde.

Ich wohne in Frankfurt, in der Nähe von der Schule, in einer großen Mietwohnung. Wo wohnst du? Wie weit ist es zur Schule? Wie kommst du zur Schule? Wenn ich nach dem Abitur an der Uni studiere, möchte ich in einer WG wohnen, vielleicht mit Freunden. Und du? Wohnst du gern zu Hause mit deinen Eltern?

Ich gehe auf eine gemischte Schule hier in Frankfurt. Die Schule ist nicht sehr groß und die Unterrichtsgruppen sind relativ klein. Das finde ich prima. Im Englischunterricht sind wir nur 18 Schüler und wir machen viel Gruppenarbeit. Das finde ich gut, es macht Spaß und man lernt intensiver. Wie ist bei euch der Deutschunterricht? Was machst du am liebsten, was findest du besonders schwierig?

Ich lerne hier an meiner Schule zwei Fremdsprachen, Englisch und Französisch. Ich hasse Französisch, ich finde die Aussprache einfach unmöglich. Zwei Fremdsprachen können ganz schön verwirrend sein. Manchmal verwechsle ich die Vokabeln, das ist echt ärgerlich. Es ist aber superwichtig Fremdsprachen zu können. Die Berufschancen sind einfach viel besser, wenn man eine andere Sprache beherrscht. Was ist deine Meinung dazu? Denkst du, es ist gut, dass du Deutsch lernst? Lernst du noch andere Sprachen?

Jetzt habe ich aber genug Fragen gestellt. Ich mache jetzt besser Schluss, ich muss noch meine Hausaufgaben machen und um 5 Uhr habe ich Nachhilfe in Mathe … bäähhh …

Schreib bald zurück und schick mir ein Foto von dir.

Viele Grüße,

Michael/a

Hören

Track
8

Übung 1 (schwer) – Sie hören jetzt ein paar Schülermeinungen zum Thema „Fremdsprachen lernen". Hören Sie gut zu und bilden Sie Ihre eigene Meinung. Beantworten Sie dann die folgenden Fragen auf Englisch.

1. What motivates Lilija?

2. What does Sara enjoy talking about in class?

3. Why does Cathrine think learning a language is good?

4. What does Daniela find annoying?

5. Mention two details that Gisela finds have a negative effect on her language learning.

6. What does Magdalena find difficult? Mention two things.

Übung 2 (leicht) – Complete the grid below by filling in the missing information.

Name	Age	Nationality	One detail he/she finds de/motivating about language learning
Lilija			
Ivo			
Sara			
Tomasz	15		
Cathrine			likes playing games
Alexandra		French	
Daniela			does not like reading texts
Sergei			
Gisela			
Magdalena	16	Polish	

Schreiben

Äußerung zum Thema

Übung 1 – Sie haben jetzt viele verschiedene Meinungen zum Thema „Sprachen lernen" gehört. Schreiben Sie Ihre Gedanken auf.

◆ Was motiviert und demotiviert Sie persönlich beim Sprachenlernen?

◆ Finden Sie Sprachenlernen stressig und sinnlos oder ein „notwendiges Übel"?

◆ Machen Sie eine Liste mit Ihrem Nachbarn oder gemeinsam mit der Klasse an der Tafel. Sammeln Sie Meinungen zu beiden Seiten.

ein notwendiges Übel – *necessary evil*

Lesen

Leseverständnis 2

Yasmine schreibt seit ihrer Kindheit ein Tagebuch über ihr Leben in Deutschland und Marokko.

Ich bin nicht Deutsche. Ich bin auch nicht Marokkanerin. Ich bin Deutsch-Marokkanerin. Das ist was ganz anderes.

Juni 1984. Kirchheim, der große Garten meiner Großeltern. Apfelsaft, die leckere Wurst. Sesamstraße im Fernsehen. 1979 war ich sechs Monate alt, als ich zum ersten Mal mit meiner Mutter von Casablanca geflogen bin. Seitdem bin ich oft zwischen Marokko, der Welt meines Vaters, und Deutschland, dem Land meiner Mutter, hin- und hergereist. Bald fliege ich wieder. Ich bin jedesmal aufgeregt. Ich freue mich schon auf den Kindergarten, wo man schön frei spielen kann – und nicht nur die ganze Zeit still dasitzen muss, um Bilder zu malen, wie ich das aus Marokko kenne.

Mai 1987. Mein erster Schultag. Ich bin wieder in Deutschland zu Gast und darf einen Monat lang eine deutsche Grundschule besuchen. Gegen Mittag bin ich nicht mehr nervös. Der Unterricht hier in Deutschland ist so anders. Die Schüler dürfen sprechen, wann sie wollen, diskutieren in der Pause mit der Lehrerin, dürfen Gruppenarbeit und Experimente machen. Wenn ich da an die strenge Disziplin an marokkanischen Schulen denke! Da gibt's sofort Ärger mit dem Lehrer, wenn man seine Arbeit nicht richtig gemacht hat.

Februar 1995. Ich bin seit zwei Jahren wieder in Marokko. Ich bereite mich hier in Marokko auf mein internationales Abitur an einem französischen Gymnasium vor. Leider habe ich in meiner Freizeit wenig Freiheit. Mein Vater ist nun mal Marokkaner und das heißt: keine Diskos, keine Miniröcke, keine Partys, kein Freund. Deutsche Jugendliche dagegen gehen abends sehr spät aus, rauchen, treffen sich regelmäßig, verreisen sogar zusammen.

≫

Juni 1997. Das Abitur ist geschafft! Keine Schule mehr! Bald bin ich wieder in Deutschland. Aber diesmal, um dort für längere Zeit zu leben. Das wird nicht einfach sein. In Marokko ist die Familie wichtig, jeder hilft jedem. In Deutschland ist man mehr für Individualismus. Viele Jugendliche ziehen früh von zu Hause aus, weg von den Eltern. Sie sind deswegen viel selbstständiger. Ich werde bei meinen Großeltern in Kirchheim einem Stadtteil von Heidelberg, wohnen. Dann machen sich meine Eltern keine Sorgen um mich. Erst mal mache ich ein soziales Jahr in einem Heidelberger Krankenhaus. Danach möchte ich in Heidelberg zur Uni gehen. Heidelberg ist eine sehr alte Universitätsstadt, in der ich mich wohl fühle.

source: OL Leaving Certificate 1999

Übung 1 – Lesen Sie den Artikel und füllen Sie die Tabelle auf Englisch aus.

Name:
Nationality of mother:
Nationality of father:
Yasmine's memories of her grandparents' home. Three details:
Schools attended:
Plans for next year:
Plans after that:

Übung 2 – From reading the article, in what ways are

   a. school,

   b. free time,

   c. home life

different in the two countries Yasmine has lived in?

Übung 3 – Read the following sentences and circle the correct answer in each case.

   1. Die deutschen Großeltern von Yasmine leben

      a. in einem großen Park.

      b. in Stuttgart.

      c. in der Sesamstraße.

      d. in Kirchheim.

2. Die Schüler in der deutschen Grundschule

    a. diskutieren mit Yasmine in der Pause.

    b. sprachen gar nicht mit ihr.

    c. hatten sie zum Mittagessen eingeladen.

    d. stellten ihr viele Fragen über Marokko.

3. Die Disziplin an marokkanischen Schulen ist

    a. nicht so streng wie in Deutschland.

    b. ähnlich wie in Deutschland.

    c. sehr streng.

    d. überhaupt nicht streng.

4. Yasmines Vater erlaubt ihr nicht,

    a. in Deutschland zu leben.

    b. kurze Röcke anzuziehen.

    c. mit der Familie in Urlaub zu fahren.

    d. ihr Abitur zu machen.

5. Marokkanische Eltern sind froh, wenn

    a. ihre Kinder das Elternhaus verlassen.

    b. die Familie zusammenhält.

    c. ihre Kinder in Diskos gehen.

    d. ihre Kinder selbstständig werden.

Grammatik

Das Perfekt (*perfect tense*)

 Remember! You have already come across the perfect tense in your Junior Certificate, so you should know when and how to use it. Here are some important points to remember:

- The perfect tense is a past tense used mostly in spoken German and letter writing for describing events that have already happened.
- It is made from the present tense of **haben** or **sein** + **past participle**: Sie **hat** den Sprachkurs **gemacht.**

Regular/weak verbs

Remove the -*en* ending from the invinitive, add *ge-* to the front and -*t* to the end:

lern<u>en</u> – er hat **ge**lern**t**

wander<u>n</u> – er ist **ge**wander**t**

Übung 1 – Complete the verb table with the help of the verb list at the end of the book.

	Verb	Past participle	Meaning
Example:	essen	gegessen	*to eat*
1.	bringen		
2.		gekannt	
3.			*to give*
4.	bleiben		
5.			*to travel*
6.	gemocht		
7.			*to think*
8.	nehmen		
9.		geflogen	
10.	dürfen		

Grammatik

Irregular/strong verbs

Remove the -*en* ending from the infinitive, add *ge-* to the front and -*en* to the end. (You will find a list of irregular/strong verbs at the end of the book.)

lesen – er hat **ge**les**en**

gehen – er ist **ge**gang**en**

◆ Most verbs take *haben*, only a few take *sein*. These are usually verbs of motion or change of state.

◆ The past participle (verb with the prefix *ge-*) goes to the end of the sentence.

◆ In the case of a separable verb, the prefix comes before the past participle:

auf/machen – er hat auf**ge**mach**t**

Übung 2 – Rewrite the following diary entry in the perfect tense.

Juni 1984. Es ist Sommer und die Sonne scheint. Ich sitze im Garten und lese ein Buch mit meiner Großmutter. Es macht viel Spaß. Meine Großmutter gibt mir einen Teller mit einem großen Stück Brot mit Wurst. Die Wurst schmeckt so lecker. Ich trinke ein Glas Apfelsaft. Das Leben ist schön und sorglos. Ich bin sehr glücklich bei meinen Großeltern. Ich liebe diese Zeit.

Übung 3 – Complete the following sentences using the perfect tense of the verb in brackets.

1. Michael _____ letztes Jahr einen Sprachkurs in London _____ (machen).

2. Er _____ für 4 Wochen im Sommer bei einer Gastfamilie _____ (wohnen).

3. Die Gastfamilie _____ sehr nett _____ (sein).

4. Im Sprachkurs _____ Michael sehr viele nette Leute _____ (treffen).

5. Der Unterricht _____ interessant _____ (sein), aber Michael _____ die Freizeitaktivitäten noch besser _____ (finden).

6. Oft _____ er sich mit den anderen Kursteilnehmern _____ (treffen) und sie _____ viel zusammen _____ (unternehmen).

7. Sie _____ einkaufen _____ (gehen), oder sie _____ ins Kino _____ (gehen) und _____ Filme auf Englisch _____ (sehen).

8. Samstagabends _____ sie gemeinsam in die Disko _____ (gehen) und _____ viel _____ (lachen) und _____ (tanzen).

9. Michael _____ den Auslandsaufenthalt nicht so schnell _____ (vergessen).

10. Er findet, er _____ auf jeden Fall viel _____ (lernen). Er _____ nicht nur sein Englisch _____ (verbessern), sondern er _____ auch viel fürs Leben _____ (lernen).

> **Tipp!** Check out www.nthuleen.com for more exercises on the perfect tense.

Extra

Übung 1 – Before you read the text „Die deutsche Einheit wird volljährig" on page 83, discuss with your partner or with the whole class what you know about the time when Germany was divided. What do you know about life in East and West Germany?

Übung 2 – Lesen Sie jetzt den Text „Die deutsche Einheit wird volljährig" und informieren Sie sich zu einem historischen Thema der deutschen Geschichte. Das Internet bietet noch viele weitere interessante Informationen zum geteilten Deutschland, die Mauer und die Wiedervereinigung.

> **Tipp!** Try checking out the following websites:
> - www.germanculture.com
> - www.britannica.com
> - www.dw-world.de

> **Remember!** In the Oral Examination you have the option of speaking about a project. This might be an interesting topic to talk about. See what else you can find out!

»

Die deutsche Einheit wird volljährig

Am 3. Oktober ist der Tag der Deutschen Einheit. Dieser deutsche Feiertag ist aber noch gar nicht so alt. Bei allen, die nach dem 3. Oktober 1990 geboren sind, ist klar: Sie sind in der Bundesrepublik Deutschland geboren. In dem „einen" Deutschland sozusagen. So klar war das jedoch nicht immer.

3. Oktober 1990: Deutschland feiert seine Wiedervereinigung.

Von 1949 bis 1990 gab es zwei deutsche Staaten: die Deutsche Demokratische Republik (DDR) und die Bundesrepublik Deutschland (BRD). Seit dem 3. Oktober 1990 sind die beiden Deutschlands wiedervereinigt. Und seit diesem Tag ist dieser Tag in Deutschland deshalb ein Feiertag.

Der Mauerbau

Dass Deutschland geteilt wurde, hängt mit dem Zweiten Weltkrieg zusammen, den Deutschland verloren hat. Die vier Siegermächte – das heißt: die USA, Großbritannien, Frankreich und Russland – teilten Deutschland nach dem Krieg in vier Besatzungszonen auf. Aus den Besatzungszonen der Amerikaner, Engländer und Franzosen entstand 1949 die Bundesrepublik, aus der russischen Zone die DDR. Deutschland war nun ein geteiltes Land.

Abschied von Freunden.

Grund für die Teilung: Die USA, Großbritannien und Frankreich wollten, dass aus Deutschland ein demokratisches Land wird. Russland dagegen hatte andere Vorstellungen. Viele Menschen wollten lieber in der Bundesrepublik leben und verließen deshalb die DDR. Um die Menschen an der Flucht zu hindern, ließ die Regierung der DDR 1961 eine Mauer bauen – quer durchs Land, mitten durch Familien und Freunde.

Useful Phrases

Mir reicht schon, dass ich Irisch lernen muss.	*It's already enough having to learn Irish.*
Ich finde Sprachenlernen total schwierig.	*I find learning languages really difficult.*
Ich kann mir die vielen Vokabeln nie merken.	*I can never remember/recall all the vocabulary.*
Eine Sprache zu lernen erfordert viel Fleiß/Arbeit.	*Learning a language requires much diligence/work.*
Ich bin nicht sehr sprachbegabt.	*I don't have much talent for languages.*
Ich habe kein Gehör für Sprachen.	*I have no ear for languages.*
Es geht nicht nur um das Erlernen einer Sprache, man lernt viel mehr.	*It's not just about learning a language, you learn much more than that.*
Man lernt auch etwas über ein anderes Land/ andere Menschen/andere Sitten.	*You also learn something about the other country/people/customs.*
Manche Kurse an der Uni verlangen einen Abschluss in einer Fremdsprache.	*Many university courses demand a foreign language at Leaving Certificate level.*
Fremdsprachen sind wichtig für einige Berufe.	*Foreign languages are important for some careers.*
Die Sprache erweckt das Interesse an dem Land.	*The language awakens interest in the country.*

Kapitel 7

Reisen und Austausch

Spiel: Ich reise nach Deutschland und packe in meinen Koffer …

This game has to be played by the whole class. One after the other, each person starts with the sentence below, listing the items accumulated in the suitcase and adding one more item to the list.

Example:

Person 1:   Ich reise nach Deutschland und packe in meinen Koffer ein Wörterbuch.

Person 2:   Ich reise nach Deutschland und packe in meinen Koffer ein Wörterbuch und ein Geschenk, … etc.

 Note! The more demanding the words, the harder it is to memorise the chain as it gets longer …

Übung 1 – Brainstorming. Machen Sie zusammen mit Ihrem Nachbarn eine Liste von Wörtern, die mit dem Thema „Reisen und Austausch" zusammenhängen. Sehen Sie sich dann die Vokabelliste am Ende des Kapitels genau an und fügen Sie Ihre Vokabeln noch hinzu.

Übung 2 – *Webübung: Städtereise*. Imagine you are going on an exchange to Berlin for 2 weeks with 20 other Irish classmates. You will be living with a German family. Check out the websites below and see if you can find some exciting places you would like to visit that you can suggest to your exchange partner. Also find one group activity for the 20 Irish students visiting Berlin with you.

- http://stadt-berlin.tripod.com/berlin_klassenfahrten/
- http://www.visitberlin.de/
- http://www.visitberlin.de/bock_auf_berlin/index.php
- http://www.berlin.de/orte/sehenswuerdigkeiten/

Übung 3 – *Reise buchen*. Check out the German travel websites below with a partner. Try and find a cheap summer holiday for two people staying in one double room with a sea view, 3–4 stars, half-board, for 2 weeks. Then repeat the exercise. This time your partner gives you his/her travel wishes. (The more choosy his/her demands, the harder it will get to find a suitable destination.)

- http://www7.neckermann-reisen.de
- http://www.expedia.de
- http://www.opodo.de/
- http://tui.com

Lesen

Leseverständnis 1 (schwer)

Warum reisen glücklich macht

Für Katrin Heinen ist die Sache klar: raus aus dem Alltag, frei sein, mal etwas ganz anderes machen als Schule und Arbeit. Das sind ihrer Meinung nach die häufigsten Gründe für eine Reise, und zwar für Jugendliche genauso wie für Erwachsene.

„Am Reisen ist vor allem der Unterschied zum Alltag super und dass man neue Gegenden kennen lernt", sagt Melina Giannis aus Frankfurt. Im **Gegensatz** zu ihrer Freundin Katrin fährt sie am liebsten in Städte, „weil man dort Kultur, Entspannung und Shopping kombinieren kann".

„Reisen löst bei vielen Menschen ein Glücksgefühl aus, weil man eine Flut neuer Eindrücke erlebt", sagt Joachim Funke, Psychologieprofessor an der Universität Heidelberg. „Man sucht sich Orte mit einer schönen **Umgebung**, trifft auf Situationen, die zu Hause nicht gegeben sind. Das **Gehirn** erlebt eine Herausforderung, wird durch die vielen neuen Reize stimuliert, und die Kreativität wird angeregt."

$\gg$

Das hat auch Kirsten Rulf schon erlebt: „Wenn ich auf Reisen bin, habe ich das Gefühl, selbstständig zu sein", sagt die Kölnerin. „Ich teile mir den Tag ein, wie ich es mir wünsche, keine Schule, keine **Verpflichtungen**. Dafür muss ich ständig **Entscheidungen** treffen und Probleme **bewältigen**." Dazu gehört für Kirsten auch, in einer Fremdsprache zu sprechen. Sie hat neben Englisch und Französisch auch Spanisch und Italienisch gelernt: „Ich finde es prima, mich in einer fremden Sprache zu unterhalten und endlich mal zu testen, was ich theoretisch gelernt habe", sagt sie. „Dabei habe ich schon viele witzige Leute kennen gelernt."

Diese Erfahrung hat auch Katrin gemacht. Während sie zu Hause nicht immer gerne Englisch oder Französisch spricht, gehört das für sie auf einer Reise ganz klar dazu. Am Strand von Nizza mit Franzosen flirten oder in Phoenix/Arizona versuchen, die Amerikaner zu verstehen – das gefällt ihr, auch wenn schwierige Wörter oder komplizierte Sätze sie manchmal ins Schwitzen bringen können.

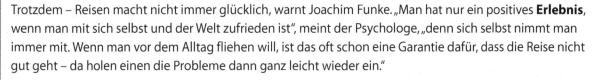

Für Katrin, die Französisch, Geschichte und Kunstgeschichte studiert und sich gelegentlich auch gerne mal von der Uni **erholt**, gibt es deshalb auch nichts Nervigeres, als „eine Reisebegleitung, die einen Besichtigungsmarathon machen will, ohne einmal links und rechts zu schauen." Wenn Katrin verreist, ist ihr vor allem eines wichtig: die richtige Mischung. „Ich will nicht nur Sehenswürdigkeiten sehen, sondern auch einfach umherspazieren, ein schönes Café finden, einen Film anschauen und durch die Läden bummeln", sagt Katrin. Melina gibt ihr recht: „Wichtig ist das richtige Verhältnis zwischen Entspannung und Aktivität." In einer schönen Umgebung draußen sitzen und etwas Gutes essen – das gehört für Katrin und Melina zum Reiseglück.

Trotzdem – Reisen macht nicht immer glücklich, warnt Joachim Funke. „Man hat nur ein positives **Erlebnis**, wenn man mit sich selbst und der Welt zufrieden ist", meint der Psychologe, „denn sich selbst nimmt man immer mit. Wenn man vor dem Alltag fliehen will, ist das oft schon eine Garantie dafür, dass die Reise nicht gut geht – da holen einen die Probleme dann ganz leicht wieder ein."

Das hat auch Kirsten schon erlebt. Sie reist sehr gern, aber einmal hat es nicht so gut funktioniert, erzählt sie:
„Aus Liebeskummer bin ich spontan zu einer Freundin nach Schottland geflogen, die mich zur **Ablenkung** auf eine Bustour durch die Highlands geschickt hat. Das Blöde daran: In dem Bus waren außer mir nur verliebte Pärchen unterwegs. Ganz schön schlecht für mich!" Trotz dieser unangenehmen Erfahrung: Aufs Reisen würde Kirsten nie **verzichten**.

Eine Einstellung, die Katrin nur zu gut verstehen kann. Die Koffer für ihre nächste Reise stehen schon bereit: Im März fliegt sie in die USA – zu ihrem Freund.

der Alltag – *everyday life*	selbstständig – *independent*
die Gegend – *region*	schwitzen – *to sweat*
im Gegensatz zu – *in contrast with*	nervig – *annoying*
das Glücksgefühl – *happiness*	besichtigen – *to view*
die Flut – *flood*	die Mischung – *mixture*
der Eindruck – *impression*	bummeln – *to stroll*
die Herausforderung – *challenge*	das Pärchen – *couple*
die Reize (*pl*) – *attractions*	unangenehm – *unpleasant*

source: Anne Allmeling. *Yaez* 03/2008
http://www.yaez.de/chancen/warum-reisen-gluecklich-macht_133755.html#more-373

Übung 1 – Lesen Sie den Text „Warum reisen glücklich macht" und schlagen Sie die **fett gedruckten Wörter im Wörterbuch nach.**

Übung 2 – Beantworten Sie jetzt die folgenden Fragen.

1. What reasons does Katrin give for travelling in paragraph 1?

2. What does Melina like about travelling?

3. How does Kirsten Rulf feel when she travels?

4. What is her opinion of foreign languages?

5. What is the 'ideal mix' for Katrin and Melina on their travels?

6. When does travelling not make you happy?

7. Why did Kirsten have a bad experience when she travelled? Give details.

8. Wohin reist Melina am liebsten und warum?

9. Was ist das Schlimmste für Katrin, wenn sie verreist?

Übung 3 – Sind die folgenden Sätze richtig oder falsch?

1. Melina Giannis macht am liebsten Strandurlaub.

2. Reisen regt die Kreativität an.

3. Kirsten Rulf fühlt sich selbstständig, wenn sie verreist.

4. Kirsten spricht vier Sprachen.

5. Katrin studiert Kunstgeschichte.

6. Katrin will nur Sehenswürdigkeiten besichtigen.

7. Gutes Essen und eine schöne Umgebung sind für Katrin und Melina pures Reiseglück.

8. Reisen macht immer glücklich.

9. Manchmal holen einen die Probleme wieder ein.

10. Im März fliegt Katrin nach Frankreich.

Hören

Track 9

Übung 1 – Sie hören jetzt ein Interview von *Sisol.de* zum Schüleraustausch nach Südafrika. Lesen Sie zuerst die Einleitung und dann die Fragen in Übung 2. Hören Sie sich das Interview mehrmals an. Die Vokabeln unten dienen als Hilfestellung.

Schüler und Schülerinnen der Helene Lange-Schule machen sich im Mai 2007 auf den Weg nach Südafrika, um dort ihre Partnerschule, die „Westville High School", in Port Elizabeth zu besuchen. Der Austausch findet im Rahmen einer freiwilligen „Südafrika-AG" statt. Die Arbeitsgemeinschaft mit bis zu 20 Schülern versucht regelmäßig, durch Aktionen wie Kinovorführungen oder Kuchenverkäufe Beiträge für Südafrika beizusteuern. Das Highlight ist eine Reise nach Port Elizabeth, die jährlich mit Schülern aus der „Südafrika-AG" stattfindet.

Wir haben mit Taylan-Tahsin Albayrak, einem Schüler der elften Klasse der Helene Lange-Schule, gesprochen.

Er engagiert sich seit einem Jahr in der AG und hat uns über seine Vorstellungen und die Entscheidung, nach Südafrika zu fahren, erzählt.

Schüler der Westville High School in Port Elizabeth.

> freiwillig – *voluntary*
> die AG (Arbeitsgemeinschaft) – *consortium, working group*
> der Beitrag – *contribution*
> sich engagieren – *to get involved in something*
> die Vorstellung – *idea, belief*
> die Entscheidung – *decision*
> einheimisch – *native*

Übung 2 – Beantworten Sie die Fragen schriftlich auf Englisch.

1. How long is the exchange to South Africa?

2. Why is Taylan taking part in the exchange? What is his motivation?

3. What do the German students do in South Africa?

4. Where do they live? Give details.

5. How can students take part in the project?

6. Why is it hard to get a place on the exchange?

Schreiben

Äußerung zum Thema

Übung 1 – Äußern Sie sich zum Thema „Austausch", indem Sie die folgenden Fragen schriftlich beantworten.

1. Haben Sie schon einmal an einem Austausch teilgenommen? Wenn ja, erzählen Sie darüber. Wenn nicht, warum nicht?

2. Finden Sie einen Austausch sinnvoll? Was für Vorteile hat ein Austausch?

3. Glauben Sie, dass ein Austausch Pflicht sein sollte, wenn man eine Fremdsprache lernt?

4. Welche Nachteile fallen Ihnen ein, wenn Sie an einen Austausch denken? (Was könnte schief gehen?)

or

Übung 2 – Write a short note, answering these questions in English.

1. What is your favourite holiday destination? Why?

2. What do you like doing on holidays?

3. Where did you go last on holiday and what did you do?

Sprechen

Übung 1 – Arbeiten Sie zu zweit und beantworten Sie die folgenden Fragen mündlich. Vergessen Sie nicht, diese Art von Fragen könnten in Ihrer mündlichen Prüfung gefragt werden!

1. Waren Sie schon mal im Ausland? Wo waren Sie und was haben Sie gemacht?

2. Wann waren Sie zuletzt im Ausland? Wo waren Sie und mit wem waren Sie weg?

3. Werden Sie diesen Sommer ins Ausland fahren? Wohin?

4. Was kann man von einem Auslandsaufenthalt lernen?

Lesen

Leseverständnis 2 (leicht)

Schüleraustausch Irland

Irland, die grüne Insel. Lernen Sie Englisch in einer herrlichen Landschaft mit freundlichen Menschen. Kein anderes Land von vergleichbarer Größe hat mit seinen Dichtern und Schriftstellern so viel zur **Weltliteratur** beigetragen wie Irland.

Alles über den **Schüleraustausch** Irland:

Irland, die grüne Insel

Irland, bekannt als die grüne Insel – nirgends findet man Grün in 1000 verschiedenen Farbtönen! Hier und da gut erhaltene oder halb zerfallene Burgen, Klöster und Kirchen irgendwo mitten auf einer Wiese! Nicht zu vergessen sind die spektakulären **Küstenlandschaften**, steile Felswände zur Atlantikküste im Norden, aber auch unzählige Strände im Süden …

Warum Schüleraustausch Irland? – die Fakten im Überblick

- ◆ Irland ist ein sicheres Land.
- ◆ Der Bildungsstandard und die **Ausbildungsqualität** in Irland gehören mit zu den höchsten der Welt.
- ◆ Außer hervorragenden staatlichen Schulen gibt es exzellente Privatschulen.
- ◆ Ein Großteil der Jugendlichen besucht nach der Schule die Universität oder Fachhochschule und die Schulen bereiten bestens darauf vor!
- ◆ Die irische Kultur basiert auf Familiengemeinschaft. **Gastfamilien** sind freundlich und offen.
- ◆ Irland hat Kultur und Tradition. Es ist katholisch und konservativ, jedoch sind die Menschen aufgeschlossen und weltoffen.
- ◆ Schüler können hier wichtige Kontakte knüpfen.
- ◆ Die Iren haben weltweit den Ruf der freundlichsten Menschen.
- ◆ Die Iren haben einen Akzent, aber sprechen ein korrektes Englisch.
- ◆ Irland ist in der EU und ganz in der Nähe.
- ◆ Das **Austauschprogramm** unserer Partnerorganisation HSI gehört zu den besten!
- ◆ Vor der Abfahrt gibt es von *World Wide Qualifications* ein Englisch-Seminar zum Schüleraustausch kostenlos!

≫

Irland – Orte, Menschen und Infrastruktur

Mittelalterliche Gebäude, Kirchen und schöne Reihenhäuser prägen das Bild einer jeden Altstadt. Aber seit ein paar Jahren gibt es auch moderne Einkaufszentren, Hallenbäder, Sportzentren und Sportstadien in nahezu jedem kleinen Ort.

Die Iren feiern gerne! Livemusik an jeder Ecke, Community-Zentren bieten Diskos und irischen Tanz für Jugendliche. Für Schüler, die Angst haben, sich zu langweilen, genau das Richtige. Aber auch besorgte Eltern können beruhigt sein, denn Irland erfreut sich, vielleicht durch die katholische Erziehung, hoher Sicherheit und wenig Kriminalität.

Die Menschen sind zudem friedlich, freundlich, hilfsbereit, humorvoll und reden gerne. Sie sind neugierig und freuen sich, etwas Neues zu erfahren. Familienleben ist in Irland sehr wichtig und Kinder und Jugendliche sind die Hauptsache. Das ist für euch Schüler natürlich super!

Freunde finden ist in Irland leicht! Die Jugendlichen sind aufgeschlossen und nehmen die internationalen Schüler gerne in ihre große Clique auf!

source: http://www.schuelerweltweit.de/schueleraustausch-irland.htm

die Burg – *castle*	hervorragend – *outstanding*
das Kloster – *convent*	prägen – *to shape something*
die Wiese – *meadow*	besorgt – *worried*
die Felswand – *cliff*	die Sicherheit – *security*
der Überblick – *overview*	wichtig – *important*

Übung 1 – Beantworten Sie die folgenden Fragen auf Englisch.

1. Mention four reasons why Ireland is a good destination for an exchange.

2. What's on offer for teenagers? Give four details.

3. How does the author describe the Irish people?

Übung 2 – Lesen Sie die Antworten und erfinden Sie die passenden Fragen. Halten Sie sich an den Inhalt des Textes.

Beispiel: Frage: ___Sprechen die Iren richtiges Englisch___ ?
Antwort: Ja, die Iren sprechen ein korrektes Englisch mit Akzent.

1. Frage: _____?

   Antwort: Es gibt viele Sehenswürdigkeiten in Irland, wie zum Beispiel Burgen, Klöster und Kirchen.

2. Frage: _____?

   Antwort: Die Ausbildungsqualität in Irland ist besser als in anderen Ländern.

3. Frage: _____

Antwort: Die Iren sind sehr gastfreundlich und heißen Fremde immer willkommen.

4. Frage: _____?

Antwort: Ja, Freunde finden ist nicht schwer, denn die irischen Jugendlichen sind sehr aufgeschlossen.

Übung 3 – Look at the compound words in **bold type** in the first three paragraphs. Can you say which words each compound word is made up of and what it means?
Example: Weltliteratur → Welt + Literatur = *world literature*

1. Schüleraustausch

2. Küstenlandschaften

3. Ausbildungsqualität

4. Gastfamilien

5. Austauschprogramm

Grammatik

Das Präteritum *(imperfect)*

Do you remember the imperfect endings for regular/weak verbs? Fill in the gaps in the table below.

	das Präsens *(present tense)*	das Imperfekt *(imperfect)*
ich	spiel**e**	spiel__
du	spiel**st**	spiel__
er/sie/es/man	spiel**t**	spiel__
wir	spiel**en**	spiel__
ihr	spiel**t**	spiel__
sie/Sie	spiel**en**	spiel__

When you are confident about the regular verbs in the imperfect, revise the irregular/strong verbs.

Remember! These verbs have a vowel change when forming the imperfect. (Check out the list at the end of the book for help.)

Examples: er **kennt** *changes to* er **kannte**
ich **esse** *changes to* ich **aß**

Übung 1 – Write the following sentences in the imperfect.

1. Paula ist 20 Jahre alt.

2. Sie kommt aus Freiburg.

3. Sie studiert in München Germanistik und Anglistik, denn sie liebt Literatur.

4. Sie will ihre Englischkenntnisse verbessern.

5. Im vierten Semester macht sie einen Sprachkurs in Dublin.

6. Sie lernt viel, aber die Grammatik findet sie besonders schwierig.

7. Ein Auslandsaufenthalt ist sehr gut für ihre persönliche Entwicklung.

8. Paula ist manchmal sehr schüchtern.

9. Der Sprachkurs bietet sich an und sie denkt nicht lange nach und greift zu.

10. Das ist die beste Entscheidung, die sie seit langem getroffen hat.

Übung 2 – Rewrite the final paragraph (*Irland – Orte, Menschen und Infrastruktur*) from the article *Schüleraustausch Irland* in the imperfect tense.

Übung 3 – Find the imperfect forms of these nine verbs in the box in the wordsearch below. Then match each one to the appropriate personal pronoun.

Example: **1.** ich fand

1. ich _____
2. du _____
3. er _____
4. sie _____
5. es _____
6. wir _____
7. ihr _____
8. Sie _____
9. sie _____

W	G	T	E	W	N	H	S	Z	I
A	B	E	G	A	N	N	C	F	D
R	W	F	A	N	D	G	H	D	A
S	E	Q	A	T	T	M	L	Q	C
T	P	O	G	R	T	E	I	A	H
U	Z	N	I	H	R	T	E	D	T
M	A	L	N	S	U	H	F	G	E
S	Y	R	G	E	G	P	E	A	R
I	W	H	E	R	P	O	N	B	E
T	R	A	N	K	E	N	R	J	W

beginnen	schlafen
sein	geben trinken
denken	gehen finden
	singen

Übung 4 – Look at the first paragraph of the text *Das Flugzeug landet sicher auf der Landebahn* from the Ordinary Level Paper, 2001 below. Find all the verbs in the simple past/imperfect. Write them in your exercise books and change the verbs back into the infinitive. Also include the translation of the verb.

Examples: man hörte – hören – *to hear*
Axel lächelte – …

Lesen

Leseverständnis 3

Das Flugzeug landete sicher auf der Landebahn

1 „Welcome to Amsterdam", hörte man aus dem Lautsprecher. Axel lächelte seiner Tochter zu. „Hör auf zu träumen, Sarah. Wir sind da." Ein Wochenende in Holland zu Sarahs vierzehntem Geburtstag, das beste Geschenk, das Sarah sich vorstellen konnte. Sie fuhren mit dem Bus ins Zentrum. Viele Hochhäuser, unter brennender Sonne eine Menge von Touristen vieler Nationalitäten. Vor dem Bahnhof winkte Axel ein Taxi heran. „Lass uns lieber zu Fuß gehen!", sagte Sarah „Zuerst ins Hotel, erfrischen, ausruhen, die Hitze ist zu viel für mich", sagte Axel. Sarah brauchte keine Unterkunft, keine Dusche, kein Essen, keinen Schlaf, sie wollte zu den Grachten, und zwar sofort. „Langsam, langsam! Ich werde euch alles zeigen, alles zu seiner Zeit." Axel öffnete die hintere Taxitür für seine Frau Britta und seine Tochter. „Steig ein, Sarah! Es hat keinen Sinn, deinem Vater zu widersprechen!", sagte Britta lachend.

2 Im Hotelzimmer flatterte Sarah wie ein gefangener Vogel auf und ab, bis ihr Vater endlich rief: „Los!" Im Garten hinter dem Hotel blühten die Rosen. Britta meinte, dieser Garten sei der schönste Ort für den Geburtstagskaffee, fand auch gleich einen Tisch für drei. „Du kannst dir natürlich Eis bestellen, Limonade, Törtchen", sagte Britta, rief die Serviererin und wurde sehr ärgerlich, weil Sarah nichts essen wollte. „Die erste Überraschung im Geburtstagsprogramm ist das Wachsmuseum", rief Axel. „Och nee", antwortete Sarah, „ich will doch die Grachten sehen." „Deine Grachten können wir später immer noch sehen", sagte Britta.

3 Auf der Straße ging Sarah immer lustloser hinter ihren Eltern her und kam plötzlich in eine große Gruppe von Touristen, die aus einem Reisebus schwärmte. Sarah ging einfach mit den Touristen mit. Sie hatte nur ein paar Euro Taschengeld bei sich in der Hosentasche. „Sarah, komm sofort zurück!", rief Britta laut hinter ihr her. Doch Sarah überquerte schon die Kreuzung. Plötzlich war sie wach, neugierig, aufgeregt, und langsam wurde ihr klar, dass sie nicht mehr das kleine liebe Kind ihrer Eltern war. Sie freute sich auf das Neue, Bunte, Faszinierende dieser Stadt. So kam sie zum Theaterplatz, wo an warmen Tagen viele Vagabunden, Musikanten, Akrobaten und Komödianten im Freien den Passanten vorspielten.

4 In einer Ecke zwischen zwei Wohnwagen war ganz hoch ein Seil gespannt. Sarah fand für zwei Gulden noch einen Platz in der ersten Reihe. Die Akrobatin tanzte im regenbogenfarbenen Kostüm und spazierte hoch oben im Freien durch die Luft. Danach ging Sarah durch die Stadt weiter. Durch breite niedrige Fenster konnte man in die kleinen Läden sehen, wo manchmal ein freundliches Gesicht grüßte oder ein Konditor seinen Apfelkuchen ausstellte. In einer Seitengasse spielte ein langer, dünner Mann im schwarzen Anzug auf einer Violine. In seinem Instrumentenkasten lag kein einziger Gulden. Sarah gab ihm ihre letzten beiden Geldstücke. Der Mann fragte sie, welche Musik sie hören wollte. „Eine Melodie von den Grachten!" Und der Mann erfand wunderschöne Melodien vom Wasser in Meeren, Flüssen, Seen und Kanälen.

5 Sarah hatte längst vergessen, wohin sie unterwegs war, als sie plötzlich vor einer Brücke stand. Dies war die erste Gracht. Endlich! Sie ging an der Gracht spazieren. Schon spiegelte sich im dunklen Wasser der kühle Mond. Da traf Sarah auf einer anderen Brücke Axel und Britta wieder, die sie überall gesucht hatten. Es gab keinen Ärger, alle drei freuten sich, einander wieder gefunden zu haben.

source: Based on Margret Steenfatt, *Geschenkte Zeit,* Text I, OL Leaving Certificate 2001

der Lautsprecher – *loudspeaker*	ärgerlich – *angry*
sich vorstellen – *to imagine*	lustlos – *without enthusiasm*
die Grachten – *canals*	das Seil – *rope*
widersprechen – *to contradict*	ausstellen – *to exhibit*
gefangen – *imprisoned*	der Mond – *moon*

Übung 1 – Lesen Sie den Text „Das Flugzeug landet sicher auf der Landebahn" und beantworten Sie die folgenden Fragen auf Englisch.

1. What is the special occasion, and what present have Axel and Britta given their daughter, Sarah?

2. Mention four things Sarah's parents decided on without asking their daughter.

3. After venturing off on her own, what experiences does Sarah have on her walk? Mention *three* experiences.

4. Where does Sarah meet up again with her parents, and how do they react when they see her?

Übung 2 – Think of a suitable heading for each (numbered) paragraph. Explain briefly in English your reason for the choice of heading for each paragraph.

Example: Paragraph 1. **Ankunft in Amsterdam:** Sarah and her parents have arrived in Amsterdam – their plane has just landed.

Paragraph 2. _____

_____

_____

Paragraph 3. _____

_____

_____

Paragraph 4. _____

_____

_____

Paragraph 5. _____

_____

_____

Übung 3 – Match up the sentence halves. In case of doubt, check against the reading text.

1. Sarahs Vater wollte zuerst ins Hotel,
2. Ihre Mutter lud sie
3. Sarah hatte bald keine Lust mehr,
4. Sarah folgte einer Gruppe Touristen,
5. Ein Violinenspieler spielte Sarahs Lieblingsmusik,
6. Von der Brücke sah Sarah,

a. als sie ihm Geld gab.
b. die aus einem Reisebus ausstieg.
c. wie sich der Mond im Wasser spiegelte.
d. zum Geburtstagskaffee ein.
e. um sich frisch zu machen.
f. ihren Eltern hinterher zu laufen.

CITY-TRIP MÜNCHEN
Der Eis-Stadtplan

*So schmeckt der Sommer: mit einer Eistüte über den Viktualienmarkt schlendern, sich beim Sternekoch Schubeck noch eine zweite gönnen, und wenn man am Gärtnerplatz in der Sonne sitzt, kann was Frisches auch nicht schaden … Eine **Gelati-Tour** durch München, die nördlichste Stadt Italiens.*

① Der Sieger Das „Eiscafe Venezia" am Kurfürstenplatz hat zwar mehr als 250 Namensvettern in Deutschland, doch die kalten Köstlichkeiten, die hier verkauft werden (80 Cent pro Kugel), zergehen so herrlich fein auf der Zunge, dass das „Gastro Award", dem Oscar der Gastronomie, für das weltbeste Eiscafé ausgezeichnet wurde (Kurfürstenplatz 8, Tel. 38 54 77 19).

② Der Cooldowner Eine kleine Erfrischung können auch die Beine mal gebrauchen. Nicht weit von unserem ersten Schleck-Check rauscht im Englischen Garten das immer kühle Wasser des Eisbachs. Die allermeiste Zeit fließt der von der Isar gespeiste Stadtbach unterirdisch durch München. Aber am Haus der Kunst kommt er endlich ans Tageslicht gesprudelt und bietet von da ab viele schöne Plätzchen zum entspannenden Füßebaden.

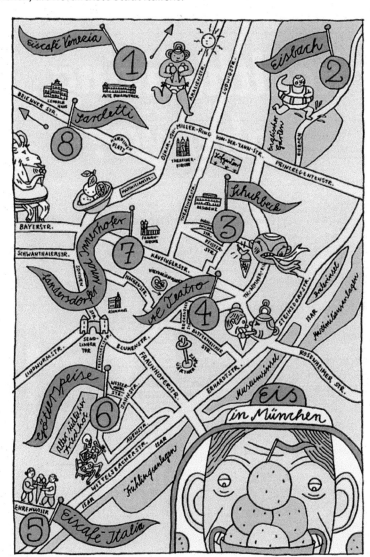

»

③ Der Wilde Nur pure Natur ganz ohne Konservierungsstoffe steckt im Eis von „Schuhbeck am Platzl" – nirgends schmeckt ein Mango-Eis so sehr nach saftig-süßer Mango. Passend zum Sternekoch-Image des Besitzers Alfons Schuhbeck gibt es hier so ausgefallene Sorten wie Chili-Schockolade, Milchreiseis oder Schwarzbrot (1 Euro pro Kugel). Wer es richtig bayerisch mag, sollte auf jeden Fall nach dem geeisten Kaiserschmarrn fragen – ein kulinarisches Erlebnis für 5 Euro (Pfisterstraße 11, Tel. 24 21 09 92, www.schuhbeck.de).

④ Der Treffpunkt Das Beste am „Al Teatro" ist die Lage. Klar, es gibt dort auch 40 leckere Eissorten wie das karamellisierte Feigen- oder Zimteis (80 Cent pro Kugel), aber die Adresse mitten im angesagten Gärtnerplatz-Viertel macht die Eisdiele zum Magneten für die Hippen und Schönen. Man sichert sich ein Stückchen Wiese, holt sich bis Mitternacht immer mal wieder eine neue Tüte Eis und verlässt ansonsten seinen Aussichtspunkt nicht (Reichenbachstraße 11, Tel. 26 81 20).

⑤ Das Original München ist die nördlichste Stadt Italiens und das „Eiscafé Italia" der Beweis dafür: Drinnen läuft non-stop italienisches Fernsehen, die Chefin persönlich steht hinter der Theke und bereitet original italienischen Eiscafé mit Espresso zu (3,80 Euro). Draußen, zwischen den vielen kleinen Tischen, flirten ihre Brüder Elio und Tommaso um die Wette. Hier kann man einfach sitzen bleiben, das schöne Wetter genießen und danach an der Isar spazieren (Ehrengutstraße 23, Tel. 76 32 19).

⑥ Die Verführung Das Café „Götterspeise" ist so was wie die Kirche der Schokoholics: Der eine stillt hier seine Sucht nach dickflüssiger Trinkschokolade, die andere holt sich ihre Dosis Himbeer-Trüffel-Tarte. Und im Sommer gibt's das köstliche Schoko-Eis (80 Cent pro Kugel). Besonders lecker sind aber auch die Sorten Holunder und Mandel (Jahnstr. 30, Tel. 23 88 73 74, www.goetterspeise-muenchen.de).

⑦ Der Pikante Wer nach derart viel Süßem nach Salz schreit, sollte sich im kleinen, aber feinen Restaurant „Landersdorfer und Innerhofer" unbedingt das Basilikum-Sorbet gönnen. Eine riesige Portion Halbgefrorenes aus Basilikum, Wasser, Zitrone und einer Geheimzutat (4,50 Euro) schmeckt klasse, ist leicht und kurbelt sofort den Eisappetit wieder an. Funktioniert garantiert (Hackenstr. 6–8, Tel. 26 01 86 37).

⑧ Der Klassiker Bis 1921 hatte man die Wahl: Schokolade, Vanille oder Erdbeer. Dann begann Familie Sarcletti Neues auszuprobieren. Inzwischen findet man vom Soja-Eis für Diabetiker über Ziegenmilch- und Indian-Chai-Eis bis hin zum Champagner-Sorbet mehr als 60 Sorten in der Theke des „Sarcletti" – für 80 Cent pro Kugel (Nymphenburger Straße 155, Tel. 15 53 14, www.sarcletti.de).
Telefon: Vorwahl für München ist 089.

Source: *Brigitte Magazin*, Nr. 19, 2007, Seite 184 – www.brigitte.de/muenchen

Übung 1 – Lesen Sie den Text über die vielen Eisdielen in München. Schlagen Sie die unbekannten Vokabeln im Wörterbuch nach. Welche Eisdiele würden Sie besuchen?

Übung 2 – Schreiben Sie eine ähnliche Liste für Cafés, Restaurants oder Kneipen in einer irischen Großstadt.

Vokabeln zu Kapitel 7

Learn the vocabulary regularly. Use the empty columns for practice.

die Reise	trip		
verreisen	to travel		
das Ausland	foreign country		
die Erfahrung	experience		
der Aufenthalt	stay		
die Gastfamilie	host family		
das Austauschprogramm	exchange programme		
die Fremdsprache	foreign language		
die Deutschkenntnisse	knowledge of German		
die Möglichkeiten	possibilities		
verbessern	to improve		
die Kultur	culture		
andere Sitten und Gebräuche	other traditions and customs		
kennen lernen	to get to know		
neue Freunde machen/ finden	to make/find new friends		
fremd	foreign		
die Bildung	education		
die persönliche Entwicklung	personal development		
wichtig	important		
meinen Horizont erweitern	to broaden my horizons		
die Gelegenheit	opportunity, chance		
das Heimweh	homesickness		
die Reiselust	desire to travel		
das Erlebnis	experience, adventure		
erlebnisreich	very eventful		

Useful Phrases

Ich finde einen Austausch sinnvoll.	*I find an exchange makes sense.*
Ich möchte nach dem Schulabschluss für ein Jahr nach Deutschland.	*I would like to go to Germany for a year after I finish school.*
Ein Austausch hat viele Vorteile.	*An exchange has many advantages.*
Man lernt die Sprache und lebt in einer Familie.	*One learns the language and lives in a family.*
Man lernt viel mehr über die Kultur und Sitten eines Landes.	*One learns a lot about the culture and customs of a country.*
Man lernt nette Leute kennen.	*One gets to know nice people.*
Man macht ganz neue Erfahrungen.	*One can make new experiences.*
Jeder sollte einmal die Erfahrung eines Austausches machen.	*Everyone should try the experience of an exchange once.*
Es ist nicht so gut, wenn man nicht mit der Gastfamilie auskommt.	*It's not so good if you don't get along with the host family.*
Manchmal versteht man sich nicht so gut mit dem Austauschpartner.	*Sometimes one doesn't get along so well with the exchange partner.*
Heimweh kann einem die Reise verderben.	*Homesickness can spoil a trip.*
Ich liege am liebsten in der Sonne im Urlaub.	*On holidays I like lying in the sun best of all.*
Ich besichtige am liebsten Sehenswürdigkeiten.	*I like visiting the sights best of all.*
Mir ist das Programm egal, Hauptsache keine Schule/Arbeit.	*I don't care about the programme, as long as I don't have school/to work.*

Kapitel 8
Zukunftspläne

Hurrah! Schule aus ... und jetzt?

Endlich geschafft, die Prüfungen sind vorbei, der Stress ist weg und endlich Zeit zum entspannen. Die Erleichterung ist zunächst riesig groß, aber dann kommt das böse Erwachen.

Was nun? Wer sich bis jetzt noch keine Gedanken über die Zukunft gemacht hat, wird es jetzt bestimmt tun. Manche Jugendliche wissen ganz genau, was sie machen werden, ihre Zukunft ist schon geplant. Es gibt aber immer wieder junge Menschen, die noch keine Entscheidung getroffen haben. Die Auswahl und Möglichkeiten sind riesig, da kann schon mal leichte Panik aufkommen.

Sehen Sie sich das Bild oben an. Was denken und fühlen die Jugendlichen in diesem Moment Ihrer Meinung nach? Machen Sie mit Ihrem Partner eine Liste mit Adjektiven. Besprechen Sie Ihre Gedanken dann mit der Gruppe.

Lesen

Leseverständnis 1 (leicht)

Übung 1 – Was gehört zusammen? Ordnen Sie die fünf Überschriften aus den Kästchen den einzelnen Paragraphen im folgenden Text zu. Schreiben Sie die Überschrift in das vorgegebene Feld.

> Der Traum von einer anderen Welt

> Ein Jahr und das Fernweh ist gestillt

> Wir wollen doch nicht so ein stinknormales Leben haben!

> Reisen bildet

> Freude übers Ende der Drift

≫

Jedes Jahr nach dem Abi machen sich Tausende von Schülern auf eine große Reise, auf die Suche nach sich selbst. Danach fühlen sie sich oft ratloser als vorher.

Der Plan für nach dem Abi lautete: Es gibt keinen Plan.

Es war Juni 2005, Christoph hatte das **Reifezeugnis** in der Tasche und keine Ahnung, was er mit dem Sommer, geschweige denn mit dem Rest seines Lebens anfangen sollte. Wegen einer Hühnereiweißallergie ausgemustert, verschwendete er die **Sommertage**, reparierte seinen Volkswagenbus und fühlte sich merkwürdig verloren – obwohl er seit der fünften Klasse nur eines gewollt hatte: raus aus der Schule. Nach dem Abiball schlug die neue Freiheit aber bald in Langeweile um, dann fühlte er eine drückende Leere. Das erste Ziel war erreicht, ein neues war allerdings nicht in Sicht. Es blieb nur ein diffuser Wunsch: ganz weit weg zu sein.

„Verzettelt". So beschreibt Christoph, 23, heute in München seine damalige Situation. Er sitzt in der Küche seiner WG, isst Ravioli und malt Pfeile auf einen Klecks, den er auf ein Blatt Papier gezeichnet hat. Der Klecks ist Australien, die Pfeile sind seine Route durch den Kontinent: Sydney, Adelaide, Darwin, Gove und zum Schluss die **Partyküste** runter. Australien schien die Lösung aller Probleme – aufregend und weit entfernt.

„Beim Backpacken kann man viel über sich selbst lernen", sagt die Kulturanthropologin Jana Binder. „Man darf aber nicht zu viel erwarten. Die Reise allein generiert keinen Sinn und liefert auch kein ideales Lebensdesign." Binder kennt sich aus mit Backpackern. Vor drei Jahren hat sie ein Buch über Rucksack-Reisende geschrieben. Für ihre **Feldforschung** folgte sie sechs Monate anderen Weltenbummlern in Südost-Asien. Ihre Meinung nach 150 Backpacker-Interviews: Die Reise kann nicht mehr als ein **Übergangsritual** von der Jugend ins Erwachsenenalter betrachtet werden. Sie sei vielmehr ein Beweis für die **Lernbereitschaft**, für **Anpassungsfähigkeit** und Kreativität – für den Erwerb von **Schlüsselqualifikationen** also, die der Arbeitsmarkt in Zeiten der Globalisierung verlangt. Zwar helfe das Reisen, mehr über sich selbst zu erfahren, aber: „Die Vorstellung, dass man *out of the blue* losfährt und als gemachter Mann zurückkommt, ist utopisch", sagt Jana Binder.

Christoph zog kurz nach der Rückkehr in die USA, kehrte aber ein halbes Jahr später zurück, um an der Technischen Universität München zu studieren. Er will Wirtschaftsingenieur werden.

Sein Freund Philipp beschloss, nach Portugal auszuwandern. Drei Monate im Süden reichten ihm allerdings, um zu verstehen, dass es nicht auf das Land ankommt, sondern darauf, was man draus macht. Wieder zurück, fing er ein Philosophiestudium an. Seinen Traum von einem Leben als ständiger Vagabund hat er jetzt aufgegeben. „Ab einem bestimmten **Zeitpunkt** tut das Herumtreiben nicht mehr gut. Wer mit 50 immer noch unterwegs ist, ist einfach nur traurig."

≫

Jana Binder gibt Philipp recht. Über 90 Prozent der Backpacker haben nach einem Jahr keinen Reise-Hunger mehr. Sie freuen sich sogar, diesen Zustand des Driftens zu beenden." Die „Hängengebliebenen" werden dagegen mehr bemitleidet als bewundert: Bei aller Romantik, so Jana Binder, „ein solches Leben wollten dann doch die wenigsten führen."

Vermutlich ist diese Einsicht der Beginn einer tieferen Erkenntnis: dass das Leben hier ganz okay ist, wenn man es mit Sinn füllt.

source: *Süddeutsche Zeitung*, 08. 06. 2008

das Reifezeugnis = Abitur – *school Leaving Certificate*

ausgemustert – *discharged as unfit for the army*

verschwenden – *to waste*

umschlagen – *to turn into*

verzettelt – *frittered away*

der Klecks – *blob*

generieren – *to generate*

Weltenbummler – *globetrotter*

verlangen – *to demand*

auswandern – *to emigrate*

aufgeben – *to give up*

hängen bleiben – *to get stuck*

die Einsicht – *insight*

die Erkenntnis – *realisation*

füllen – *to fill*

Übung 2 – Sehen Sie sich die im Text fett gedruckten Wortzusammensetzungen (*compound words*) genau an. Schreiben Sie die Wörter auf, aus denen das ganze Wort zusammengesetzt ist, und übersetzen Sie das zusammengesetzte Wort.

Beispiel: das Reifezeugnis → Reife + Zeugnis = *school Leaving Certificate*

Übung 3 – Beantworten Sie die folgenden Fragen schriftlich auf Englisch.

1. How did Christoph spend his summer? How did he feel?

2. What did he wish for in all his confusion?

3. Why does he believe Australia is the solution for him?

4. What does Jana Binder see as the real benefit of backpacking?

5. What did Philipp realise after 3 months away?

6. What do people think about travellers who never give up their itinerant lifestyle?

Übung 4 – Find examples of the following verbs in the above text.

1. a strong verb in the infinitive

2. a weak verb in the infinitive

3. a strong verb in the present tense

4. a weak verb in the present tense

Sprechen

Übung 1 – Diskutieren Sie die folgenden Fragen mündlich. Arbeiten Sie zu zweit, oder in einer Gruppe. Wichtig ist, dass Sie sich mit diesem Thema „Zukunftspläne" vertraut machen, da es Teil der mündlichen Prüfung sein wird.

1. Was möchten Sie nach Ihrem Schulabschluss/Abi machen?

2. Möchten Sie studieren oder eine Lehre machen?

3. Wo möchten Sie studieren?

4. Was möchten Sie studieren?

5. Brauchen Sie dafür viele Punkte?

6. Glauben Sie, Sie schaffen das?

7. Möchten Sie gleich arbeiten? Wo wollen Sie arbeiten?

8. Was möchten Sie machen?

Hören

Tracks 10–12

Übung 1 – Hören Sie sich die Nachrichten gut an. Erst einmal im Ganzen und dann mit Pausen. Beantworten Sie dann die folgenden Fragen schriftlich auf Englisch.

Teil 1

1. Who can take part in the seminar?

2. When and where does the event take place?

3. How much is a 4-day pass?

Teil 2

4. What areas are affected by the fires?

5. How many houses have been destroyed already?

Teil 3

6. What was in the stolen suitcase?

7. Why does the man leave the suitcase in the corridor?

Grammatik

Die Zukunft (*future*)

Formation: present tense of **werden** + infinitive

ich **werde** kaufen

 Note! The infinitive goes to the end of the sentence.

 Remember! In German, the future tense is simply expressed with the verb *werden* (meaning 'shall' or 'will').

Übung 1 – Revise *werden* by filling in the correct present tense form of the verb in the grid below.

ich	
du	
er/sie/es	
wir	
ihr	
sie/Sie	

Übung 2 – Rewrite the following sentences. Change the tense from present to future. Watch out for changes in the word order.

Example: Ich **mache** mit meinen Freunden Ferien.
Ich **werde** mit meinen Freunden Ferien **machen**.

1. Wir fahren nach Spanien.

2. Hoffentlich haben wir gutes Wetter und viel Spaß.

3. Es ist teuer, aber es lohnt sich.

4. Wir ruhen uns aus und wir gehen an den Strand.

5. Ich liege faul in der Sonne.

6. Ich bekomme bestimmt Sonnenbrand.

7. Abends gehen wir schön essen und danach gehen wir vielleicht in die Disko.

8. Vor der Reise suche ich mir einen Nebenjob und ich verdiene das Geld für die Reise.

9. Am 3. September kommen wir zurück.

10. Dann studiere ich hoffentlich.

»

11. Wenn ich genug Punkte bekomme, gehe ich auf die Uni in Galway.

12. Dann ziehe ich endlich von zu Hause aus.

13. Meine Freundin und ich wohnen dann in einer kleinen WG.

14. Das wird bestimmt lustig.

15. Dort lerne ich neue Leute kennen und ich schließe neue Freundschaften.

Übung 3 – Predict the future. What will these people do next year? Write your predictions for each person using the future tense.

Example: Elton John wird nächstes Jahr ein großes Konzert geben.

1. Britney Spears

2. Barack Obama

3. Tom Cruise

4. David Beckham

5. Meine Lehrerin

Übung 4 – Think of five questions about events in the future that you can ask your neighbour. Interview your neighbour and write down his/her answer. Remember to use the future tense.

Example: Frage: Was wirst du am Wochenende machen?
             Antwort: Ich werde am Wochenende mit meinen Freunden in die Disko gehen.

1. Frage: _____

     Antwort: _____

2. Frage: _____

     Antwort: _____

3. Frage: _____

     Antwort: _____

4. Frage: _____

     Antwort: _____

5. Frage: _____

     Antwort: _____

Tipp! Check out www.nthuleen.com for more exercises on the future tense. (Click on 'teach' at the top of the web page and then select 'grammar'.)

Lesen

Leseverständnis 2

1 Julika stand vor der Tür und las das Türschild zum zweiten Mal.

Ausbildungsleiter: JOACHIM WEBER

Ich gehe jetzt hinein, dachte sie. Ich habe mich entschlossen. Ich weiß, was ich machen will. Sie klopfte an.

„Herein", sagte Herr Weber. Julika erklärte ihm, dass sie ihre Ausbildung im Büro abbrechen und Maschinenschlosser werden wollte. Sie erzählte ihm nicht, dass sie den Eltern von ihrem Wunsch nichts gesagt hatte.

„Da kommen Sie aber ziemlich spät. Die Ausbildungsplätze sind alle weg. Wir haben schon vor zwei Wochen 17 Jungen aus 150, die einen Platz suchen, für das neue Ausbildungsjahr ausgewählt", sagte er. „Ich lasse Sie trotzdem den Test machen. Wir müssen ja erst mal sehen, ob Sie überhaupt für diese Arbeit geeignet sind."

2 Freitag eine Woche später. Kurz vor Büroschluss rief Herr Weber an und bat Julika, kurz bei ihm hereinzuschauen, bevor sie nach Hause gehe. Aufgeregt lief Julika zum Büro von Herrn Weber. „Sie haben Glück gehabt, Frau Schmidt. Heute hat ein Vater für seinen Sohn abgesagt. Ich biete Ihnen den freien Platz an, wenn Sie noch daran interessiert sind." Julika war außer sich vor Freude, sagte einfach „Danke". Herr Weber fuhr fort: „Ich habe den Vertrag schon vorbereitet, Ihre Eltern müssen nur unterschreiben. Ach, und noch etwas. Ich muss Ihnen sagen, Sie haben den Test wirklich ausgezeichnet gemacht."

Julika rannte die Treppe hinunter, den Vertrag in der Hand, und lächelte.

3 Als die Familie an diesem Freitagabend beim Abendbrot war, sagte Julika plötzlich: „Ich höre auf im Büro."

Beide Eltern starrten sie an.

„Ich habe einen Ausbildungsvertrag als Maschinenschlosser bekommen", sagte sie. „Ihr müsst nur unterschreiben."

Die Mutter bekam ihren schrillen Ton.

„Maschinenschlosser? Wie kommst du auf die Idee? Für so einen Beruf bist du nun viel zu schwach! Julika, die Firmen lachen sich doch tot, wenn du als junge Frau ankommst und sagst: Guten Tag, ich bin Maschinenschlosser und will hier eingestellt werden …"

„Was ist daran so komisch?", erwidert Julika.

„Sieh mal, Mäuschen," sagte der Vater, „es gibt nun mal biologische Unterschiede zwischen Mann und Frau. Deine Mutter hat recht. Für so einen Beruf braucht man körperliche Kraft."

„Wenn ich etwas Schweres heben muss, dann nehme ich mir einen Hubwagen", antwortet Julika. Sie stand auf. „Wenn ihr den Vertrag nicht unterschreibt," sagte sie „dann kann ich nichts machen. Dann muss ich anderthalb Jahre warten. Wenn ich achtzehn bin, kann ich selbst unterschreiben."

4 Donnerstag war Julikas Großmutter, Oma Zwirner, gekommen. Sie hörte sich die ganze Geschichte um Julika und die neue Ausbildung an. Dann sagte sie nur zu Julikas Mutter: „Ich weiß nicht, worüber ihr euch so aufregt. Warum sollen Frauen nicht Maschinenschlosser sein? Was war denn im Krieg? Damals haben die Frauen gearbeitet. Schwere Handarbeit. Ich habe Straßenbahn gefahren. Später nach dem Krieg habe ich das nicht mehr gemacht, da hatte ich die drei Kinder. Ein Beruf ist doch wichtig! Auch für Frauen!"

„Aber warum hat Mami denn auch keinen Beruf erlernt?", wollte Julika wissen. „Dein Opa fand das für Mädchen nicht so wichtig. Aber du, Julika, du sollst das machen, was du willst", sagte Oma Zwirner noch. »

5 Ein paar Tage später nahm ihr Vater Julika mit zum Minigolf. Nach dem Spiel setzten sie sich auf den Rasen. Mit einem Mal fing der Vater an zu erzählen, wie er als junger Mann den Wunsch gehabt hatte, Fotograf zu werden.

„Mein ganzes Taschengeld hab' ich für Filme ausgegeben. Ach ja, Fotograf werden, das war damals mein Traum, aber meine Eltern wollten etwas Sicheres für mich, das war für sie kein Beruf. Und so ging ich dann zur Post … Fotografieren ist mein Hobby. Aber irgendwie ist das nicht dasselbe", sagte der Vater und stand auf. Am Abend unterschrieb er den Ausbildungsvertrag.

Ausbildungsleiter – *head of training*
Maschinenschlosser – *fitter*
Ausbildungsvertrag – *training contract*
Hubwagen – *fork-lift truck*

source: Based on Ann Ladiges, *Es ist mein Leben*, OL Leaving Certificate, 1998

Übung 1 – Lesen Sie das Leseverständnis aus dem Prüfungsjahr 1998. Bearbeiten Sie die einzelnen Abschnitte in Gruppen und schlagen Sie das relevante Vokabular im Wörterbuch nach.

Übung 2 – Versuchen Sie, die folgenden Fragen schriftlich zu beantworten.

1. Julika went to see Herr Weber, head of the training section, about changing her career direction. What was Herr Weber's response to her at the time?

2. What was the outcome of her request a week later?

3. After Julika announced her decision at home, what did her parents say in reaction to her news?

4. What was her grandmother's reaction?

Übung 3 – Choose a suitable heading from those below for each paragraph of the text. Explain briefly in English your reason for your choice.

Example: Paragraph 1. **Julika möchte mit Herrn Weber sprechen:** Julika went to Herr Weber's office to talk to him.

Julikas Eltern sind nicht begeistert

Julika freut sich über den neuen Ausbildungsplatz

Oma ist auf Julikas Seite

Julia möchte mit Herrn Weber sprechen

Vater ändert seine Meinung

Schreiben

Äußerung zum Thema

Übung 1 – Äußern Sie sich im Folgenden zum Thema „Berufswahl".

1. Vielen Jugendlichen fällt es nicht leicht, den richtigen Beruf zu wählen. Machen Sie zwei Vorschläge, wie Jugendliche Hilfe bei der Entscheidung bekommen können.

2. Und Sie? Wie soll Ihr späterer Beruf aussehen? Erklären Sie kurz, welche Erwartungen Sie an Ihren zukünftigen Beruf stellen. (Gehalt, Arbeitszeit, Arbeitsplatz, Kollegen …)

3. Heute leiden viele Menschen unter Stress am Arbeitsplatz. Warum ist das so? Wie könnte man diesen Stress abbauen? Machen sie *zwei* Vorschläge.

Lesen

Leseverständnis 3 (schwer)

Studentisches Wohnen

Von der Bude zum Luxusappartement

„Bloß weg von zu Hause", denkt man sich als zukünftiger Student. Doch nach der oft schwierigen Studienwahl steht man schon vor der nächsten Entscheidung:„Wohnheim, WG oder doch alleine – das ist hier die Frage". Wie lebt der Student von heute? Wir haben uns das studentische Wohnen genauer angesehen.

Denkt man an studentisches Wohnen, kommt einem zuerst die Wohngemeinschaft in den Sinn. Die WG ist mit 28 % die beliebteste Wohnmöglichkeit in Karlsruhe. Der moderne Student sucht in der Wohngemeinschaft einen Weg, die allgemeinen Kosten wie die Miete für Küche und Bad sowie Internet- und andere Kosten möglichst effektiv zu teilen und zu reduzieren. Für viele steht natürlich auch das gemeinschaftliche Miteinanderwohnen im Vordergrund.

Bei aller Vielfalt kann man Wohngemeinschaften in zwei Kategorien aufteilen: die reine Zweck-WG sowie die Nicht-Zweck- oder Wohlfühl-WG. Während sich eine Zweck-WG nur aus ökonomischen Gründen zusammenfindet, steht bei den Wohlfühl-Wohngemeinschaften das Miteinander an erster Stelle. Jedoch entstehen gerade hier Probleme, wenn zum Beispiel in die einst so „verkuschelte" Wohlfühl-WG ein Neuer einzieht, der nicht so recht dazu passen will.

Um sein WG-Leben zu beginnen, stehen einem prinzipiell zwei Möglichkeiten offen. Entweder man sucht sich eine schon existierende WG, die auf der Suche nach einem neuen Mitbewohner ist, und stellt sich dort dem Vorstellungsgespräch oder man sucht sich selbst mit ein paar – möglichst netten – Bekannten eine gemütliche Wohnung und gründet selbst eine Wohngemeinschaft. Da viele Vermieter ungern Verträge mit Gruppen abschließen, klärt man die Mietsituation am besten vorher gründlich. Oft muss entschieden werden, wer sich als Hauptmieter eintragen lässt und somit die Verantwortung trägt. Auch unter noch so guten Bekannten sollte ein ordentlicher Vertrag geschlossen werden. Denn beim Geld hört bekanntlich die Freundschaft auf.

≫

„Einmal Zimmer mit allem, bitte!"

Wer lieber auf feste und organisierte Strukturen zurückgreifen will, sollte ins Wohnheim ziehen – wie 12 % der anderen Karlsruher Studenten. Insgesamt gibt es in Karlsruhe 28 Wohnheime. Die meisten sind nicht weit entfernt von der Universität, was sich besonders bei den ungeliebten „8-Uhr-Vorlesungen" als sehr vorteilhaft erweist.

Das „Zimmer von der Stange" offeriert eine durchschnittliche Größe von 12 m². Susan, 22, Bewohnerin des Augustin-Bea-Hauses: „Ich such' mein Zimmer eh nur zum Schlafen und Lernen auf, da ist die Größe mehr als ausreichend." Die Bäder und Küchen teilt man sich mit den anderen Bewohnern. Unter den Bewohnern herrscht meist eine freundschaftliche, oft sogar familiäre Atmosphäre.

Viele neue Leute aus verschiedenen Ländern kennen zu lernen, ist im Wohnheim kein Problem. Neben den wöchentlichen Bar-Abenden und Etagen-Partys werden noch zahlreiche andere Aktivitäten angeboten. Das Leben im Wohnheim ist mehr als wohnen, essen, schlafen und lernen. Es gibt Wohnheim-Tanzkurse, Kochkurse, Heimsport, kulturelle Veranstaltungen, Fotolabore und vieles mehr. Grundsätzlich wird erwartet, dass sich jeder Bewohner für die Gemeinschaft engagiert.

„Ja, ist gut Mama ..."

Ein voller Kühlschrank, frische Wäsche, ein geputztes Bad und immer „leckeres Essen" auf dem Tisch – Vorteile gibt es viele. Natürlich zahlt man den Service von „Hotel Mama" mit einem hohen Preis. Ein gutes Stück der „studentischen Freiheit" geht einem leider verloren. Keine wilden Studentenpartys im Haus, keine nächtlichen Koch- und Fressorgien. Ein richtig verlottertes Studentenleben hat hier kaum eine Chance. Trotzdem wohnen 25 % der Karlsruher Studenten bei Eltern oder Verwandten. Viele nehmen hierfür sogar extrem lange Anfahrtszeiten in Kauf.

source: Caroline Schlegel und Patrick Borgeat.
http://ka-mpus.extrahertz.de/2007/04/studentisches-wohnen/

die Bude – *joint, shack*	das Vorstellungsgespräch – *interview*	grundsätzlich – *fundamental*
die Entscheidung – *decision*	der Vertrag – *contract*	verlottert – *gone to rack and ruin*
die Gemeinschaft – *community*	insgesamt – *altogether*	die Anfahrtszeit – *travel time*
der Vordergrund – *foreground*	ungeliebt – *not liked*	etwas in Kauf nehmen – *to put up with something*
verkuschelt – *cosy*	die Bewohner – *occupants*	

Übung 1 – Beantworten Sie die folgenden Fragen auf Deutsch.

1. Warum ist die WG eine beliebte Wohnmöglichkeit?

2. Was ist eine Zweck-WG und was ist laut Text eine Nicht-Zweck-WG?

3. Welche zwei Wege gibt es, um das WG-Leben zu beginnen?

4. Was ist der Vorteil, im Wohnheim zu wohnen?

5. Nennen Sie drei Aktivitäten, die das Wohnheim anbietet.

6. Nennen Sie drei Vorteile und drei Nachteile vom Leben im „Hotel Mama".

Schreiben

Äußerung zum Thema

Übung 1 (schwer) – Der Text befasst sich mit dem Thema „von zu Hause ausziehen". Was denken Sie dazu? Schreiben Sie kurz Ihre Meinung zu diesem Thema auf. Benutzen Sie dabei die folgenden Punkte.

◆ Nennen Sie drei Vor- und Nachteile von zu Hause auszuziehen.

◆ Was könnte Ihrer Meinung nach problematisch sein, wenn man alleine wohnt.

◆ Was finden Sie besser, eine WG oder ein Studentenwohnheim? Warum?

◆ Wo würden Sie lieber wohnen?

◆ Möchten Sie nach dem Schulabschluss lieber zu Hause wohnen oder in einer eigenen Wohnung? Begründen Sie Ihre Meinung.

Übung 2 (leicht) – Imagine you are a student, Tobias, and you are being questioned by another student about your living arrangements. Complete the dialogue below. Use the information from the text to help you.

– Hallo, Tobias. Du studierst hier an der Uni in Karlsruhe. Was studierst du?

– Ich studiere … _____

– Wo wohnst du?

– _____

– Warum wohnst du noch zu Hause?

– _____

– Wie lange brauchst du dann jeden Tag von Öhringen bis zur Uni?

– _____

– Was, *SO* lange! Wahnsinn! Was ist dein härtester Tag?

– _____

– Wie findest du das?

– _____

– Wann wirst du wieder auf Wohnungssuche gehen?

– _____

Lesen Sie den Text über den Wehrdienst in Deutschland. Wussten Sie, dass alle deutschen Männer nach dem Schulabschluss verpflichtet sind, der deutschen Bundeswehr fast ein Jahr zu dienen? Als Alternative gibt es auch noch den Zivildienst für diejenigen, die den Wehrdienst verweigern. Dieser Text befasst sich aber mit einem dritten Weg, der immer öfter Realität für einige junge Männer wird.

Wehrdienst-Wirrwarr

Mit 17 Jahren wird jeder junge Mann von der Meldebehörde erfasst und angeschrieben. Danach muss man sich entscheiden: Wehr- oder Zivildienst. Doch ganz automatisch ist es aktuell nicht mehr. Viele Jugendliche kommen um die Dienste ganz herum. Eine aktuelle Tatsache.

Es fängt alles mit einem unscheinbaren Brief an: „Bitte bestätigen Sie die unten genannten Personalien." Und ehe man sich versieht, steht man vor dem Musterungsarzt. Hat dieser nichts gefunden, kann man sich in kürzester Zeit in einer Kaserne wiederfinden. Aber das passiert inzwischen nur noch 13 Prozent der jungen Männer. Der Rest wird nicht, wie anzunehmen, zum Rollstuhl schiebenden Zivi.

Mit 55 Prozent leistet über die Hälfte der männlichen Jugendlichen weder Wehr- noch Zivildienst. Sie werden auf Grund gesundheitlicher Probleme oft ausgemustert.

Wer sich freiwillig meldet oder aber verweigert, muss in jedem Fall einen Dienst leisten. Entweder bei der Bundeswehr oder einen Wehrersatzdienst/Zivildienst. Als Ersatzdienst bietet sich zuerst der klassische Zivildienst an. Der Zivildienstleistende fährt zum Beispiel behinderte Kinder in die Schule oder betreut ältere Menschen. Ein Zivildienst dauert nur neun Monate.

Man kann aber auch ins Ausland; der „Andere Dienst im Ausland" (ADiA) dauert elf Monate (mindestens) und muss in einigen Fällen aus eigener Tasche bezahlt werden. Den Wehrdienst kann man auch durch das sechsjährige Mitwirken beim Zivil- oder Katastrophenschutz oder durch den Polizeivollzugsdienst umgehen.

Für viele ist die Bundeswehr aber auch ein attraktiver Arbeitgeber: Gerade für junge Menschen, die sich über mehrere Jahre verpflichten, bietet die Bundeswehr neben einem festen Einkommen auch Möglichkeiten einer hochwertigen Ausbildung, beispielsweise an einer der zwei Bundeswehr-Universitäten (Hamburg und München).

Politisch ist die Wehrpflicht umstritten. Ein wichtiges Argument für die Beibehaltung ist, dass sie den Austausch zwischen den Bürgern in Zivil und in Uniform ermöglicht. Ein wichtiges Argument gegen die Wehrpflicht ist, dass sie viel kostet, aber keinen Nutzen hat, da die Wehrdienstleistenden nicht häufig für die Aufgaben der Bundeswehr (zum Beispiel Auslandseinsätze) nutzbar sind.

source: *Yaez* 27. 09. 2007. http://www.yaez.de/chancen/wehrdienst-wirrwarr_122335.html

also: der Wirrwar – *clutter, confusion, mess*
die Musterung – *medical examination*
die Kaserne – *army barracks*
Zivi = Zivildienstleistender – *person doing civil service instead of military service*

der Zivildienst – *civilian service*
verweigern – *to refuse*
umgehen – *to avoid*

Übung 1 – Beantworten sie die folgenden Fragen auf Deutsch.

1. Wie viel Prozent der deutschen Männer leisten keinerlei Dienst für den Staat?

2. Warum werden sie ausgemustert?

3. Welche Aufgaben haben Zivildienstleistende?

4. Welche Argumente gibt es gegen den Dienst bei der Bundeswehr?

Übung 2 – Schreiben Sie einen kurzen Kommentar, der die folgenden Fragen beantwortet.

- Was denken Sie über die deutsche Wehrpflicht?

- Finden Sie, dass Frauen auch Wehrdienst oder Zivildienst leisten sollten?

- Kennen Sie noch andere Länder, in denen die Bürger Wehrdienst leisten müssen? Wenn ja, wo?

- Was würden Sie machen? Wehrdienst oder Zivildienst? Nennen Sie mindestens zwei Gründe.

Vokabeln zu Kapitel 8

Learn the vocabulary regularly. Use the empty columns for practice.

die Aussichten	outlook		
die Perspektiven	prospects		
der Wunsch	wish		
die Vorstellung	idea, notion		
eine Wahl treffen	to make a choice		
nicht so einfach	not so easy		
Erfahrungen sammeln	to gain experience		
der Traumjob	dream job		
die Ausbildung	(vocational) training		
die Lehre	apprenticeship		
der Auszubildende (Azubi)	trainee		
ein Jahr Pause machen	to take a gap year		
die Auszeit	time off		
nichts tun	to do nothing		
planlos	without a plan		
keine Ahnung	no idea		
studieren	to study		
der Kurs an der Uni	course at university		
die Punkte sind hoch	the points are high		
ausreichend	sufficient, enough		
nicht genug	not enough		
zu Hause ausziehen	to move out from home		
zu Hause wohnen bleiben	to stay living at home		
der Vorteil	advantage		
der Nachteil	disadvantage		

Useful Phrases

Es ist sehr praktisch und problemlos zu Hause zu wohnen.	*Living at home is practical and hassle free.*
Es ist viel billiger zu Hause zu wohnen.	*It is much cheaper to stay living at home.*
Meine Mutter macht alles für mich.	*My mother does everything for me.*
Ich spare viel Geld.	*I save a lot of money.*
Ich brauche keinen Nebenjob, und kann mich ganz auf die Uni konzentrieren.	*I don't need a part-time job and I can concentrate on university.*
Alleine zu wohnen stelle ich mir sehr einsam vor.	*I imagine living on your own is very lonely.*
Man muss alleine alle Kosten tragen.	*One has to carry all the costs alone.*
Ein Studentenwohnheim finde ich sehr institutionell.	*I find student accommodation very institutional.*
Eine WG finde ich zu chaotisch.	*I think a WG is too chaotic.*
Ich würde gerne in einer 2er-WG wohnen, am liebsten mit meiner besten Freundin/meinem besten Freund.	*I would like to live in a WG for two, preferably with my best friend.*
Ich stelle mir ein Wohnheim sehr witzig vor.	*I imagine student accommodation to be a lot of fun.*
Ich würde gerne von zu Hause ausziehen.	*I would like to move out from home.*
Ich möchte selbstständiger werden.	*I would like to become more independent.*
Ich möchte zu Hause wohnen bleiben.	*I would like to live at home.*
Ich komme gut mit meiner Familie aus und wir haben viel Platz zu Hause.	*I get along well with my family and we have a lot of space in my home.*

Kapitel 9

Auslandsaufenthalt

Übung 1 – Überlegen Sie kurz allein oder mit einem Partner. Was sind die Vorteile und was könnten eventuelle Nachteile eines Auslandsaufenthalts sein? Machen Sie eine Liste. Besprechen Sie diese mit der ganzen Klasse.

REISEN ...

... erweitert den Horizont.

Lesen

Leseverständnis 1 (leicht)

Studieren in Deutschland

Weiterbildung in Berlin

Rebeca, 29, ist Brasilianerin aus Rio de Janeiro. Sie hat früher schon einmal in Deutschland gelebt. Ihr Vater ist Philosophieprofessor und arbeitete 7 Jahre lang als Assistent an der Universität Konstanz am Bodensee. So ging Rebeca vom 9. bis zum 16. Lebensjahr in Deutschland in die Schule. Deutschkenntnisse waren also kein Problem, als sie sich für ein Aufbaustudium in Internationaler Agrarwissenschaft an der Humboldt-Universität in Berlin bewarb. Vorher hatte sie in Brasilien ihr Biologie-Studium abgeschlossen. Eigentlich

Rebeca aus Rio de Janeiro studiert in Berlin. Sie hat früher schon einmal in Deutschland gelebt.

»

braucht Rebeca für das Aufbaustudium in Deutschland gar kein Deutsch. Alle Kurse an der Uni und Prüfungen sind auf Englisch. Warum sie dann in Deutschland studiert? „Ich gehe nach dem Studium nach Brasilien zurück," erklärt Rebeca, „und würde dort gerne für eine deutsche Organisation oder Institution arbeiten!" An ihrem Studium in Berlin, das sie mit einem Stipendium des Katholischen Akademischen Ausländer-Dienstes finanziert, gefallen ihr vor allem „die innovativen Lehr- und Lernmethoden, die eine aktive **Teilnahme** der Studentinnen und Studenten ermöglichen, und die sehr gute **Betreuung** des Programms". An der deutschen Hauptstadt liebt sie die **Offenheit** der Menschen, das Multikulturelle und ein Freizeitangebot, das keine Wünsche offen lässt. Schließlich fand sie hier auch ihr neues Hobby: Capoeira, eine brasilianische Kampfsportart, die ihr in Brasilien überhaupt nicht bekannt war.

Alle Wege stehen offen

Antonio, 23, kommt aus Spanien. Zurzeit studiert er im sächsischen Dresden Jura. Zur **Vorbereitung** auf sein Studium hat Antonio in Dresden einen Intensiv-Sommerkurs besucht. Da er in der Schule nur Englisch gelernt hat, besuchte er außerdem zwei Jahre lang einen deutschen Sprachkurs an der Sprachschule im spanischen Santander.

Weil Antonio einen internationalen Berufsweg einschlagen möchte, hat er Jura als Fach gewählt. „Damit stehen mir in Spanien alle Wege offen", denkt er. Was Antonio am Studium in Deutschland besonders mag? „Das System in Deutschland gefällt mir gut. Ich kann hier neben meinem Jurastudium auch Seminare in anderen Fächern besuchen", berichtet der junge Spanier, der unter anderem Kunstgeschichte belegt hat. Außerdem lobt er das offene und gute **Verhältnis** zwischen Professoren und Studenten. Die Eltern **unterstützen** Antonio finanziell bei seinem Studium in Dresden. Außerdem bekommt er Geld aus einem Erasmus/Sokrates-Stipendium.

Antonio aus Spanien studiert in Dresden Jura. Er will später einen internationalen Berufsweg einschlagen.

„Viele Leute sind sehr freundlich, aber andere sind sehr reserviert und unfreundlich," hat Antonio die Deutschen kennen gelernt, „es gibt kein **Mittelmaß**." Verliebt ist er in die Stadt Dresden und die Umgebung: „Ich war schon achtmal in der Semperoper, und die Museen sind klasse." Zum Bergsteigen fährt er in die Sächsische Schweiz; die Nachbarländer Polen und Tschechien hat er auch schon besucht. Was ihn – als Spanier – am meisten in Dresden **stört**? „Das Wetter!"

Das Leben ist schön

Ekaterina, 24, und ihre Freundin Marina, 23, kommen aus Nischni Nowgorod in Russland. Die beiden jungen Frauen studieren im Rahmen eines Projekts von ausländischen Universitäten und der Fachhochschule Köln in Deutschland. Beide haben bereits einen Studienabschluss in **Betriebswirtschaft** und bereiten sich jetzt auf ihre Promotion vor. Ekaterinas Studienschwerpunkt ist Controlling, Marinas Schwerpunkt ist Marketing. Beide erhalten ein Stipendium der Heinrich-Herzt Stiftung. „In Russland gibt es nicht so viel Literatur und wenige Firmen, die Controlling **praktizieren**", erzählt Ekaterina. Ihr gefällt, dass das Studium sehr praxisorientiert ist. **Vertreter** verschiedener Firmen

≫

kommen in die Seminare und berichten von ihrer Arbeit. Dass die Fragen bei den Prüfungen eher theoretisch sind, gefällt ihr allerdings nicht so gut. Marina lobt die **Möglichkeit** des selbstständigen Arbeitens. Und: „Man kann seinen Studienplan nach eigenen Wünschen gestalten."

Mit ihrem Studienort sind die beiden zufrieden. „In Köln gibt es viele Möglichkeiten, auszugehen", sagt Ekaterina. Marina mag den Rhein, die kleinen Straßen und Häuser rund um die Uni und den Kölner Dom. Das deutsche Essen ist nicht so **lecker**, es gebe zu wenig Suppen und zu viel gebratenes Fleisch. Was sie gar nicht mag? „**Essig** im Salat – brrr!", sagt sie nur dazu. Trotzdem: „Das Leben ist schön und ein Studium in Köln muss man probieren!", findet Marina.

Marina aus Nischni Nowgorod ist mit ihrem Studium in Köln zufrieden. Sie promoviert in Marketing.

source: *JUMA* 2/2002. Interviews: Christiane Filius-Jehne, Petra Kroll, Jörg-Manfred Unger, Christian Vogeler

bewerben – *to apply*	besuchen – *to visit*	die Firma – *company*
abschließen – *to finish*	belegen – *to enrol*	gestalten – *to create, design*
ermöglichen – *to make possible*	verliebt – *in love*	zufrieden – *content*
der Wunsch – *wish*	im Rahmen – *as part of*	ausgehen – *to go out*
der Kampf – *fight*	die Promotion – *doctorate*	
Jura – *law*	der Schwerpunkt – *main focus*	

Übung 1 – Schlagen Sie die fett gedruckten Wörter im Wörterbuch nach und tragen Sie sie dann in Ihr Vokabelheft ein.

Übung 2 – Lesen Sie den Text ein weiteres Mal und füllen Sie dann die Tabelle aus.

Name	Studiert was?	Studiert wo?	Was hat besonders gefallen?	Wie wurde das Studium finanziert?
Rebeca				
Antonio				
Marina				

Sprechen

Übung 1 – Sie arbeiten für ein halbes Jahr als Au-pair bei der Familie Hollerbach in München. An einem Ihrer freien Abende sind Sie auf einer Party des Goethe-Sprachinstituts. Sie unterhalten sich mit einem Mädchen/Jungen über Ihren Auslandsaufenthalt.

Vervollständigen Sie den folgenden Dialog, indem Sie die Fragen des Mädchens/des Jungen (Au-pair = AP) beantworten. Üben Sie den Dialog zu zweit und tragen Sie ihn dann der Klasse vor.

Auf der Party

Sie: Hallo, arbeitest du auch als Au-pair hier in München?

AP: Ja, ich bin schon seit November hier. Seit wann bist du in München?

Sie: _____

AP: Und wie ist deine Gastfamilie?

Sie: _____

AP: Wie viele Kinder gibt es in der Familie?

Sie: _____

AP: Wie kommst du mit den Kindern aus?

Sie: _____

AP: Aha … interessant. Ich finde meine Gastfamilie super nett. Warst du schon mal im Ausland bevor du nach München gekommen bist?

Sie: _____

AP: Warum hast du dich entschlossen nach Deutschland zu kommen?

Sie: _____

AP: Das ist ein guter Grund. Denkst du, es ist von Vorteil, wenn man einige Zeit im Ausland verbringt?

Sie: _____

AP: Ja, da stimme ich dir zu. Außerdem lernt man viele nette Leute kennen. Ich liebe München. Was machst du diesen Samstag?

Sie: _____

AP: Hättest du Lust, dich mit mir und einigen Freunden im Biergarten zu treffen?

Sie: _____

AP: OK. Hier ist meine Handynummer. Schick mir eine SMS und sag mir Bescheid.

Sie: _____

Schreiben

Äußerung zum Thema

Übung 1 – Sie haben bereits mit der Klasse diskutiert, welche Vorteile/Nachteile ein Auslandsaufenthalt haben kann. Halten Sie Ihre Punkte schriftlich fest. Als Hilfe dient der Text „Studieren in Deutschland" und der Dialog auf seite 122. Ihre Meinung sollte auch die folgenden Punkte beinhalten:

- Erwähnen Sie, dass man ein Auslandsjahr während der Schulzeit oder während des Studiums machen kann.
- Erklären Sie welche Zeit Sie am sinnvollsten halten und warum.
- Sagen Sie, ob Sie ein Auslandsjahr planen. Wenn nicht, warum nicht?
- Geben Sie drei Gründe an, warum ein Auslandsjahr viele Vorteile hat.
- Nennen Sie mindestens einen Grund warum ein Jahr im Ausland vielleicht nicht so gut ist. (Was kann schief gehen …?)
- Wer sollte Ihrer Meinung nach keinen Auslandsaufenthalt planen. Begründen Sie Ihre Meinung.

Grammatik

Die Fälle (*cases*) Teil 1

The nominative case

 Remember! The nominative case

- is the entry of a noun you find in the dictionary;
- names/shows the doer/subject of a sentence;
- is used after: *sein* (to be) and *werden* (to become).

Das ist **der Kuchen**. *That is the cake.*

To find out the subject of the sentence, ask:
- *Who* or *what* is doing the action?

Die Paula backt. *Paula bakes.*

The accusative case

 Remember! The accusative case refers to the **direct object** of the sentence, i.e. the person/thing that is *directly* involved. It is the person/thing on the receiving end of the action.

To find out the object of the sentence, ask:
◆ *Who* or *what* is the object of the verb's action, e.g. who/what is being baked, kicked, etc.?

Example
Paula bakes the cake.
Paula bakes what/whom? → The cake.
The cake is the **direct object**.

Look at the table and note how both the definite article (*der/die/das*) and indefinite article (*ein/eine*) change in the accusative case. It is important to familiarise yourself with these endings.

Paula backt **den Kuchen**.
(masculine – singular – accusative = direct object)

	masculine	**feminine**	**neuter**	**plural**
nominative	der/ein	die/eine	das/ein	die
accusative	den/einen	die/eine	das/ein	die

The accusative case is always used after certain prepositions:

für	um	durch	gegen	entlang	bis	ohne	wider

(This list is also called the 'FUDGEBOW' list …)

Examples: Paula geht **ohne** de**n** Hund spazieren.
Für de**n** Sommer arbeitet Paula in Spanien.

Übung 1 – Identify the subjects and objects in these sentences. Circle the subject in green and the object in orange.

1. Tom trinkt Tee.

2. Lara singt.

3. Frau Holz ist groß.

4. Der Junge tritt den Hund. ≫

5. Tanja hat den Mantel.

6. Georg und Michael kaufen CDs.

7. Die Katze springt nicht auf den Tisch.

8. Der Mann arbeitet für die Firma.

9. Rita schwimmt im Meer.

10. Peter malt ein Bild am Strand.

Übung 2 – Translate the prepositions from the 'FUDGEBOW' list and learn them off by heart.

Übung 3 – Make up ten sentences using the prepositions from the 'FUDGEBOW' list.

Übung 4 – Insert the correct form of the definite article in the following sentences. Watch out for changes in the case.

Example: **Der** Vater kocht jeden Donnerstag **das** Mittagessen.

1. Susi wirft _____ Ball ins Wasser.

2. _____ Hund fängt _____ Ball ohne Probleme.

3. Manchmal weint _____ Baby ohne Grund.

4. _____ Mann kauft _____ Zeitung und _____ Stift.

5. _____ Jugendlichen rennen durch _____ Park.

6. Wir gehen ohne _____ Kinder ins Kino.

7. Ich möchte _____ Stühle und _____ Tisch heute noch kaufen.

8. Simon fährt ohne _____ Helm Fahrrad.

9. Robert liebt _____ Frau.

10. Jürgen rennt durch _____ Pfütze und wird ganz nass.

Übung 5 – Complete the following sentences with the correct form of the indefinite article (*ein/e*), paying attention to the case.

Example: **Eine** Frau geht in das Geschäft und kauft **einen** Mantel.

1. Plötzlich bellt _____ Hund.

2. _____ Kind und _____ Katze laufen über _____ Straße.

3. _____ Junge kauft _____ Lutscher.

≫

4. Der Mann singt _____ Lied.

5. _____ neuer Mitschüler kommt in die Klasse.

6. Er setzt sich auf _____ Stuhl.

7. Im Unterricht erzält die Lehrerin _____ Geschichte.

8. Die Kinder konzentrieren sich ohne _____ Pause.

9. Am Nachmittag muss ich für _____ Test lernen.

10. Ohne _____ Freundin gehe ich heute Abend nicht aus.

 Tipp! For more information and lots of exercises on German cases check out www.nthuleen.com.

Schreiben

Übung 1 (schwer) – _Ein Brief an die beste Freundin/den besten Freund._ You have just finished school and you are living with a host family in Germany for 6 months. You arrived 3 weeks ago and you have started a language course to improve your German. Your best friend has sent you a parcel with sweets from home and a letter with lots of questions. Write a letter replying to his/her questions. The more you elaborate on each point the better.

Liebe(r) Jamie,

Ich hoffe, das Paket war eine schöne Überraschung. Du hast bestimmt schon unsere Lieblingsschokolade vermisst!? Wie ist denn das Essen in Deutschland? Ich habe gehört, dass die Deutschen ganz viel Schweinefleisch essen. Igitt!!! Ich hasse Schwein …

Du bist jetzt schon 3 Wochen weg und du fehlst mir. Das Leben hier ist so langweilig ohne dich … Hier gibt es nicht viel Neues. Paula hat mit John Schluss gemacht und Julie ist total verliebt in ihren neuen Freund … wie gesagt, nichts Neues …

Erzähl mir doch etwas von Deutschland. Wie ist die Gastfamilie? Sind die Kinder nervig? Musst du oft babysitten?

Deine Mutter hat erzählt, dass du einen Sprachkurs machst. Wie findest du den Kurs? Ist dein Deutsch schon besser geworden? Sind die Leute im Kurs nett? Hast du schon neue Freunde gemacht?

Ich finde das toll, dass du einige Zeit in Deutschland verbringst, dass wird bestimmt von Vorteil sein, wenn du mit dem Studium anfängst. Außerdem sieht das auf jedem Lebenslauf gut aus.

Ich bin richtig neidisch. Ich würde auch gern 6 Monate ins Ausland fahren …

So, jetzt habe ich aber genug Fragen gestellt. Schreib mir bitte bald. Ich warte auf deine Antwort.

Viele Grüße von allen.

Bis bald, dein(e)

Übung 2 (leicht) – *Tagebucheintrag*. You are on a student exchange with a group from your school for 10 days. You have spent the first day and night with your new host family. Write an entry in your diary in German about the previous day and your feelings about being in Germany. Include the following points:

♦ Describe what you did yesterday (using the past tense) and mention at least three things you did with your host family.

♦ Say that your exchange partner is nice but you cannot stand his/her little brother. Explain why.

♦ Comment on the parents of your exchange partner.

♦ Say that you find speaking German difficult, but that you can understand a lot more than you thought.

♦ Explain what your plan is for the following day. Mention two activities and say that you will be meeting up with your classmates.

♦ Give an idea of your general feelings about the exchange so far. (Are you happy, sad, homesick …?)

Lesen

Leseverständnis 2 (schwer)

Das geht auch noch mit Bachelor!

Deine Sprachkenntnisse könnten besser sein? Du willst etwas anderes sehen als den grauen Studienalltag? Du bekommst kein Geld für dein Praktikum? Dafür gibt es eine Lösung!

Während des Bachelorstudiums ist es zwar schwerer geworden einen Auslandsaufenthalt während des Studiums zu machen, jedoch nicht unmöglich. Ich plante daher schon vor Beginn meines Studiums ein Auslandssemester ein.

Im vierten Semester wollte ich eine Auszeit: Zuvor hatte ich Zeit, mir über meine **Ziele** im Ausland klar zu werden und hinterher muss ich nicht sofort Prüfungen schreiben, sondern kann mich erst wieder einleben. Mit den exakten **Vorbereitungen** begann ich dann ungefähr drei Monate vor meiner geplanten Abreise.

Ein Auslandspraktikum (im Vergleich zu einem Auslandssemester) **verbindet** Spracherwerb und Arbeitserfahrung und man wird weniger als **faulenzender**, partymachender Strandstudent gesehen. Der erste **Schritt** zu einem passenden Arbeitsplatz führte mich ins Internet. Natürlich kannst du aber ebenso in deiner Traumstadt alle interessanten Firmen und Institutionen anschreiben oder anrufen.

Leonardo da Vinci – ein edler Spender?
Edel oder nicht, das Leonardo-Programm ist ein EU-Bildungsprogramm, das speziell Auslandspraktika ins europäische Ausland **fördert**. Gerade für die Geisteswissenschaftler unter uns ist diese Möglichkeit sehr interessant, denn wer von uns hat nicht schon ein Praktikum für umsonst angenommen und sich über diese Stelle auch gefreut? Doch wer kann solch ein Leonardo-Stipendium bekommen? Eigentlich jeder. Es kommt nicht auf deine Noten an und genauso wenig auf das Einkommen deiner Eltern. Ein paar wenige Richtlinien sind jedoch einzuhalten:

1. Das Praktikum dauert zwischen drei und zwölf Monaten,
2. du bist entweder immatrikuliert oder hast deinen Abschluss noch nicht länger als zwölf Monate, und
3. du hast nicht die Nationalität deines Reiseziels.

≫

Außerdem muss dein Arbeitsplatz einige **Eigenschaften** aufweisen: Es darf keine europäische Institution oder Verwaltungseinrichtung sein. Zusätzlich sollte deine Arbeit irgendwie mit deinem Studiengang zusammenhängen. Dann steht dir eigentlich nichts mehr im Weg: Du kannst bis zu 500 Euro pro Monat verdienen, bis zu 200 Euro Zuschuss für Sprachkurse im Ausland, und Reisekosten werden teilweise auch erstattet. Das ist auf jeden Fall so viel Geld, dass man davon leben kann!

Nun geht's los …
Endlich eine **Zusage**! Jetzt muss ich den Reisetermin wählen und buchen. Alle Formulare für Leonardo ausfüllen. Einen europäischen Lebenslauf schreiben. Das Sprachzeugnis organisieren. Die geforderten **Versicherungen** abschließen. Kontaktpersonen für den Fall der Fälle wählen. Die Wohnung **kündigen**. Ein Urlaubssemester **beantragen**, um die 500 Euro Studiengebühren zu sparen. Gleichzeitig Pluspunkte sammeln und die Professoren an der Uni über meinen Auslandsaufenthalt benachrichtigen.

Eines ist klar, das Warten in den verschiedensten Ämtern kostet am meisten Zeit und **Geduld**.

Dann die Wohnungssuche am Zielort. Ich hatte das große Glück, bei Freunden wohnen zu können. Sonst ist es am besten, die Kontaktpersonen oder **Vorgänger** in der Firma zu fragen. Jemand, der diese Suche auch schon hinter sich hat, ist immer die beste Hilfe!

Und dann kam mein erster Arbeitstag. Und wo? In einer kleinen Kunstgalerie mitten in Palma de Mallorca. Dass der **Ablauf** hier in Spanien etwas anders sein würde, konnte ich mir zuvor auch vorstellen. Ich gewöhnte mich schnell daran, dass der Arbeitstag hier erst um 11 Uhr beginnt und dann eine Siesta von drei Stunden folgt. Aber dass ich Wände weiß malen und Ikea-Möbel zusammenbauen würde, hätte ich vorher nicht gedacht! Andererseits ist es wunderbar, jeden Morgen das Meer zu sehen, jeden Abend die Möwen **kreischen** zu hören und sich jeden Mittag über die Touristen zu amüsieren, die sich bei 18 Grad in Hotpants und Flipflops immer in denselben Straßen verirren. Ein Auslandspraktikum lohnt sich auf jeden Fall: Eine neue Mentalität kennen zu lernen und nach ihren Rhythmen zu leben, ist eine **Herausforderung**, der sich jeder von uns so oft wie möglich stellen sollte!

source: Lisa Kümmerle. www.ka-mpus.extrahertz.de/2007/05/studium-und-ausland

der Spracherwerb – *language acquisition*	die Verwaltungseinrichtung – *administrative institution*
der Strandstudent – *beach student*	zusammenhängen – *to be connected*
die Bildung – *education*	der Zuschuss – *subsidy*
die Geisteswissenschaften – *arts/humanities*	das Amt – *office, department*
das Einkommen – *income*	sich vorstellen – *to imagine*
die Richtlinien – *guidelines*	die Möwen – *sea gulls*
immatrikuliert – *enrolled*	sich verirren – *to get lost*

Übung 1 – Schlagen Sie die fett gedruckten Wörter im Wörterbuch nach und tragen Sie die neuen Wörter in Ihr Vokabelheft ein.

Übung 2 – Beantworten Sie die folgenden Fragen.

1. Wie findet man am besten eine gute Praktikumsstelle?

2. Was sind die Voraussetzungen für ein Leonardo-Stipendium?

3. Wie viel Geld bekommt man im Monat?

4. Was muss man alles machen, wenn man eine Zusage bekommt? (Erwähnen Sie fünf Sachen.)

5. How do you go about finding accommodation?

6. What work did the narrator have to do in the art gallery?

7. What does she like about her time in Mallorca?

Übung 3 – Setzen Sie die Satzhälften richtig zusammen. Schreiben Sie die vollständigen Sätze in Ihr Heft.

Beispiel: Ein Praktikum hilft, die Sprachkenntnisse zu verbessern.

1. Ein Praktikum hilft,
2. Es ist möglich, einen Auslandsaufenthalt
3. Mit den Vorbereitungen sollte man
4. Ein Praktikum im Ausland ist sinnvoller,
5. Das Leonardo-Programm hilft,
6. Auch wenn man keine guten Noten hat, kann
7. Die Arbeit sollte
8. Wenn man Glück hat, kann
9. Ein Auslandspraktikum ist

a. ein Auslandspraktikum zu organisieren.
b. in sein Studium einzubauen.
c. denn man bekommt Arbeitserfahrung und verbessert gleichzeitig die Sprache.
d. die Sprachkenntnisse zu verbessern.
e. mindestens drei Monate vor der Abreise beginnen.
f. eine wundervolle Herausforderung.
g. mit deinem Studium zusammenhängen.
h. man an dem Programm teilnehmen.
i. man in der Wohnung des Vorgängers wohnen.

Lesen

Leseverständnis 3 (leicht)

Warum Bochum?

Teilnehmerinnen und Teilnehmer eines Orientierungskurses des Akademischen Auslandsamtes der Ruhr-Universität Bochum erklären ihre Wahl, in Bochum zu studieren.

Studienangebote

Ich hatte die Wahl zwischen österreichischen Unis, Unis in den neuen Bundesländern und Bochum. Ich habe mich für Bochum entschieden, weil es eine Stadt mit großem kulturellen Angebot ist und die Universität einen guten Ruf hat. Außerdem gibt es viele interessante Städte in der Umgebung.
Luca, Genua, Italien

≫

Es gibt einen Vertrag zwischen den Universitäten Utrecht und Bochum. Darum war es leicht, einen Studienplatz in Germanistik zu bekommen. Man kann auch andere Unis wählen, aber dann muss man alles selber organisieren.
Cornelie, Utrecht, die Niederlande

Es gibt eine Partnerschaft zwischen meiner Universität und der Universität Bochum. Ich studiere im letzten Semester Bauwesen und schreibe hier meine Diplomarbeit.
Wojciech, Krakau, Polen

Ich habe in meinem Fach „Angewandte Fremdsprachen" die Möglichkeit in Bochum neben dem französischen ein deutsches Diplom zu bekommen.
Mathieu, Valenciennes, Frankreich

Céline und ich machen eine Marktstudie. Im Ruhrgebiet gibt es viele Firmen, die für diese Studie in Frage kommen und wo wir recherchieren können.
Élise, Tours, Frankreich

Der Aufenthalt in Deutschland ist ein obligatorischer Teil meines Germanistik-Studiums. Ich wollte eigentlich nach Berlin, aber das wurde mir unmöglich gemacht. Obwohl Bochum zweite Wahl ist, bin ich ganz zufrieden.
Sicco, Utrecht, Niederlande

Ich studiere „Theaterwissenschaft", und es gibt eine Partnerschaft von Brno und Bochum. Letztes Jahr hat mir eine tschechische Studentin von Bochum erzählt. Sie fand es prima – das Studium, die Unterkunft, die Stadt, die Region. Darum bin ich hier.
Hana, Brno, Tschechien

das Angebot – *offer, range*	der Vertrag – *contract*
der Ruf – *reputation*	wählen – *to choose*
die Umgebung – *surrounding area*	der Aufenthalt – *stay*
	zufrieden – *satisfied*

source: *JUMA* Tipp 3/2003

Übung 1 – For each student, note the reason why they decided to study in Bochum. Which one do you find the most convincing?

Übung 2 – Pretend you are one of the students studying in Bochum for a semester. Like the students in the text, give short reasons why you would choose to study there. Write your answer *in German*.

Übung 3 – Go online and research a university in a German-speaking country. Choose one that you like and give reasons for your choice. Each person should choose a different city. As for exercise 2, give short reasons why you would choose to study there. Write your answer *in German*.

Tipp! Here are a few useful websites, but there are plenty more:

- ◆ www.mit.edu/people/cdemello/de.html (for a list of universities)
- ◆ www.uni-frankfurt.de
- ◆ www.hu-berlin.de
- ◆ www.univie.ac.at
- ◆ www.uzh.ch
- ◆ www.uni-muenchen.de

Hören

Track ◯ 13

Übung 1 – Sie hören jetzt Interviews mit den ausländischen Studenten aus dem Text „Warum Bochum?" zu den Themen „Erste Eindrücke, Wohnen und Freizeit in Bochum". Hören Sie genau zu und beantworten Sie die Fragen auf Englisch.

1. Mention three positive aspects about Germany.

2. Name three different living situations that are mentioned.

3. Mention five activities one can do in one's free time.

4. What does Cornelie plan to do in her free time?

5. Why does Kamil do the DSH exam?

Übung 1 – Lesen Sie noch mehr Interviews zum Thema „Studieren in Deutschland".

Das doppelte Diplom als Ziel

Die Französin Nedjma, 22, kommt aus Clermont-Ferrand. Studiert hat sie in Straßburg. Jetzt studiert sie im 5. Semester Betriebswirtschaftslehre (BWL) in Dresden. Als Schülerin war Nedjma bereits in Deutschland, Dänemark und Griechenland. Zweimal hat sie eine Jugendfreizeit in Regensburg betreut. Deutsch hat sie an der Schule und an der Universität gelernt. Dresden hat sie bewusst gewählt, weil sie die neuen Bundesländer kennen lernen wollte. „Ich mag die deutsche Sprache. Die Beziehungen zwischen Frankreich und Deutschland sind sehr gut", sagt Nedjma. Trotzdem sprechen in Frankreich wenige Leute Deutsch: „Ein Plus bei Bewerbungen!" Ihr Ziel ist das doppelte Diplom an der „Deutsch-Französischen Universität". Weitere

Nedjma aus Clermont-Ferrand interessierte sich für die neuen Bundesländer. Darum studiert sie in Dresden.

Auslandserfahrungen möchte sie in einem angelsächsischen Land machen, und auch später möchte sie gerne im Ausland leben und arbeiten. Im Moment finanziert sie ihr Studium über Stipendien.

Nedjma lobt das breite Fächerangebot in Dresden, kritisiert aber die **Betreuung**: „Von meiner École de Commerce bin ich eine intensivere Betreuung gewohnt. Das ist hier wegen der vielen Studenten schlechter." An Dresden gefallen ihr die architektonische Vielfalt und die geographische Lage: „Von hier aus bin ich schon in Prag, Leipzig und Bayern gewesen!"

Mit Berufserfahrungen zurück

Ather aus Pakistan hat am Goethe-Institut in Lahore Deutsch gelernt. Jetzt studiert er in Lüneburg.

Ather, 29, ist seit 1998 in Deutschland. In Berlin hat der Pakistani BWL studiert. Nach dem Abschluss dieses Studiums hat er ein Master-Studium in Applied Computing in Lüneburg begonnen. Dort beschäftigt sich Ather mit der Erstellung und Weiterentwicklung hochwertiger Anwendungssoftware. Erste Berufserfahrungen will er später in Deutschland sammeln und dann in seine Heimat zurückkehren: Ein besserer Studienstandard, Auslandserfahrungen und das Kennenlernen einer anderen Kultur – dies sind die Gründe, warum Ather in Deutschland studiert. Deutsch lernte er zunächst am Goethe-Institut im pakistanischen Lahore, später dann an einer privaten Sprachschule in Berlin und an der Universität in Potsdam. Eltern und Verwandte unterstützen ihn finanziell, außerdem jobbt Ather nebenher. Dass der Studiengang sehr praktisch orientiert ist, findet Ather besonders gut, doch „leider gibt es zu viele Studienregeln an den Universitäten und Hochschulen". Die Stadt Lüneburg gefällt ihm, weil sie schön ist und viele historische Häuser hat. „Manchmal ist es aber auch ein bisschen

≫

langweilig", gibt er zu. Ein Glück, dass die Großstadt Hamburg in der Nähe ist! Aufgefallen ist Ather in Deutschland, dass hier der Verkehr sehr gut organisiert ist. Andererseits glaubt er, dass manche Gesetze überflüssig oder zu bürokratisch sind.

Aufstehen oder weiterschlafen?

Der Chinese Cheng Ni, 24, studiert in Aachen Informatik im 4. Semester. In seiner Heimat hat er bereits ein Germanistik-Studium absolviert. „Viele berühmte Wissenschaftler kommen aus Deutschland – Albert Einstein zum Beispiel!" Darum entschloss sich Cheng Ni zu einem weiteren Studium und kam von Asien nach Europa. Während des Germanistik-Studiums hat er bereits ein Semester in Bayreuth verbracht – mit einem Stipendium vom bayrischen Staat. Heute finanziert Cheng Ni sein Studium durch Jobs. Außerdem unterstützen ihn seine Eltern. Als einen Vorteil empfindet er, dass er jeden Morgen um 8 Uhr entscheiden kann: „Aufstehen oder weiterschlafen?"

Cheng Ni kommt aus China und studiert Informatik in Aachen. Sein Studium finanziert er durch Jobs.

„Das kann aber auch ein Nachteil sein", meint er mit einem Augenzwinkern. Obwohl in Aachen viele Ausländer wohnen und studieren, hat die Stadt keine internationale Atmosphäre, findet Cheng Ni. Und: „Es ist ein guter Ort zum Lernen." Einen Wunsch hat der junge Chinese: Während seines Studiums möchte er noch einige andere Länder in Europa bereisen.

BWL (Betriebswirtschaftslehre) – *business studies*
betreuen – *to look after*
die Beziehung – *relationship*
angelsächsisch – *anglo-saxon*
loben – *to praise*

die Vielfalt – *diversity*
die Erstellung – *creation*
die Weiterentwicklung – *development*
das Gesetz – *law*
absolvieren – *to pass, complete*
das Augenzwinkern – *wink*

Die Nachbarländer Frankreich, Belgien, Österreich und die Niederlande hat er bereits kennen gelernt. Nach dem Studium will Cheng Ni nach China zurückkehren. Er hofft, einen Job in einer chinesisch-deutschen Firma zu bekommen.

source: *JUMA* 2/2002. Interviews: Christiane Filius-Jehne, Petra Kroll, Jörg-Manfred Unger, Christian Vogeler

Übung 2 – Beantworten Sie die folgenden Fragen.

1. Where did Nedjma learn German?
2. What does she find good about the university in Dresden?
3. What does she criticise about the university in Dresden?
4. What are Ather's reasons for studying in Germany? Mention two.
5. Where did he first learn German?
6. What is Ather's plan for the future?
7. How does he finance his study abroad?
8. Warum wollte Chang Ni in Deutschland studieren?
9. Wie findet Chang Ni die Stadt Aachen?
10. Was ist sein Wunsch, bevor er nach China zurückgeht?

Vokabeln zu Kapitel 9

Learn the vocabulary regularly. Use the empty columns for practice.

das Ausland	foreign country		
der Aufenthalt	stay		
reisen	to travel		
Erfahrungen sammeln	to gain experience		
Sprachkenntnisse verbessern	to improve one's language knowledge		
Fremdsprachen üben	to practise foreign languages		
neue Leute treffen	to meet/get to know new people		
kennen lernen	to meet/get to know		
andere Sitten und Gebräuche	other traditions and customs		
andere Kulturen kennen lernen	to get to know other cultures		
von großem Nutzen	of great value		
vorteilhaft	advantageous		
die persönliche Entwicklung	personal development		
der Tapetenwechsel	change of scenery		
macht einen guten Eindruck	makes a good impression		
der Austausch	exchange		
der Schüleraustausch	student exchange		
das Semester	semester		
das Berufsleben	professional life		
das Heimweh	homesickness		
die Sehnsucht	longing		
die Angst	fear		
schüchtern	shy		
mit Menschen umgehen	to get on with people		
die Eindrücke	impressions		
offen	open		
reifen	to mature		

Useful Phrases

Ich möchte als Au-pair arbeiten.	*I would like to work as an au pair.*
Ich möchte einen Sprachkurs machen.	*I would like to do a language course.*
Ich möchte das Land sehen.	*I would like to see the country.*
Es ist besser, wenn man …	*It is better if you …*
Ich habe kein Geld für ein Auslandsjahr.	*I have no money for a year abroad.*
Ich werde versuchen, ein Stipendium zu bekommen.	*I will try to get a scholarship.*
Mir fehlen die finanziellen Mittel.	*I am lacking the necessary funds.*
Ich hätte Angst zu versagen.	*I would be afraid to fail.*
Ich hätte Angst, mir würde es keinen Spaß machen.	*I would be afraid I would have no fun.*
Es ist wichtig für die persönliche Entwicklung.	*It is important for personal development*
Menschen, die noch nie verreist sind.	*People that have never travelled before.*
Jemand, der kein Interesse an neuen Erfahrungen hat.	*Someone who has no interest in gaining new experiences.*
Niemand sollte gezwungen werden, ein Jahr im Ausland zu verbringen.	*Nobody should be forced to spend a year abroad.*
Manche Menschen würden ihre Familie und Freunde zu sehr vermissen.	*Many people would miss their family and friends too much.*

Kapitel 10

Ausländer

Wichtige Definitionen

Nichtdeutsche: Jemand, der schon lange in Deutschland gewohnt hat, aber keinen deutschen Pass besitzt. Dieser Mensch fühlt sich genauso deutsch wie alle anderen Deutschen, aber wird oft nicht wie ein Deutscher behandelt.

Auslandsdeutsche: Jemand, der nicht in Deutschland wohnt, aber aufgrund seiner Abstammung einen deutschen Pass besitzt. Viele Auslandsdeutsche können kein Deutsch mehr und fühlen sich gar nicht wie Deutsche, aber haben trotzdem mehr Rechte als die Nichtdeutschen.

Gastarbeiter: Jemand, der den Anwerbungen in den 50er und 60er folgte. Deutschland brauchte zu dieser Zeit viele Arbeitskräfte. Die Deutschen holten Ausländer nach Deutschland.

besitzen – *to own*
behandeln – *to treat*
die Anwerbung – *recruiting*
die Arbeitskräfte – *workforce*

die Abstammung – *origin*
trotzdem – *nevertheless*
die Rechte – *rights*

Schreiben

Äußerung zum Thema

Übung 1 – Match up the translations (a–g) to the statements (1–7).

1. In Irland gibt es auch Probleme mit Rassismus.

2. Manche Ausländer kommen, weil sie Arbeit suchen.

3. Einige Leute haben Vorurteile gegen Ausländer.

4. Viele Menschen flüchten vor Kriegen, Hungersnöten und Gewalt in ihrer Heimat.

5. Die Situation in ihrem Heimatland ist oft lebensbedrohlich.

6. Viele erhoffen sich einen höheren Lebensstandard.

7. Viele Ausländer haben Schwierigkeiten mit der Integration in das irische Leben.

a. Many foreigners come, because they are looking for work.

b. A lot of foreigners have problems to integrate themselves into Irish life.

c. A lot of people are fleeing from war, hunger and violence in their own country.

d. Ireland also has problems with racism.

e. Some people have prejudices against foreigners.

f. A lot hope for a higher standard of living.

g. The situation in their home country is often life-threatening.

Übung 2 – Beantworten Sie die folgenden Fragen schriftlich.

1. Was ist Ihre Meinung zu Ausländern?

2. Gibt es Ausländer an Ihrer Schule? Wie finden Sie das?

3. Was für Probleme haben Ausländer, die hier in Irland leben?

4. Was denken die Iren über Menschen aus anderen Ländern, die nach Irland kommen?

5. Wie kann man in der Schule lernen, tolerant zu sein und das Problem abzubauen?

6. Ist Rassismus/Ausländerfeindlichkeit ein Problem in Irland?

7. Wie kann man Vorurteile abbauen?

Hilfe!

Hier noch ein paar nützliche Redewendungen:

- Ich bin der Meinung/Auffassung/Ansicht, dass …
- Meiner Meinung nach, …
- Ich meine, dass …
- Ich glaube/denke/finde …
- Andererseits, denke ich
- Dem stimme ich nicht zu, denn …
- Das ist völlig richtig.
- Ich bin fest davon überzeugt, dass …
- Davon weiß ich nicht so viel.
- Ich bin dafür/dagegen, dass …
- Einerseits … andererseits …
- Zusammenfassend lässt sich sagen, dass …

Sprechen

Übung 1 – Sehen Sie sich die Bildergeschichte unten genau an und sammeln Sie dann möglichst viele Vokabeln zu jedem Bild. Beschreiben Sie kurz, was Sie auf jedem einzelnen Bild sehen. Erzählen Sie dann die Geschichte. Zum Schluss überlegen Sie noch, wie die Geschichte weitergehen könnte.

Die neue Schülerin

Hören

 Tracks 14–16
Übung 1 – Hören Sie die Nachrichten und beantworten Sie die Fragen auf Englisch. Die Vokabeln dienen als Hilfestellung.

Teil 1

1. For how long did the postman not deliver the post?

2. Mention two of the postal codes that were affected.

3. Who did not receive any post?

4. Where did the postman store the post?

5. How did he get caught?

6. Can you figure out the reason for his actions?

Teil 2

7. How old was the rowdy passenger?

8. What happened on the flight? Give details.

9. What did the son say about his father's behaviour?

Teil 3

10. What will the weather be like on Friday and Saturday?

11. What will the temperatures be on Saturday?

12. Where did the accident take place?

13. What happened on the motorway?

austragen – *to deliver*
die Vernehmung – *interrogation*
aussagen – *to state*
überfordert – *overburdened*
die Randale – *riot*
vorübergehend – *temporarily*
festnehmen – *to arrest*
der Servierwagen – *trolley*

Lesen

Leseverständnis 1 (leicht)

Junge Afghanen zu Gast in Sachsen

Austausch der Kulturen

Es war der erste Schüleraustausch nach Jahrzehnten Bürgerkrieg und Taliban-Herrschaft in Afghanistan: 9 Schülerinnen der Aisha-i Durani-Schule und 10 Schüler der Amani-Oberrealschule für Jungen in Kabul kamen für drei Wochen nach Sachsen. Dabei erlebten sie und ihre deutschen Gastgeber manche Überraschung.

Walid, 16, wurde in Kabul gut auf die weite Reise nach Deutschland vorbereitet. „Der Lehrer hat uns Filme und Fotos gezeigt und viel über Deutschland erzählt", berichtet er. In Deutschland wird für den jungen Afghanen dennoch vieles zum Erlebnis: Die erste Zugfahrt seines Lebens, der gemeinsame Unterricht von Jungen und ≫

Mädchen, Frauen-Fußball, Mineralwasser mit Kohlensäure, alte Burgen und Schlösser, der Wald, die grüne Landschaft und nicht zuletzt der viele Regen, der ihn vom Wetter in Deutschland schwärmen lässt.

Gelebte Landeskunde

Walid wohnt bei Mathias, 16, in Elsterberg. Das ist ein 3000-Einwohner-Ort im Vogtland. Auch Mathias wurde in der Schule gut auf den Besuch vorbereitet. Er wusste: die Afghanen essen wegen ihres muslimischen Glaubens kein Schweinefleisch und sie trinken keinen Alkohol, die Mädchen und Frauen tragen Kopftücher, in Afghanistan isst man nicht mit Messer und Gabel und sein Gastschüler steht morgens vielleicht etwas früher auf, um zu beten. „Man muss andere Menschen mit Respekt behandeln", sagt Mathias, „egal, wo sie herkommen, wie sie aussehen, wie sie

sprechen oder wie sie gekleidet sind." Kein Wunder, dass er sich mit Walid gut versteht.

Gemeinsame Projekte

Im Unterricht erleben die deutschen Schüler, wie wissbegierig die gleichaltrigen Afghanen sind und welchen Respekt sie vor Lehrern haben. Ahmad, 19, findet den Umgang zwischen dem Lehrer und seinen Schülern in Deutschland geradezu familiär: „Wie ein Vater und seine Söhne!"

Andererseits erleben die afghanischen Schüler einen völlig anderen Unterricht als zu Hause: In kleinen Gruppen führen sie mit den deutschen Schülern Projekte durch – eine völlig neue Erfahrung, die sie begeistert. Sie sammeln gemeinsam Material, recherchieren vor Ort und stellen die Ergebnisse anschließend vor. So arbeitet eine Gruppe an dem Thema „Handwerk und Landwirtschaft" und erlebt dabei in einer Bäckerei die Herstellung von Brot. Landeskunde hautnah.

Alle Afghanen wollen nach dem Abitur in Deutschland studieren. Walid hat sich für Medizin entschieden, „damit unsere Leute nicht mehr nach Pakistan fahren müssen, um sich behandeln zu lassen." Ahmad interessiert sich für Maschinenbau, „um beim Wiederaufbau von Afghanistan helfen zu können." Demnächst sollen deutsche Schüler auch nach Kabul reisen.

source: Jörg-Manfred Unger. *JUMA* 1/2005, Seite 28–29

vorbereiten – *to prepare*	behandeln – *to treat*	vorstellen – *to present*
das Erlebnis – *adventure*	das Wunder – *wonder, miracle*	die Ergebnisse – *results, findings*
die Kohlensäure – *carbonic acid, fizz*	wissbegierig – *inquisitive*	erleben – *to experience*
schwärmen – *to rave about*	gleichaltrig – *of the same age*	die Herstellung – *production*
beten – *to pray*	begeistern – *to fill with enthusiasm*	hautnah – *close*

Übung 1 – Beantworten Sie die folgenden Fragen schriftlich auf Englisch.

1. Mention four things that impressed Walid on his first trip to Germany.

2. What did Mathias learn about the Afghan people in school? Give four details.

3. Why does Walid get up early in the morning?

4. How are the pupils from Afghanistan different to the Germans?

5. How is school different in Germany? Give details.

6. What do the boys plan to study in Germany?

Übung 2 – Sind die folgenden Sätze richtig oder falsch?

1. Die jungen Afghanen reisen für zwei Wochen nach Deutschland.

2. Walid fährt zum ersten Mal Zug.

3. Walid findet das Wetter in Deutschland schlecht.

4. Mathias weiß, dass Afghanen gerne Schweinefleisch essen.

5. Mathias kommt gut mit Walid aus.

6. Die Afghanen haben keinen Respekt vor den Lehrern.

7. Die deutschen Schüler arbeiten oft in kleinen Gruppen.

8. Eine Gruppe sieht, wie in einer Bäckerei Brot gebacken wird.

9. Die afghanischen Schüler möchten gerne in Deutschland ihr Abitur machen.

10. Bald fahren die Deutschen nach Kabul.

Schreiben

Übung 1 – Stellen Sie sich vor, Sie sind einer der Schüler aus Afghanistan. Benutzen Sie die Informationen aus dem Text und schreiben Sie einen Brief (auf Deutsch) an Ihre Eltern mit Ihren Eindrücken von Deutschland. Der Brief sollte folgende Punkte beinhalten.

- Gefühle bei der Anreise (Zugfahrt, Wetter …).
- Die deutsche Gastfamilie (die Eltern, der Austauschpartner …).
- Erklären Sie wie anders die deutsche Schule ist (Beziehung zum Lehrer …).
- Erzählen Sie vom Projekt, das Sie gemeinsam mit den deutschen Schülern gemacht haben.
- Sagen Sie, dass Sie gerne in Deutschland studieren würden (Studienfach und Begründung).

Leseverständnis 2 (schwer)

Es folgt ein Bericht über eine ungewöhnliche Ausstellung über Flüchtlinge in einem Museum der etwas anderen Art. Hier werden Schüler direkt und aktiv durch Rollenspiele mit der Flüchtlingssituation konfrontiert.

Labyrinth Fluchtweg

Schweigend sitzen wir im Laderaum eines Lasters. Es ist dunkel. Wir haben Angst. Draußen plötzlich die Stimme eines Mannes. *Was haben Sie geladen? Haben Sie etwas zu verzollen?* Der Fahrer antwortet. Unser Glück: Wir werden nicht kontrolliert. Geschafft! Nach wenigen Kilometern lässt uns der Fahrer des Lasters ins Freie: Jetzt sind wir in Sicherheit!

Eine typische Flüchtlingssituation. Wir kennen das aus dem Fernsehen. Doch heute ist alles anders. Denn wir sind es selbst, die das erleben. Die Erlebnisausstellung Labyrinth Fluchtweg macht uns in sieben Stationen zu Flüchtlingen. Über Kopfhörer erfahren wir, was passiert: *Schnell weiter zur nächsten Station, und vergessen Sie Ihr Gepäck nicht!*, mahnt uns die Stimme vom Tonband. Einen Antrag auf Erteilung einer Aufenthaltsgenehmigung müssen wir ausfüllen. Der Zweck unseres Aufenthaltes? Haben wir eine Arbeitsgenehmigung? Wie wollen wir unser Geld verdienen? Viele Fragezeichen!

Doch schon geht das Rollenspiel weiter. Hinter einem kleinen Fenster erwartet uns ein Mann. *Wie heißen Sie? Woher kommen Sie? Was wollen Sie in Deutschland?* Freundlich klingt das nicht. Schließlich bekommen wir eine Aufenthaltsgenehmigung zur Durchführung des Asylverfahrens. Es folgen Fotos, Fingerabdrücke, neue Fragen. Dann ein dunkler Raum. Jetzt sind wir Asylbewerber, irgendwo abends auf der Straße unterwegs. Plötzlich Rufe, Beschimpfungen, Hass. Und wieder müssen wir fliehen.

Doch es kommt noch schlimmer: die Abschiebung! Unser Antrag wurde abgelehnt. Auf einem Video sehen wir Menschen in Handschellen, die abgeführt werden. Zum Schluss doch noch Hoffnung: Die Abschiebung ist wegen Schwangerschaft zurzeit nicht möglich. Mit gemischten Gefühlen verlassen wir die letzte Station.

Aufatmen: Wir sind wieder wir selbst!

Ganz unterschiedlich sind die Reaktionen der Schüler zu dem Besuch dieser Erlebnisausstellung:

„Man kam sich richtig eingeengt vor. Als ein Mann zu mir sagte: *Sie haben einen Diebstahl in Österreich begangen!*, fühlte ich mich sehr seltsam", sagt Johannes, 15 Jahre.

„Zwischendurch war es gar nicht mehr wie ein Spiel. Es war richtig ernst!", meint Simone, 15 Jahre.

Und Philipp, 15 Jahre, sagt: „Mich hat überrascht, dass die Flüchtlinge wie Kriminelle behandelt werden."

Doch es gibt auch andere Stimmen: „Das sind Probleme, die jeder kennt. Die lassen sich nicht durch solche Aktionen und Ausstellungen beseitigen", findet Jenny, 15 Jahre. Irene, 16 Jahre fand die Darstellung oberflächlich.

Robert, 17 Jahre, ist froh, dass wegen des Besuchs der Ausstellung zwei Schulstunden ausgefallen sind. Und eigentlich interessiert ihn das Thema auch nicht besonders: „Ich kann als Deutscher ja nicht abgeschoben werden!"

≫

Michael Rogalski, Mitarbeiter des Sozialdienstes für Flüchtlinge des Caritasverbands kennt solche Stimmen: „Die meisten Schülerinnen und Schüler sind schockiert und überrascht. Doch von einigen – meist männlichen – Jugendlichen kommen auch dumme Kommentare. Wichtig ist, dass die Lehrer vorher mit den Schülern über die Ausstellung sprechen." Rogalski wünscht sich ein noch größeres Engagement von Eltern und vor allem von Lehrern. Aufklärung ist wichtig, ohne die darf man sich nicht über doofe Sprüche wundern!

source: Christian Vogeler. *JUMA* 2/2003. Information: Bundesamt für die Anerkennung ausländischer Flüchtlinge, www.bafl.de

die Ausstellung – *exhibition*	residence permit	aufatmen – *to exhale, breathe out*
schweigend – *in silence*	der Zweck – *purpose*	eingeengt – *constricted*
der Laderaum – *cargo hold*	die Arbeitsgenehmigung – *work permit*	ernst – *serious*
der LKW/Laster – *lorry*	das Fragezeichen – *question mark*	die Darstellung – *description, account*
verzollen – *to declare*	durchführen – *to carry out*	oberflächlich – *superficial*
die Sicherheit – *safety*	die Rufe – *calls*	dumm – *stupid*
der Kopfhörer – *headphone*	die Beschimpfungen – *insults*	die Aufklärung – *education about somthing*
mahnen – *to warn*	die Abschiebung – *deportation*	
der Antrag – *application*	die Handschellen – *hand cuffs*	
die Aufenthaltsgenehmigung –	die Schwangerschaft – *pregnancy*	

Übung 1 – Beantworten Sie die folgenden Fragen auf Englisch.

1. Through how many stages do the exhibition visitors have to go in their 'reliving' of the refugee experience?

2. Describe what they experience at one of the stages in their role play?

3. Mention one positive student view.

4. Mention one negative student view.

5. Which of the students' comments surprised you the most?

Schreiben

Äußerung zum Thema

Übung 1 – Äußern Sie sich kurz zu den folgenden Fragen.

1. Wie finden Sie diese Erlebnisausstellung?

2. Ist es sinnvoll, das Thema „Ausländer" auf diese Weise den Menschen näherzubringen?

3. Würden Sie selbst gerne so eine Ausstellung besuchen?

4. Glauben Sie, es macht besonders die jungen Menschen nachdenklicher?

5. Gibt es in Ihrem Land auch viele Flüchtlinge und Einwanderer? Wie ist Ihre Meinung dazu?

Grammatik

Die Fälle (*cases*) Teil 2

The dative case

 Remember! The dative case refers to the **indirect object** of the sentence, i.e. the person/thing that is *indirectly* involved. It is the person/thing that is being shown, told, given …, etc. something.

The dative case answers the question:

◆ *to whom, for whom?* or

◆ *to what, for what?*

Paula is doing the giving (she is the subject). The cake (not the boy) is being given and the boy is only indirectly involved. He is in the dative case.
The cake is the direct object because it has the action done to it, i.e. it is being given to the boy:

  Paula **gibt dem Jungen** den Kuchen.

  (masculine – singular – dative = indirect object)

Paula (nom) gives the **boy (dat)** a **cake (acc)**.
Paula gives the cake to whom? → The boy.
The cake is the **direct object**. *The boy* is the
indirect object.

Look at the table and note how both the definite article (*der/die/das*) and indefinite article (*ein/eine*) change in the dative case.

	masculine	feminine	neuter	plural
nominative	der/ein	die/eine	das/ein	die
accusative	den/einen	die/eine	das/ein	die
dative	dem/einem	der/einer	dem/einem	den

≫

The dative case is always used after certain prepositions:

aus   gegenüber   nach   von

bei   mit   seit   zu

Examples: Paula ist **seit dem** Sommer in Deutschland.
Sie geht **mit dem** Hund spazieren.

Übung 1 – Translate the prepositions in the box above. Learn them off by heart.

Übung 2 – Complete the text using the correct form of the definite article in the dative case.

Die Familie lebt seit _____ Winter in Köln. Sie sind mit _____ Zug von Holland nach Berlin gefahren. Sie wohnen jetzt in einer kleinen Wohnung in der Innenstadt.
Die Kinder teilen sich ein Zimmer. Die kleine Tochter schläft mit _____ Schwester in einem Bett.
Die Küche ist in _____ Wohnzimmer. Die Mutter kocht auf _____ kleinen Herd. Das Badezimmer hat keine Badewanne, nur eine Dusche. Trotzdem sind sie alle glücklich.

Übung 3 – Make up ten sentences using the prepositions from the list.

Grammatik

The dative case is always used after certain verbs:

antworten   gefallen   gratulieren   schmecken

danken   gehören   helfen   weh tun

drohen   gelingen   leid tun   zuhören

folgen   glauben   schaden   zusehen

Examples: Ich danke **dem** Vater für den Brief.
Das Kind antwortet **der** Frau bald.
Du musst **den** Kindern helfen.
Das Essen schmeckt **dem** Baby nicht.

Übung 4 – Translate the verbs in the box on page 145.

Übung 5 – Write ten more sentences with verbs that take the dative case.

Grammatik

 Note! As with articles, pronouns also change with the cases. Look at the table below. Notice the changes in the accusative and dative cases.

nominative	accusative	dative
ich	mich	mir
du	dich	dir
er	ihn	ihm
sie	sie	ihr
es	es	ihm
wir	uns	uns
ihr	euch	euch
Sie/sie	Sie/sie	Ihnen/ihnen

You need to be familiar with these pronouns, as you will often use the accusative and dative case, for example, when writing a letter.

Examples: Vielen Dank für den Brief von **dir**.
Ich schreibe **dir** eine E-Mail.
Er schickt **ihr** eine CD.
Schreib **mir** bitte bald.
Ich hoffe, **euch** geht es gut.
Mir tut es sehr leid, dass ich so lange …
Antworte **mir** bitte schnell auf die Fragen.
Ich habe gehört, **ihm** geht es nicht so gut.
Er hat lange nichts von **ihr** gehört.

Übung 6 – Complete the following text with the correct pronouns.

Liebe Tanja,

Vielen Dank für das Paket von _____. Ich habe mich sehr gefreut, von _____ zu hören. Das Kleid von _____ passt prima und es sieht super aus. Ich trage _____ auf meinem Abiball nächste Woche. Tom kommt auch, er kommt mit _____, hat er gesagt. Hoffentlich holt er _____ pünktlich von zu Hause ab. Er hat sein Auto extra für _____ geputzt. Das ist doch lieb, oder? Was würde ich ohne _____ machen …?

Ich schicke _____ das Kleid wieder zurück. Erst bringe ich es natürlich zur Reinigung. Das Essen an dem Abend soll ganz lecker sein. Ich glaube, es gibt Hähnchen. Das schmeckt _____ besonders gut.

Meine Eltern wollten _____ erst nicht hingehen lassen, weil ich so schlechte Noten habe. Aber jetzt sind sie OK damit.

So, jetzt mache ich Schluss. Antworte _____ bald auf den Brief. Ich freue mich* immer von _____ zu hören.

Deine Kate

* *mich* is part of the reflexive verb *sich freuen*! See *Kapitel 14* for more information.

Grammatik

The genitive case

> Remember! The genitive case
>
> - is the **possessive** case and indicates possession or ownership.
> - translates into English as either 'of (the)' or apostrophe 's', e.g. the end of the story, Tom's car:
>
>   der Knochen **des** Hundes   *the bone of the dog/the dog's bone*
>   (masculine – singular – genitive)

The genitive is always used after certain prepositions:

in folge – *as a result of*	**während – *during***	**wegen – *because of***
statt – *instead of*	**trotz – *despite***	

Example: **Wegen des** Hundes kann ich nichts essen.
           Because of the dog I cannot eat anything.

≫

Here is a summary of the definite and indefinite articles in all four cases.

	masculine	feminine	neuter	plural
nominative	der/ein	die/eine	das/ein	die
accusative	den/einen	die/eine	das/ein	die
dative	dem/einem	der/einer	dem/einem	den
genitive	des/eines	der/einer	des/eines	der

 Remember! A noun of **one** syllable adds *-es* and a noun of **more than one** syllable adds *–s* in the **genitive case:**

Der Fußball **des** Sohn**es**.
Der Mantel **des** Lehrer**s**.

Feminine singular and plural nouns have **no** genitive endings:

Das Kleid **der** Frau.
Die Tasche **der** Kinder.

 Note! You need to understand the concept of the cases as they frequently come up in the *Angewandte Grammatik* section in the exam.

Übung 7 – Make sentences and add the genitive –*(e)s* ending where necessary.

Example: die Tasche / der Direktor / aus Leder
          Die Tasche **des** Direktor**s** ist aus Leder.

1. der Mantel / das Mädchen / rot

2. der Koffer / der Reisende / verschwunden

3. die Brille / der Sohn / zerbrochen

4. der Stuhl / die Lehrerin / wackelt

5. das Hemd / der Doktor / schmutzig

6. die Schuhe / der Mann / verdreckt

7. der Ring / die Braut / golden

8. die Kette / die Frau / aus Diamanten

9. das Auto / die Eltern / schwarz

10. der Hund / die Familie / krank

Studentenfutter

Wo, wie und was essen ausländische Studierende in Deutschland? Jörg-Manfred Unger hat am Hochschulort Dresden in Mensen, Cafeterien, Studentenwohnheimen und Privatwohnungen auf die Teller und in die Töpfe geschaut und Studenten aus fünf Ländern über ihre Essgewohnheiten in der Hauptstadt Sachsens befragt.

„Studentenfutter" besteht aus Erdnusskernen, Sultaninen, Haselnusskernen, Cashewkernen und pflanzlichem Öl.

Scheila, 30, Germanistik-Aufbaustudentin aus Brasilien

„Ich frühstücke in der Küche einer 2-Zimmer-Wohnung, die ich mir mit einer Freundin teile. Mein Frühstück besteht in der Regel aus Haferflocken, dazu gibt es Bananenshake. Mittags gehe ich manchmal in die Mensa. Dort gibt es häufig Knödel oder Kartoffeln. Die mag ich gar nicht. Deshalb koche ich mittags oder abends lieber zu Hause, zum Beispiel Reis und Gemüse wie Broccoli, Möhren und Zucchini – am besten alles zusammen als Gemüseeintopf mit viel Knoblauch, Zwiebeln und Pfeffer. In Brasilien habe ich zweimal täglich warm gegessen. Dafür habe ich hier keine Zeit. Fleisch esse ich selten in Deutschland. Es ist hier teurer und nicht so schmackhaft wie in Brasilien. Dafür ist das Brot besser und die Brotauswahl ist größer. Schwarzbrot und

Mensa-Koch Marko bereitet Klöße zu. Sie gehören heute zum Hirschsahnegulasch mit Apfelrotkraut (auf dem Teller rechts).

Sonnenblumenbrot mit Marmelade, Quark oder Käse – köstlich! Und erst der Kuchen! Käsekuchen, Apfelkuchen, Kirschkuchen ... In den ersten Monaten habe ich in Deutschland 5 Kilo zugenommen – wahrscheinlich, weil ich anfangs alles probiert und Bier getrunken habe. Jetzt trinke ich nur noch selten Alkohol und ich wiege wieder 60 Kilo, wie in Brasilien."

≫

Benoît, 21, Informatikstudent aus Frankreich

„Ich bin Franzose, aber ich studiere seit einem Jahr in Boston in den USA. In Dresden bin ich für ein Semester. Ich wohne hier in einem Studentenwohnheim und teile mir mit drei anderen Franzosen eine Wohnung. Dort bereite ich mir morgens in der Küche mein Frühstück zu. Selten habe ich dafür länger als 5–10 Minuten Zeit. Ich nehme fertigen Instant-Cappuccino, auf den ich nur heißes Wasser schütten muss. Dazu gibt es Cornflakes mit frischer Milch. Die Milch schmeckt in den USA besser, denn da gibt es spezielle Frühstücksmilch. Nach dem Abitur habe ich ein Jahr lang in Thailand gelebt. Dort gab es morgens zum Frühstück Tintenfischsuppe. Daran muss man sich erst einmal gewöhnen! So gesehen hat mich das Essen in Deutschland wenig überrascht. In Dresden esse ich mittags häufig in der Mensa. Das Essen dort ist gut und billig. In den USA kostet das gleiche Mensa-Essen viermal so viel. Außerdem stehen hier immer wieder typisch deutsche Gerichte auf dem Speiseplan. Ich persönlich finde zum Beispiel Schweinebraten mit Rotkohl und Klößen sehr originell. Oft esse ich auf die Schnelle einen Döner, den man in Dresden für wenig Geld fast an jeder Ecke bekommt.

die Mensa – *college canteen*
der Kloß/Knödel – *dumpling*
selten – *rarely*
der Tintenfisch – *squid*

Wenn ich mal ausgehe, dann abends mit Freunden zum Italiener. Pizza mag ich nämlich ziemlich gerne, oder Wiener Schnitzel mit Pommes, das ist mein Lieblingsgericht hier in Deutschland! Zwei-bis dreimal in der Woche kochen wir übrigens zu viert oder zu fünft gemeinsam im Studentenheim. Gestern gab es scharf gewürztes Huhn auf Reis. Es hat hervorragend geschmeckt! Was mir in Deutschland fehlt? Frisches Baguette wie in Frankreich!"

source: *JUMA* 1/2003, seite 26–27

Übung 1 – Lesen Sie den Text über die Essgewohnheiten der ausländischen Studenten in Deutschland und beantworten Sie die Fragen schriftlich.

1. Was gibt es oft zum Mittagessen in der Uni?

2. Warum kocht Scheila lieber zu Hause?

3. Warum isst sie wenig Fleisch in Deutschland?

4. Was isst Scheila gerne? Nennen Sie drei Speisen.

5. Wo isst Benoît sein Mittagessen?

6. Wie findet er das Essen dort?

7. Was hat er gestern gekocht?

8. Was ist sein Lieblingsgericht?

Übung 2 – Waren Sie schon mal im Ausland? Wenn ja, wo, und was hat Ihnen da besonders gut/nicht gut geschmeckt?

Übung 3 – Kennen Sie ungewöhnliche Gerichte/Getränke aus Deutschland? Was essen die Deutschen zum Beispiel zum Frühstück? Suchen Sie im Internet Informationen (versuchen Sie Suchbegriffe wie: deutsches Essen/typisch deutsches Essen/deutsche Essgewohnheiten).

Vokabeln zu Kapitel 10

Learn the vocabulary regularly. Use the empty columns for practice.

der Ausländer/Fremde	*foreigner/stranger*		
ausländisch	*foreign*		
das Ausland/die Fremde	*abroad*		
der Einwanderer	*immigrant*		
einwandern	*to immigrate*		
auswandern (nach)	*to emigrate (to)*		
verlassen	*to leave*		
flüchten	*to flee*		
der Flüchtling	*refugee*		
die Vorurteile	*prejudices*		
die Einstellung	*attitude*		
das Kopftuch	*head scarf*		
sich beklagen (über)	*to complain (about)*		
das Verbrechen	*crime*		
die Menschlichkeit	*humanity*		
die Asylsuchenden	*asylum seekers*		
der Gastarbeiter	*guest worker*		
ums Leben kommen	*to lose one's life*		
die Gründe	*reasons*		
die irische Wirtschaft	*Irish economy*		
die Rezession	*recession*		
der keltische Tiger	*celtic tiger*		
der wirtschaftliche Tiefpunkt	*economic lowpoint*		
bergauf	*uphill*		
illegal	*illegal*		
die Gesellschaft	*society*		
das Verständnis	*understanding*		
höherer Lebensstandard	*higher standard of living*		
die Rechtsextremisten	*right-wing extremists*		
der Rassismus	*racism*		
angreifen	*to attack*		
die Einheimischen	*natives*		

die Aufenthaltsgeneh- migung	residence permit		
die Arbeitsgenehmigung	work permit		
der Antrag	application		
die Abschiebung	deportation		

Useful Phrases

Wir sind ein gastfreundliches Land.	We are a hospitable country.
Manche Menschen haben Vorurteile und das führt oft zu Konflikten.	Many people have prejudices and that can often lead to conflicts.
Es ist nicht immer leicht, einen Job zu finden und der Lebensstandard in Irland ist sehr hoch.	It is not always easy to find a job and the living standard in Ireland is very high.
Der Lebensunterhalt ist sehr teuer in Irland.	The living costs are very expensive in Ireland.
Die Iren sind sehr interessiert an anderen Menschen.	The Irish are very interested in other people.
Wir sind selbst ein Land der Auswanderer.	We are a country of immigrants ourselves.
Fremde sind sehr wilkommen.	Foreigners are very welcome here.
Manche Iren haben Angst, dass die Ausländer ihnen die Jobs wegnehmen.	Many Irish people are afraid that foreigners will take their jobs.
Man sollte offen sein und sich für andere Kulturen interessieren.	One should be open and be interested in other cultures.
Die Schüler sollten sich über andere Traditionen informieren.	Pupils should educate themselves about other traditions.
Vielleicht mit Hilfe eines Ausländer-Informationstag an der Schule.	Perhaps with the help of a foreigner information day in school.
Ignoranz führt zu Hass und Vorurteilen.	Ignorance leads to hatred and prejudice.
Wenn es der Wirtschaft nicht gut geht, sind Ausländer nicht wilkommen.	If the economy is bad, foreigners are not welcome.

Kapitel 11

Irland –
Deutschland –

Zum Aufwärmen

Typisch Deutsch!

Übung 1 – Überlegen Sie gemeinsam mit Ihrer Klasse, was Sie über Deutschland oder die anderen deutschsprachigen Länder wie Österreich und die Schweiz wissen. Welche Stereotype sind Ihnen bekannt? Machen Sie eine Liste zum Thema „typisch Deutsch".

Tipp! Noch mehr zum Thema „Deutschland/Österreich/Schweiz" finden Sie im Internet. Recherchieren Sie nicht nur das Land selbst, sondern informieren Sie sich auch über die Literatur, das Essen, die Musik oder Feste.

Vergessen Sie nicht, vielleicht finden Sie hier ein interessantes Thema für ein Projekt, das für die mündliche Prüfung in Frage kommt.

Hier ein paar Fragen und gute Websites als Anregung:

1. Wie feiern die Deutschen/Österreicher/Schweizer Ostern?

2. Wie feiern die Deutschen/Österreicher/Schweizer Weihnachten?

3. Gibt es andere Rituale an Silvester? Googeln Sie mal „Bleigießen".

4. Was für Musik hören die deutschen Jugendlichen?

5. Gibt es berühmte Bands in den deutschsprachigen Ländern?

6. Welche Speisen sind in welchen Regionen berühmt?

7. Was denken die Deutschen von den Österreichern und umgekehrt?

8. Kennen Sie eine berühmte Person aus Deutschland/Österreich/der Schweiz?

- www.german.about.com
- www.nthuleen.com (*great website for song lyrics*)
- www.german-grammar.de (*interesting site for literature*)
- www.german-easter-holiday.com

… gehen Sie auf Entdeckungsreise!

Schreiben

Übung 1 (schwer) – Sie haben den folgenden Brief von Ihrer Brieffreundin/Ihrem Brieffreund aus Köln bekommen. Schreiben Sie einen Antwortbrief.

Liebe(r)_____,

vielen Dank für deinen lieben Brief. Es ist immer so schön, Post zu bekommen. Heutzutage geht ja sonst alles per E-Mail.

Und, wie kommst du mit deinem Deutschland-Projekt voran? Wann musst du das Projekt denn abgeben, oder machst du es für die mündliche Prüfung für dein Abi?

Du hattest ja viele Fragen in deinem letzten Brief, ich hoffe meine Antworten helfen dir weiter. Wie findest du die Fotos vom Karneval in Köln, die ich mitgeschickt habe?

Nun zu deinen Fragen: Nein, also ich denke nicht, dass alle Deutschen immer pünktlich sind, aber die Busse und Züge sind fast immer pünktlich. Wie ist das in Irland? Kommst du oft zu spät? Was passiert in der Schule, wenn du zu spät kommst?

Ein typisch deutsches Essen ist natürlich die Bratwurst und das Schnitzel, aber auch Klöße und Rotkraut oder Schweinefleisch mit Sauerkraut sind sehr beliebt in Deutschland. Man nennt so eine zu Hause gekochte traditionelle Mahlzeit auch Hausmannskost. Du kannst ja mal im Internet nach Gerichten wie Rote Grütze, Kaiserschmarrn oder Sauerbraten suchen …

Jetzt bin ich schon ganz hungrig, wenn ich an das leckere Essen denke. Was ist denn so typisch irisch, wenn es ums Essen geht? Habt ihr auch ein Nationalgetränk?

Ich habe aber jetzt auch mal ein paar Fragen zu Irland. Gibt es wirklich so viele Menschen mit roten Haaren in Irland? Ich habe auch gehört, dass es bei euch immer nur regnet, stimmt das? Das Land der Schafe und Kühe mit grünen Wiesen, dem Meer … ich stelle mir das richtig romantisch vor. Lebst du gerne auf einer Insel?

So, das reicht aber für heute. Ich habe dir bestimmt schon lauter Löcher in den Bauch gefragt! (Das ist eine deutsche Redewendung, wenn jemand sehr viele Fragen stellt.)

Ich habe jetzt gleich Klavierunterricht, und ich muss auch noch Englischvokabeln pauken (man kann zum Lernen auch „büffeln" sagen, hast du das schon mal gehört? Nein!? Dann ist das heute dein neues Wort …!)

Viele Grüße aus dem kalten Deutschland!

Dein(e) Toni

die Hausmannskost – *plain fare, home-style cooking*
die Redewendung – *expression, figure of speech*

Übung 2 (leicht) – You are taking part in a 1 week student exchange with a school in Cologne. Write a short letter to your penpal in Berlin about your experiences while you are in Germany.

- Describe the family you are staying with.
- Say that you like the food. Mention one special dish you love.
- Explain that school here is very different compared to Ireland. Mention three different things (i.e. class time, uniforms, mixed schools …).
- Say you saw the Carnival parade in Cologne with your host family on Monday.
- Describe your costume and explain that you had great fun.
- Ask when he/she plans to come to Ireland.
- Tell him/her that St Patrick's Day is in March and ask if she wants to come for that.
- Explain that there is a parade in the city, people wear green clothes and drink beer.
- Write a suitable closing sentence.

Lesen

Leseverständnis 1 (leicht)

Deutschland entdecken – Ein feierfreudiges Volk

Für die Briten sind sie die „Krauts", für die meisten sind sie einfach nur steif und arbeitsam, so zumindest das Klischee. Negative Schlagzeilen machen sie auch ab und zu. Es gibt trotzdem keinen Grund, nicht hinzufahren.

Wer mit Deutschen in Kontakt kommt, wird häufig überrascht sein: Die meisten feiern nämlich gern und ausgiebig. Am liebsten trifft man sich in der Kneipe auf ein – na ja, wohl doch eher mehrere – Bierchen. Sauerkraut wird dabei übrigens nicht unbedingt gegessen und die berühmten Lederhosen trägt man eigentlich nur auf Volksfesten in Süddeutschland.

Volksfeste gibt es reichlich – richtig wild geht es allerdings in der „närrischen Zeit" zu: In den Städten des Karnevals, z. B. in Köln und Mainz, umarmen und küssen sich wildfremde Menschen – als Clown, Indianer oder Vampire verkleidet. Man hakt sich bei anderen Feiernden unter, schunkelt und singt Lieder, die man im „normalen Leben" niemals singen würde. Karnevalszüge und geschmückte Wagen fahren durch die Städte.

≫

Fremdenfeindlichkeit ist (k)ein Thema

Seit Beginn der neunziger Jahre macht Deutschland mit fremdenfeindlichen Anschlägen im In- und Ausland Schlagzeilen. Die meisten Deutschen reagieren empört auf Angriffe gegen Ausländer. Sie finden das nicht gut. Viele gehen auf die Straße, um gegen Fremdenfeindlichkeit zu demonstrieren, oder organisieren sich in Vereinen, die sich für ein besseres Verständnis untereinander stark machen. Politiker verurteilen ebenfalls Rechtsextremismus und Fremdenfeindlichkeit, denn mit dem Leben in der Bundesrepublik sind Extremismus und Gewalt unvereinbar.

Insgesamt ist die Zahl der gewaltbereiten Rassisten in Deutschland nicht so hoch. Sie sind eine sehr kleine Minderheit in einer Gesellschaft, die schon längst multikulturell ist. Von derzeit 82 Millionen Menschen, die hier leben, stammen 7,3 Millionen aus dem Ausland. In Deutschland, das zeigen auch viele Statistiken, gibt es nicht mehr Ausländerfeindlichkeit als in anderen europäischen Staaten. Daher können Ausländer fast immer sicher in Deutschland leben.

source: Insa Wrede. *Deutsche Welle* 02.10 2008
http://www.dw-world.de/dw/article/0,2144,509421,00.html

die Schlagzeilen – *headlines*
der Grund – *reason*
überrascht – *surprised*
ausgiebig – *extensive*
ein wildfremder Mensch – *total stranger*

unterhaken – *to link arms with someone*
schunkeln – *to sway from left to right with your table partners*
fremdenfeindlich – *xenophobic*
der Anschlag – *attack*

der Verein – *club*
verurteilen – *to judge*
unvereinbar – *incompatible*
die Minderheit – *minority*

Übung 1 – Answer the following questions in English.

1. Explain the term *feierfreudig*.
2. What do the Germans do during *Karneval*? Give details.
3. How do most Germans react to attacks on foreigners?

Übung 2 – Indicate if you think the following statements are true or false.

1. Die Deutschen sind faul.
2. Die Deutschen trinken gerne Bier.
3. Die Deutschen tragen immer Lederhosen.
4. Die Deutschen demonstrieren gegen Fremdenfeindlichkeit.
5. Die Zahl der Rassisten in Deutschland ist hoch.

Schreiben

Äußerung zum Thema

Übung 1 – Der Text handelt von dem Image, das die Deutschen im Ausland haben. Äußern Sie sich kurz über das Image Ihres eigenen Landes. Ihr Kommentar sollte die folgenden Punkte beinhalten:

- Was denken Fremde über Irland und die Iren?
- Gibt es Ihrer Meinung nach Vorurteile gegenüber Iren im Ausland?
- Was ist wirklich richtig typisch irisch?
- Welche Stereotype treffen auf die Iren nicht zu?
- Glauben Sie, dass jede Nationalität ein bestimmtes Image hat? Nennen Sie ein anderes Land, außer Deutschland und Irland. Wie ist es zum Beispiel mit den Schotten oder mit den Briten?
- Wie kann man Vorurteile/Stereotype abbauen?

Hören

Track 17 **Übung 1 –** Sie hören jetzt ein Interview zum Thema „Karneval in Deutschland". Die Vokabeln dienen als Hilfestellung.

die Perücke – *wig*	merken – *to remember*
das Mittelalter – *Middle Ages*	das Kostüm – *costume*
der Umzug – *parade*	geschminkt – *wearing make-up*
der Schlachtruf – *battle cry*	Überraschung – *surprise*

»

Übung 2 – Beantworten Sie die folgenden Fragen auf Englisch.

1. Explain the term *Narr*. Can you find a similar word in English?

2. What is the origin of the German *Karneval*?

3. What is typical for the German Carnival festival? Give details.

4. Give three details about the *Rosenmontagsumzug*.

5. What do people shout out in the streets during the parade?

6. What happens if you arrive without a costume?

Übung 3 – Beantworten Sie die folgenden Fragen auf Deutsch.

1. Gibt es in Irland auch Karneval? Wenn nicht, gibt es dann ein ähnliches Fest? Was machen die Iren an diesem Fest?

2. Würden Sie auch gerne einmal zur Faschingszeit nach Deutschland fahren? Wenn ja, wohin und warum gerade in diese Stadt?

3. Als was würden Sie sich am liebsten verkleiden?

Übung 4 – Sehen Sie sich die Fotos vom Karneval in Deutschland genau an. Beschreiben Sie, was Sie sehen. Sammeln Sie relevante Vokabeln an der Tafel und diskutieren Sie Ihre Eindrücke.

Übung 5 – Wenn Sie mehr über das Thema „Fasching" erfahren möchten, suchen Sie im Internet nach interessanten Webseiten. Geben Sie zum Beispiel einfach einen der folgenden Begriffe in eine Suchmaschine ein:

♦ Karneval ♦ Fasching ♦ Fastnacht ♦ Karnevalsvereine ♦ Carnival in Germany

 Tipp! Das Thema „Karneval" eignet sich auch prima als Projekt für die mündliche Prüfung!

Grammatik

Präpositionen (*prepositions*)

In the previous two chapters, you have learned that certain prepositions take the accusative case and others take the dative case. Do you remember them? Find all 16 in this wordsearch!

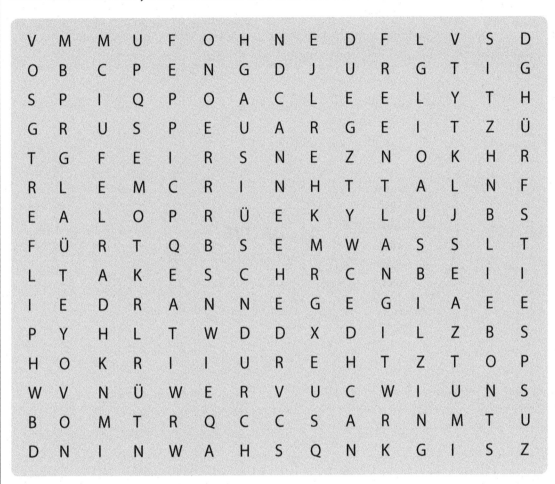

There is also a set of prepositions that can take **either** the accusative **or** the dative case:

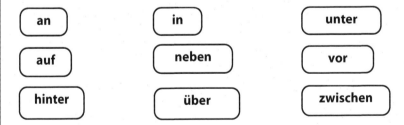

These prepositions take the **accusative** case when they are conveying the idea of **movement** from one place to another (these prepositions answer the question *where to?*)

≫

They take the **dative** case to describe something stationary, i.e. where there is **no movement** (these prepositions answer the question *where?*).

Example: Peter geht in **den** Garten. (he is moving into the garden: *where is he going to?*)
             Peter spielt in **dem** Garten. (he is already there and playing: *where is he?*)

Übung 1 – Look at the prepositions in the Venn diagram. The ones in the centre take both, accusative or dative case. Now, recall the prepositions from the two previous chapters. Write those prepositions that take the accusative case in the orange circle and those that take the dative case in the purple circle.

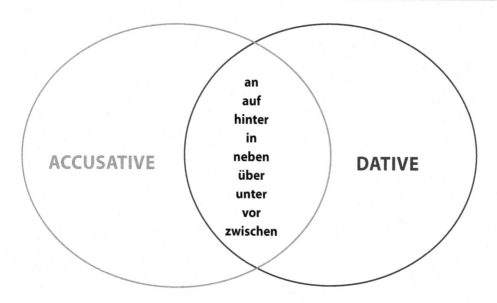

ACCUSATIVE

an
auf
hinter
in
neben
über
unter
vor
zwischen

DATIVE

Übung 2 – Write the prepositions from Übung 1 in the table below and translate them.

an	*at, on*
auf	…

Übung 3 – Look at the following images. They all show the prepositions in use. Decide for each whether the accusative or dative case should be used. Write sentences.

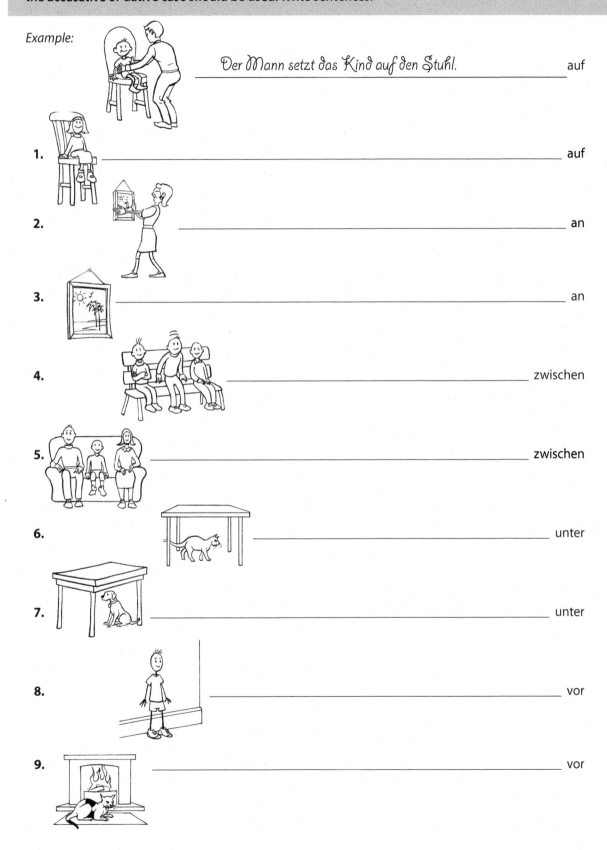

Example:

Der Mann setzt das Kind auf den Stuhl. auf

1. _____ auf

2. _____ an

3. _____ an

4. _____ zwischen

5. _____ zwischen

6. _____ unter

7. _____ unter

8. _____ vor

9. _____ vor

Übung 4 – Fill in the gaps in the text below using the definite article either in the accusative or the dative case.

Am __dem__ Weihnachtsabend geht die Familie Schmidt in _____ Kirche.

In _____ Kirche sitzt Frau Schmidt neben _____ Fenster. Der Sohn sitzt zwischen _____ Großeltern. Alle singen Weihnachtslieder und die Stimmung ist festlich.

Nach der Messe laufen die Eltern schnell nach Hause, denn es gibt heute Abend noch die Geschenke für die Kinder. Sie freuen sich schon riesig auf _____ Geschenke und _____ gemütlichen Abend zusammen.

Die Kinder kommen in _____ Wohnzimmer. Sie staunen. Der Weihnachtsbaum ist schön geschmückt. Es leuchten die Kerzen, Kugeln und Dekorationen, und unter _____ Baum liegen viele Geschenke. Die Mutter legt noch schnell das Geschenk für den Vater unter _____ Baum und hängt den heruntergefallenen Weihnachtsstrumpf an _____ Kamin. Nach der Bescherung sitzen alle vor _____ Feuer und genießen die Atmosphäre.

Sprechen

Übung 1 – Sie sind zurzeit an einer Schule in Deutschland und machen einen Schüleraustausch. Ein deutscher Schüler interviewt Sie für die Schülerzeitung.

Arbeiten Sie zu zweit. Beantworten Sie die Fragen mündlich, indem eine Person der Interviewer (I) ist und die andere Person der Befragte (B). Tauschen Sie dann die Rollen.

I: Guten Tag. Herzlich willkommen bei dem Interview.

B: Vielen Dank.

I: Also, gut. Wie heißt du, bitte, wie alt bist du und woher kommst du?

B: _____

I: Und du machst zurzeit einen Schüleraustausch mit unserer Schule.

     Wie lange bist du hier in Deutschland, und wie findest du es bis jetzt?

B: _____

I: Wie viele Personen gibt es in deiner Gastfamilie?

B: _____

I: Ist das Leben in einer deutschen Familie anders? Nenn uns ein paar Beispiele.

     Was hast du bemerkt?

B: _____

>>

I: Wie findest du das deutsche Essen? Was schmeckt dir überhaupt nicht und was vermisst du von zu Hause?

B: _____

I: Und wie ist das mit der Schule? Was ist an deiner Schule anders im Vergleich mit unserer Schule?

B: _____

I: Zum Schluss noch eine Frage zum Thema „Schüleraustausch".

Wie hat dir der Austausch gefallen? Was war dein schönstes Erlebnis hier?

Und warum würdest du einen Austausch empfehlen?

B: _____

I: Super. Vielen Dank für das Interview und noch viel Spaß in Deutschland.

B: _____

 Tipp! This exercise is very similar to the roleplay you will encounter in your Leaving Certificate Oral Exam.

Lesen

Leseverständnis 3

Auf der Suche nach Europa

Was ist der „Geist von Europa"? So lautete die Frage unseres großen Europa-Wettbewerbs im *JUMA* 1/2000. Zahlreiche Schulklassen und Lerngruppen aus vielen Ländern haben an unserem Wettbewerb teilgenommen. Hier ist eine kleine Auswahl der eingesandten Beiträge.

Eine europäische Liebesgeschichte

Wir gehen in La Guerche zur Schule. Das ist eine Kleinstadt in Frankreich. Dort lebt das Ehepaar Chrétien. Sie ist Österreicherin, er ist Franzose. Sie haben sich in Genf in der Schweiz kennen gelernt. Er hat da als Konditor und sie als Au-pair-Mädchen gearbeitet. Jetzt sind sie verheiratet und haben zwei Söhne. In den Regalen ihrer Konditorei findet man neben französischem Baguette auch österreichischen Apfelstrudel.

Collège Claude Débussy, La Guerche, Frankreich

≫

„Ja!" zu Europa

Die Freiheit ist das Wichtigste in Europa. Wir als Bulgaren fühlen, dass unser Weg nach Europa sehr schwierig sein wird. Europa ist wach, aber wir schlafen immer noch. Wir leben immer noch in der Vergangenheit und jeder verlässt sich auf sein Schicksal. Die meisten Bulgaren sind altmodisch. Sie können die Vorteile einer gemeinsamen europäischen Zukunft nicht erkennen. Ich wünsche mir, dass der Geist Europas nach Bulgarien kommt, damit die Menschen wach werden. Nur wir, die jungen Leute, können unser Vaterland vorwärts bringen.

Fremdsprachengymnasium Christo Botev, Kardshali, Bulgarien

Europäisches Haus

In Europa gibt es viele Länder, die sich voneinander unterscheiden. Trotzdem gehören alle zum großen „Haus Europa" und seine Bewohner bemühen sich, das Leben darin so angenehm wie möglich zu gestalten. Ein Teil von Russland gehört geografisch auch zu Europa, aber politisch und wirtschaftlich gibt es leider noch große Unterschiede.

Schule 1, Klasse 10, Ostrow, Pskower Region, Russland

Reich an Sehenswürdigkeiten

Moskau, die Hauptstadt Russlands, ist für mich eine sehr europäische Stadt. Sie ist reich an Sehenswürdigkeiten und damit für Touristen sehr interessant: Es gibt viele kleine Gassen mit alten Häusern, schöne Kirchen mit großen Kuppeln, Klöster und Paläste, Denkmäler, Parks und Grünanlagen – so wie in London, Paris und Berlin.

Polina Kalinina, Klasse 10 D, Wladimir, Russland

wach – *awake*	sich bemühen – *to make an effort*
die Vergangenheit – *past*	der Unterschied – *difference*
das Schicksal – *destiny*	die Sehenswürdigkeiten – *sights*
altmodisch – *old-fashioned*	die Gasse – *street*
erkennen – *to recognise*	das Denkmal – *memorial*
unterscheiden – *to distinguish*	

source: *JUMA* Tipp 1/2001, Seite 42

Übung 1 – Markieren Sie die Aussage im Text, die Ihrer Meinung nach zutrifft. Überlegen Sie: Was bedeutet die Europäische Union für mich?

Übung 2 – Was ist Ihre Meinung? Schreiben Sie auch einen kurzen Beitrag zum Thema „Geist von Europa". Die folgenden Fragen dienen zur Hilfestellung.

1. Welche Rolle spielt Europa für Ihr Heimatland?

2. Warum wollen Länder der EU beitreten, glauben Sie?

3. Was halten Sie von der einheitlichen Währung in Europa. Was sind die Vor- und Nachteile einer gemeinsamen Währung?

Übung 1 – Denken Sie gemeinsam mit der Klasse über typische Hochzeitsrituale nach. Was ist Tradition bei einer irischen Hochzeit? Kennen Sie auch noch andere Sitten und Gebräuche bei Hochzeiten aus anderen Ländern?

Übung 2 – Lesen Sie den Text und informieren Sie sich zum Thema „Hochzeitsrituale in Deutschland".

Hochzeitsrituale in Deutschland

Sägen: In einigen Regionen wird nach der Trauung ein auf einem Sägebock liegender Holzstamm gemeinsam von Braut und Bräutigam zersägt. Man verwendet dafür eine Schrotsäge, bei der es darauf ankommt, stets abwechselnd zu ziehen, damit sie sich nicht verklemmt. Dieser Brauch steht für die gemeinsame, gleichberechtigte Arbeit, die das Brautpaar in ihrer Ehe versuchen möchte. Er symbolisiert die notwendige Balance von Reden und Hören, von Aktivsein und Seinlassen und die notwendige Aufmerksamkeit für die jeweiligen Bedürfnisse des Partners.

die Trauung – *wedding*
abwechselnd – *alternately*
verklemmen – *to get stuck*
gleichberechtigt – *equal*
die Bedürfnisse – *needs*

Der *Polterabend* ist ein sehr alter Brauch, der vermutlich noch aus vorchristlichen Zeiten stammt. Durch das Zerschlagen von Steingut und Porzellan sollen böse Geister vertrieben werden. Keinesfalls darf Glas zerschlagen werden, da es als Unglückssymbol gilt. Die Scherben müssen vom zukünftigen Brautpaar gemeinsam zusammengekehrt werden. Traditionell findet der Polterabend am Tag vor der Trauung statt.

der Brauch – *custom*
zerschlagen – *to smash*
der Geist – *ghost*
das Unglück – *bad luck*
zusammenkehren – *to brush together*

Brautentführung: Meist sind es die guten Freunde, die die Braut entführen. Dabei ziehen die Entführer mit der Braut von Kneipe zu Kneipe, wobei der Bräutigam jedes Mal die Rechnung zahlen soll. Heute wird es meist toleranter gehandhabt. Die Entführer gehen an einen bestimmten Ort, z.B. ein öffentliches Gebäude, und

die Entführung – *abduction*
der Entführer – *kidnapper*
die Braut – *bride*
der Bräutigam – *groom*
die Hinweise – *tips*
das Auslösen – *release*
die Darbietung – *performance*
Ähnliches – *something similar*

≫

hinterlassen ein paar Hinweise, um die Suche zu erleichtern. Das Auslösen kann mit einer Aufgabe für den Bräutigam verbunden sein, beispielsweise eine künstlerische Darbietung, abwaschen für die nächsten Wochen, oder Ähnlichem.

Brautschuh: Früher war es Brauch, dass die Braut ihre Brautschuhe von gesparten Pfennigen bezahlte. Heute wird dieser Brauch mit Euro-Cents fortgeführt. Dadurch soll die Sparsamkeit der Braut symbolisiert werden. Während der Hochzeitsfeier gibt es den Brauch der *Brautschuhversteigerung*. Der Braut wird ihr Schuh „entwendet". Anschließend wird der Schuh unter den Hochzeitsgästen symbolisch versteigert. Dabei legen die Gäste ihre Gebote in den Brautschuh. Zum Schluss ersteigert

der Bräutigam den Schuh samt den bis dahin eingeworfenen Beträgen. Das Geld bleibt beim Brautpaar, der Bräutigam gibt den Schuh an seine Braut zurück.

Reis: Oft wird das Brautpaar, während es nach der Hochzeitszeremonie aus der Kirche kommt, mit Reis beworfen. Dies steht für den Wunsch nach einer fruchtbaren und kinderreichen Ehe.

> die Versteigerung – *auction*
> entwendet – *taken away*
> das Gebot – *bid*
> der Betrag – *amount*
> fruchtbar – *fertile*

Streiche: In manchen Gegenden ist es auch Brauch, dem Brautpaar einen Streich in dessen Wohnung zu spielen.

- ◆ Gegenstände der Wohnung werden versteckt oder umgeräumt. Zum Beispiel Konservendosen ins Badezimmer, Bücher vom Wohnzimmer in andere Räume.

- ◆ Einfrieren des Schlafzimmerschlüssels. Den „Weg" von der verschlossenen Schlafzimmertür bis zur Gefriertruhe wird mit Aufgaben versehen, die zuerst zu lösen sind.

- ◆ Verstecken von mitgebrachten Weckern, die auf nächtliche Uhrzeiten programmiert sind.

- ◆ Hartkochen von Eiern im Kühlschrank, Vertauschen von Salz und Zucker.

- ◆ Mit Wasser gefüllte Pappbecher versperren den Zugang zur Wohnung (Treppenhaus) oder zu Zimmern (Bad/Schlafzimmer).

- ◆ Schlafzimmer präparieren z.B. mit Luftballons füllen, Rosenblätter auf dem Bett und Boden verstreuen …

> der Streich – *trick*
> der Gegenstand – *object*
> lösen – *to solve*
> vertauschen – *to switch*
> versperren – *to obstruct*
> der Zugang – *entrance*
> präparieren – *to prepare*

Übung 3 – Diskutieren Sie Ihre Eindrücke. Sind Sie überrascht? Welche Tradition finden Sie am interessantesten?

Vokabeln zu Kapitel 11

Learn the vocabulary regularly. Use the empty columns for practice.

Deutschland – Irland			
der Vergleich	comparison		
das Stereotyp	stereotype		
das Vorurteil	prejudice		
voreingenommen	prejudiced, biased		
die Vorstellungen	ideas, expectations		
typisch	typical		
pünktlich	punctual		
gastfreundlich	hospitable		
der Umzug	parade		
feiern	to celebrate		
gut gelaunt	good humoured		
ausgelassen	lively, happy		
fröhlich	happy		
das Kostüm	costume		
die Verkleidung	disguise		
sich verkleiden	to dress up		
anders	different		
Europa			
die Europäische Union	European Union		
die Unionsländer	union countries		
die Mitgliedsländer	member states		
beitreten	to join		
gemeinsam/zusammen	together		
der Handel	trade		
die Verhältnis/die Beziehung	relationship		
die Politik	politics		
das Parlament	parliament		
die gemeinsame Währung	common currency		

Useful Phrases

Die Iren feiern gerne und trinken gerne Alkohol.	*The Irish like to party and drink alcohol.*
Sie sehen Irland als ein Land der Dichter.	*They see Ireland as a country of poets.*
Sie sehen Irland als romantische Insel mit grünen Wiesen und Schafen.	*They see Ireland as a romantic island with green fields and sheep.*
Manche Iren können sehr laut sein, wenn sie im Urlaub sind.	*Many Irish people can be very loud on holidays.*
Sie denken, dass alle Iren rote Haare und Sommersprossen haben.	*They think that all Irish people have red hair and freckles.*
Guinness ist typisch irisch.	*Guinness is typically Irish.*
Nicht alle Iren …	*Not all Irish people …*
Jede Nationalität hat ein stereotypes Bild.	*Every nationality has a stereotypical image.*
Die Italiener haben einen feurigen Charakter.	*The Italians have a fiery nature.*
Die Osteuropäer sind sehr fleißig.	*The eastern Europeans are very hard working.*
Man sollte ins Land reisen und die Menschen richtig kennen lernen.	*One should travel to the country and get to know the people properly.*
Die EU bietet Zuschüsse und finanzielle Unterstützung.	*The EU offers benefits and financial support.*
Wir verlieren unsere Identität.	*We are losing our identity.*
Die Währung allein macht uns nicht zu dem, wer wir sind.	*The currency alone does not make us who we are.*
Die einheitliche Währung ist sehr praktisch.	*The common currency is very practical.*
Die EU ist eine starke Macht.	*The EU is a powerful force.*

Kapitel 12

Drogen und Jugendprobleme

Übung 1 – Überlegen Sie ... Welche Drogen sind Ihrer Meinung nach in unserer Gesellschaft ein Problem für die heutige Jugend? Was sind die Folgen von Drogenkonsum? Sind Alkohol und Zigarettenkonsum heutzutage ein wichtiger Teil der Jugendkultur? ...

Sammeln Sie so viele relevante Wörter wie möglich und vervollständigen Sie die Grafik (*mind map*) zusammen mit einem Partner oder alleine. Besprechen Sie die neuen Wörter mit der Klasse.

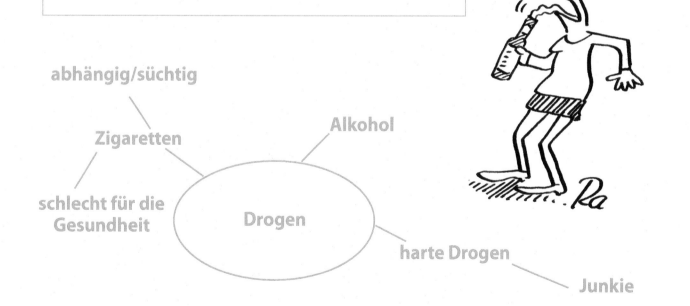

Hören

Tracks 18–20 Übung 1 – Sie hören jetzt drei Beiträge zum Thema „Drogen". Beantworten Sie die folgenden Fragen. Die Vokabeln unten dienen als Hilfestellung.

Teil 1

1. What does the Anti-Doping Agency plan to do as a result of rising positive doping tests?

2. How many tests did the NADA do altogether?

Teil 2

3. What was the elephant addicted to?

4. How much higher was his dose of methadone?

Teil 3

5. What is the percentage of German men who smoke?

6. Mention two professions where the number of smokers is high.

Schreiben

Übung 1 – Sehen Sie sich die beiden Cartoons an. Was denken Sie über das Rauchen? Äußern Sie sich kurz zum Thema, indem Sie die folgenden Fragen beantworten.

1. Rauchen viele Jugendliche in Ihrem Freundeskreis?

2. Was denken Sie darüber? Warum rauchen Jugendliche?

3. Was passiert, wenn man in der Schule beim Rauchen erwischt wird?

4. Gibt es in Irland ein Rauchverbot? Wo darf man nicht rauchen? Was denken die Raucher darüber?

5. Welche Gefahren des Rauchens sind Ihnen bekannt?

Lesen

Leseverständnis 1 (leicht)

Jugendliche und Drogen – eine verhängnisvolle Affäre

Malte steht wie immer mit seinen Freunden nach der Schule noch ein bisschen zusammen und raucht genüsslich eine Zigarette auf den wohlverdienten Feierabend. Malte ist 12 Jahre alt. Und Malte ist damit nicht allein. Immer häufiger sieht man in der Öffentlichkeit Kinder und Jugendliche zur Zigarette greifen. Obwohl dies offiziell verboten ist, scheinen die Erstkonsumenten von Nikotin und Alkohol immer jünger zu werden.

Eine internationale Studie hat gezeigt, dass jeder vierte 15-jährige Junge und 27 Prozent der gleichaltrigen Mädchen in der Bundesrepublik täglich zur Zigarette greifen. Ebenso trinken 15 Prozent der 13-Jährigen und fast die Hälfte der 15-Jährigen wöchentlich Alkohol. Die deutschen Jugendlichen gehören damit zu den Spitzenreitern in Europa.

Diesen Trend entdeckte u. a. auch die Spirituosenindustrie und lockt seit kurzem ihre jugendliche Zielgruppe mit alkoholhaltigen Limonaden. Diese „Alkopops" schmecken süß, der enorme Alkoholgehalt ist kaum zu schmecken und sie zeigen trotzdem ihre berauschende Wirkung – der ideale Einstieg in den Alkoholismus. Zwar sind „Alkopops" wegen der höheren Steuer teurer, doch die Jugendlichen kaufen sie trotzdem. Die Gesellschaft ist sich einfach nicht bewusst, dass Jugendliche in diesem Maße Alkohol und Nikotin konsumieren.

So werden oft Abhängigkeiten von legalen Drogen wie Alkohol, Nikotin, Koffein oder Medikamenten bei Jugendlichen und Kindern zu spät oder meist gar nicht erkannt. Deshalb müssen wir uns leider schon seit langem damit abfinden, dass die eine oder andere Sucht bereits bis ins Kinderzimmer eingedrungen ist.

source: http://www.hoppsala.de/index.php?menueID=35&contentID=625

verhängnisvoll – *fatal*	u. a. (unter anderem) – *amongst others*	die Steuer – *tax*
der Genuss – *pleasure*	locken – *to lure*	sich mit etwas abfinden – *to come to terms with*
der Feierabend – *finishing time*	berauschend – *intoxicating*	
der Spitzenreiter – *front runner*	der Einstieg – *stepping stone, entrance*	die Sucht – *addiction*
		eindringen – *to enter, invade*

Übung 1 – Beantworten Sie die folgenden Fragen.

1. Wie viele der Jungen rauchen?
2. Wie hoch ist die Prozentzahl bei den Mädchen?
3. Trinken Jugendliche viel Alkohol?
4. What is it that makes alcopops so dangerous?
5. Why are they more expensive than other drinks?
6. What has already invaded children's bedrooms?

Schreiben

Der Generationenkonflikt

Übung 1 – Übersetzen Sie die folgenden Sätze ins Englische.

1. Manchmal ist es schwierig für die ältere Generation, die jüngere Generation zu verstehen.

2. Junge Menschen haben nicht so viel Erfahrung wie ältere Menschen.

3. Kinder hören nicht gerne auf ihre Eltern.

4. Die junge Generation sieht die Erwachsenen als altmodisch.

5. Einige ältere Menschen sind aber auch sehr aufgeschlossen und interessiert.

6. Verschiedene Lebensanschauungen verursachen oft Streit zwischen Eltern und Kindern.

7. Die junge Generation hat andere Ansichten, was zum Beispiel Alkohol, Rauchen und das Ausgehen angeht.

8. Manche Eltern kommen nicht gut mit ihren eigenen Kindern aus.

9. Oft sind Eltern verzweifelt, wenn sie eine schlechte Beziehung zu ihrem Kind haben.

**Übung 2 – Überlegen Sie. Fallen Ihnen auch noch ein paar Gründe zum Thema „Generationenkonflikt"
ein? Schreiben Sie noch drei eigene Sätze wie in Übung 1 oben.**

**Übung 3 – Sehen Sie sich die zwei Comics oben an. Beschreiben Sie kurz, was Sie auf den Bildern sehen.
Was, denken Sie, möchte der Künstler hier mit Humor vermitteln?**

Die Musikindustrie und Drogen

Musik und Drogen scheinen untrennbar miteinander verbunden zu sein.
Sei es nun Rock, Punk, Reggae, Techno oder auch Hiphop – all diese
Kulturen entstanden aus und mit ihrer Musik. All diese Kulturen haben
ihre eigenen Drogen, und Künstler machen Drogen zum Inhalt ihrer
Songs, und die Musikindustrie verkauft diese Stücke und verdient mit
ihnen viel Geld.

Die Absicht der Musikindustrie ist eindeutig: Geld mit Musik zu
verdienen. Der Musikindustrie scheint es prinzipiell egal, ob die Künstler
und ihre Fans Drogen nehmen, Hauptsache, sie kaufen das Produkt.

Als der Reggae zu einem weltweiten Siegeszug ansetzte, war der
Gewinner die Musikindustrie. Fast in jedem Song wurde über Ganja
gesungen, die traditionelle Droge der Rastafaris, besser bekannt als
Marihuana. Trotz massiver Proteste von besorgten Eltern und dem Versuch, diese Musik aus dem Radio zu
verbannen, verkaufte die Musikindustrie Millionen von Schallplatten von Bob Marley oder Peter Tosh. Damit
machte sie Songs über Marihuana auch den Menschen zugänglich, die bisher über Marihuana kaum etwas
wussten.

Würde ein Verbot von Texten über Drogen und Sucht etwas an der Situation ändern, dass Drogen genommen
werden? Die Antwort ist so kurz wie sie klar sein kann: Nein. Musik wird nicht wegen der Drogen gehört,
sondern eben wegen der Musik.

Der Musikindustrie ist vorzuwerfen, dass sie mit Drogensucht ihrer Stars Werbung macht. Jeder Skandal
steigert die Verkaufszahlen. Und wenn es darum geht, mehr zu verkaufen, vergisst man leicht, dass Stars auch
Vorbild sind: Idole finden Nachahmer.

Wäre es besser, wenn Menschen erst gar nichts
über Drogenkonsum von Musikern und deren
Probleme erfahren?

die Absicht – *aim*	vorwerfen – *to accuse*
eindeutig – *clear*	die Werbung – *advertisement*
der Versuch – *attempt*	die Nachahmer – *copy cats*
zugänglich – *available*	die Grenze – *border, limit*

Mozarts Alkohol- und Sexsucht missfiel den
Herrschern seiner Zeit, doch seine Musik war so
wundervoll, dass man das Verhalten des Genies tolerierte. Hätte Mozart nicht musizieren und komponieren
dürfen, weil er Alkoholiker war?

Musik liefert ein Bild über unsere Gesellschaft, und sie bietet eine Flucht aus den Grenzen der Gesellschaft.
Künstler verarbeiten ihre Erfahrungen, ihre Sichtweisen in Musik, und es ist gut, dass ihnen nicht verboten
wird, dabei Kritik zu äußern, Gefühle zu beschreiben – und auch Drogenexzesse.

source: http://www.deutschlern.net/aufgabe.php?show=15&lc=139&id=475

**Übung 1 – Der Text behandelt ein interessantes Thema. Was ist Ihre Meinung dazu? Stimmen Sie der
Aussage zu? Glauben Sie auch, dass Musik und Drogen eng miteinander verbunden sind? Notieren Sie ein
paar wichtige Stichpunkte. Sammeln Sie Ihre Ideen gemeinsam mit Ihrem Partner und diskutieren Sie das
Thema in der Klasse.**

Vokabeln zu Kapitel 12

Learn the vocabulary regularly. Use the empty columns for practice.

rauchen	to smoke		
das Rauchverbot	smoking ban		
der Nichtraucher	non-smoker		
der Kettenraucher	chain smoker		
die rauchfreie Atmosphäre	smoke-free environment		
das Gesetz	law		
der Gestank	stink		
die Folgen	consequences		
ungesund	unhealthy		
Krebserregend	carcinogenic		
der Lungenkrebs	lung cancer		
Alkohol	alcohol		
betrunken/blau/besoffen	drunk		
saufen	to booze, drink		
der Alkoholiker	alcoholic		
Alkohol am Steuer	driving under the influence of alcohol		
abhängig	dependent		
süchtig	addicted		
unkontrollierbar	uncontrollable		
die Einstiegsdroge	starter drug		
die harten Drogen	hard drugs		
der Freundeskreis verändert sich	circle of friends changes		
der Abstieg	decline, descent		
miteinander auskommen	to get on with each other		
die Erfahrung	experience		

Useful Phrases

Viele Jugendliche rauchen, denn sie denken, das ist cool.	*A lot of young people smoke, as they think it's cool.*
Rauchen ist nicht mehr in.	*Smoking is no longer 'in'.*
Rauchen gehört einfach dazu.	*Smoking is just part of it.*
Man bekommt einen Brief an die Eltern.	*One gets a letter home to the parents.*
Der Direktor telefoniert mit den Eltern und man muss nachsitzen.	*The principal calls the parents and one gets detention.*
Manchmal bekommen wir eine Strafarbeit auf.	*Sometimes we get extra work.*
Das Rauchverbot wurde 2003 eingeführt.	*The smoking ban was introduced in 2003.*
Das Verbot kommt sehr gut an/wird akzeptiert.	*The ban is well accepted.*
Es macht den Rauchern nichts aus, draußen zu rauchen.	*Smokers don't mind having to smoke outside.*
Wenn man der einzige Nichtraucher in einer Gruppe ist, passiert es schon mal, dass man ganz alleine am Tisch sitzt.	*If you are the only non-smoker in a group, it does occasionally happen that you are left all on your own at the table.*
Die Raucher waren am Anfang genervt/sauer/wütend, aber jetzt haben sie sich ans Rauchen im Freien gewöhnt.	*The smokers were annoyed/angry/mad at the beginning, but now they are used to smoking outside.*
Es funktioniert ohne Probleme.	*It works without problems.*
Die Kneipen sind jetzt angenehm rauchfrei.	*Pubs are now pleasantly smoke free.*
Die Regierung erhöht die Steuern auf Tabak.	*The government increases tabacco tax.*
Es ist einfach an Alkohol zu kommen.	*It is easy to get alcohol.*
Die Geschäfte überprüfen nur selten das Alter.	*Shops rarely check people's age.*
Die Regierung versucht, strengere Gesetze einzuführen.	*The government tries to introduce stricter laws.*
Die Regierung fühlt sich machtlos.	*The government feels powerless.*
Irgendjemand besorgt einem immer Alkohol.	*Someone will always get you alcohol.*
Eine Party ohne Alkohol ist keine Party.	*A party without alcohol is not a party.*
Irland hat eine Trinkkultur.	*Ireland has a drinking culture.*
Alkohol gehört einfach dazu.	*Alcohol is simply part of it.*
Viele Unfälle auf den Straßen werden von Betrunkenen verursacht.	*A lot of accidents on the roads are caused by drunk drivers.*
Er sieht die Welt mit anderen Augen.	*He sees the world through different eyes.*

Zum Aufwärmen

Lesen

Leseverständnis 1 (leicht)

Sind Computer die besseren Lehrer?

Wenn Andreas, 18, nachmittags aus der Schule kommt, schaltet er als Erstes den Computer ein. Über das Internet hält er Kontakt zu Freunden in der ganzen Welt. Schnell schaut er noch einmal nach, wer seine Homepage angeklickt hat. Dann programmiert er auf seinem PC. Für seine Eltern und seine Lehrer ist es ein kleines **Wunder**, dass Andreas zum Multimediaexperten wurde. Vor fünf Jahren schenkte ihm sein Vater einen alten Firmencomputer. Seitdem ist Andreas wie **verwandelt**, meint seine Mutter.

Andreas galt früher als Sorgenkind. Er war still und kontaktscheu. „Nur in der Schule spielte er den Klassenclown", erklärt sie. Weil er die geforderten **Leistungen** in der Grundschule nicht erbrachte, musste er zur Sonderschule wechseln. Damals ahnte niemand, was eigentlich in ihm steckt. Erst als er sich das Programmieren am Computer selbst beibrachte, wurden die Eltern **stutzig** und organisierten eine ärztliche Untersuchung. Bei der stellte man überraschend fest, dass ihr Sohn überdurchschnittlich intelligent ist. In der Schule war er unterfordert und langweilte sich. Erst der Computer brachte Andreas' wirkliche Talente hervor.

Sind Computer tatsächlich die besseren Lehrer? Experten überrascht diese Entwicklung von Andreas' Leben nicht. „Der Computer **drängelt** und kritisiert nicht und lässt den Kindern ihre eigene Lerngeschwindigkeit", so Prof. Dr. Horst Schleifer, Sonderschulbeauftragter der Pädagogischen Hochschule Freiburg. Andreas hat jetzt nur noch ein Ziel vor Augen:

Er möchte auch beruflich etwas mit Computern machen.

die Sonderschule – *special school*
ahnen – *to suspect*
die Untersuchung – *examination, investigation*
überdurchschnittlich – *above average*

source: Petra Kroll. *JUMA* 2/2002.
http://www.juma.de/.v.php?fl=2002/j2_02/juneu222.htm

Übung 1 – Schlagen Sie die **fett gedruckten** Vokabeln im Wörterbuch nach. Tragen Sie die neuen Wörter dann in Ihr Vokabelheft ein.

Übung 2 – Beantworten Sie die folgenden Fragen auf Englisch.

1. What does Andreas do when he comes home?

2. Why did he not transfer to a *Gymnasium* after primary school?

3. What did the medical examination show?

4. What are the advantages of learning with a computer?

Schreiben

Bildergeschichte

Übung 1 (leicht) – Look at the above picture story. First, complete the account of the first picure by correctly inserting the phrases from the boxes on page 187. Then give a short acount of the remaining four pictures in your own words.

Es ist Donnerstag und _____. Karl _____, er

hasst Erdkunde und er holt sein Handy aus der Tasche. Unter dem Tisch schreibt er

_____ an Susanne …

heimlich eine SMS   ist langweilig   die Schüler haben Erdkundeunterricht

Äußerung zum Thema

Übung 2 (schwer) – Äußern Sie sich schriftlich zu einem der zwei folgenden Themen.

Handy
Welcher Hersteller bringt gerade mal wieder ein neues Modell auf den Markt? Was ist gerade top aktuell? Besonders Jugendliche sind in diesem Bereich immer bestens informiert. Das Handy ist einfach aus unseren Leben nicht mehr wegzudenken. Unsere Handys sind schon lange nicht mehr nur zum Telefonieren, sie dienen auch als Telefonbuch, Kalender, Wecker, MP3-Spieler, Kamera, um nur einige Funktionen zu nennen. Wir benutzen sie täglich und überall. Manche finden sie nervig, andere können ohne das Handy in der Tasche nicht mehr aus dem Haus. Was denken Sie? Äußern Sie sich zum Thema „Handy". Ihre Antwort sollte die folgenden Punkte beinhalten:
- Warum sind Handys praktisch?
- Wann nerven Handys?
- Wie bezahlen Sie für Ihr Handy?
- Wie jung dürfen Ihrer Meinung nach Handybenutzer sein?
- Dürfen Sie in der Schule ein Handy benutzen?
- Wäre es nicht manchmal schön, einfach nicht erreichbar zu sein?
- Glauben Sie, dass manche Jugendliche sich unter Druck gesetzt fühlen, immer wieder das beste und neueste Handy zu haben?

Das Internet
Ein Leben ohne das Internet wäre heutzutage überhaupt nicht mehr denkbar. Google, Yahoo, Bebo und Facebook sind nur einige der Websites, die wir täglich besuchen. Aber das Internet hat nicht nur Vorteile, es bringt auch Gefahren mit sich. Äußern Sie sich kurz zum Thema „Jugendliche und das Internet". Ihre Antwort sollte die folgenden Punkte beinhalten.
- Haben Sie einen Computer mit Internetanschluss zu Hause? Wenn ja, für was benutzen Sie das Internet?
- Wenn nein, haben Sie vielleicht woanders Zugang zum Internet?
- Denken Sie, Eltern sollten kontrollieren, welche Webseiten ihre Kinder besuchen?
- Glauben Sie, *social network sites* wie Bebo oder Facebook können auch gefährlich werden?
- Kennen Sie Fälle, wo Schüler auf solchen Seiten gemobbt wurden?
- Wie viel Zeit verbringen Sie täglich am Computer?
- Denken Sie, dass Sie einen Monat ohne Ihren Computer auskommen könnten?

Lesen

Übung 1 – Lesen Sie die Handy-Sprüche und versuchen Sie dann selbst mal eine amüsante Nachricht auf Deutsch zu schreiben. Arbeiten Sie zu zweit und tragen Sie dann Ihren Spruch/Gedicht der Klasse vor.

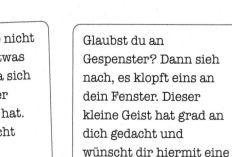

SMS – Schick mir Sprüche!

Textnachrichten per Mobiltelefon, kurz SMS, sind beliebt, weil sie billig sind. Auch Hobbydichter haben das Medium entdeckt: Die coolen Sprüche und witzigen Gedichte haben höchstens 160 Zeichen. Doch damit kann man eine ganze Menge sagen …

Hallo Schatzi, bitte nicht böse sein. Werde etwas später kommen, da sich mein Hund an einer Hand festgebissen hat. War zum Glück nicht meine!
andrea maus 20

Glaubst du an Gespenster? Dann sieh nach, es klopft eins an dein Fenster. Dieser kleine Geist hat grad an dich gedacht und wünscht dir hiermit eine GUTE NACHT!

Verzweiflung. Links Abgrund, rechts Polizei, vorne Elefant, hinten Hubschrauber. Angst. Runter vom Kinderkarussell, du bist zu alt dafür!

Man sagt, die größten Schätze liegen unter der Erde … aber ich kann dich doch nicht einfach eingraben.

Senden Sie diese SMS an 5 Ihnen bekannte Handys! Ansonsten wird eine 1-stündige kostenpflichtige Verbindung nach Timbuktu aufgebaut.

Diese Ausstrahlung, dieses Lächeln, diese Intelligenz, dieses hübsche Gesicht, diese wunderschönen Augen! Doch genug von mir. Wie geht es dir?

Hi. Ich hab grad nen Anruf aus dem Himmel erhalten. Die vermissen einen Engel. Aber keine Sorge, ich habe dich nicht verraten!

Mit dieser SMS wollte ich dich ablenken dich zwingen an mich zu denken und dir ein Küsschen schenken.

Du suchst Kontakt? Versuch's mal an der Steckdose!

source: *JUMA* 1/2002. http://www.juma.de./2002/j1_02/handy.htm

Hilfe!

Hier noch ein paar Kürzel, um SMS-Nachrichten auf Deutsch zu schreiben:

8ung – achtung	bpG – bei passender	EB – echt blöd
akla – alles klar?	Gelegenheit	FANTA – fahr noch tanken
bb – bis bald	braduhi? – brauchst du Hilfe?	G&K – Gruß und Kuss
bbb – bis bald Baby	BSE – bin so einsam	GG – großes Grinsen
bd – brauche dich	bvid – bin verliebt in dich	GLG – ganz liebe Grüße
bgs – brauche Geld sofort	daD – denk an dich	gn8 – gute Nacht
bibalur – bin bald im Urlaub	daM – denk an mich	GN – geht nicht
bidunowa – bist du noch wach	dd – drück dich	hdl – hab dich lieb
bigbedi – bin gleich bei dir	ddf – drück dich fest	MAD – mag dich
biglezuhau – bin gleich zu	div – danke im Voraus	mfg – mit freundlichen Grüßen
Hause	DN! – du nervst	
bmvl – biege mich vor Lachen	dubido – du bist doof	

Lesen

Leseverständnis 2 (schwer)

Medien verändern die Freizeit Jugendlicher dramatisch – oder?

Jeder kann es sehen, manch einer schüttelt den Kopf, einige fühlen sich gestört – besonders in öffentlichen Räumen: Das Handy ist im Alltag 12- bis 19-Jähriger nicht mehr wegzudenken:

Besaßen 1998 gerade 8 % der Jugendlichen ein Handy, sind es 2004 schon 90 %! – ein Beispiel dafür, wie technische Entwicklungen innerhalb kürzester Zeit ein Teil des täglichen Lebens werden. Zur festen Ausstattung von **Jugendzimmern** gehört inzwischen auch andere Informations-, Kommunikations- und **Unterhaltungselektronik**. Hi-Fi-Anlagen und das Fernsehgerät sind selbstverständlich geworden und digitale Medien wie Computer, Spielkonsolen, **Internetzugänge**, DVD- und MP3-Player sind mit großen Schritten auf dem Vormarsch. Da stellt sich die Frage, ob bei Jugendlichen noch Zeit für andere **Freizeitbeschäftigungen** bleibt.

- 1998 beschäftigten sich erst 48 % fast täglich mit dem Computer, aber 2004 sind es schon 71 %.
- Das Internet wurde 1998 von gerade 5 % regelmäßig besucht, aber 2004 gibt es schon 53 % 12- bis 19-jährige regelmäßige **Internetnutzer**.
- Werden dabei andere **Freizeitaktivitäten** zunehmend vernachlässigt?

Tatsache ist: Es wird immer noch regelmäßig ferngesehen, Musik gehört, mit Freunden etwas unternommen. Selbst das Nichtstun, Sport treiben und das **Bücherlesen** haben keine besonderen „Verluste" erlebt. Dazugekommen ist die Zeit, die am Computer und im Internet verbracht wird.

Woher bekommen die Jugendlichen dafür noch Zeit? Die Antwort: „Etwas" weniger Fernsehen, „etwas" weniger Musikhören, weniger Zeitung lesen – *und* eine andere Organisation der Freizeit. Denn vieles kann man gleichzeitig tun (am Computer mit Freunden spielen und zur gleichen Zeit Musik hören), man benutzt » andere Medien. Musik kann man auch im Internet hören und herunterladen, Videos werden von DVDs abgelöst, traditionelle **Kassettenrekorder** und der Walkman weichen zunehmend „modernen" MP3-Playern. Vieles geht „schneller" und „kürzer", ohne dass man total darauf verzichtet.

Jugendliche sind dem Ansturm der Medien nicht hilflos ausgeliefert, sondern nutzen die Medien „gewinnbringend" für ihre Zwecke. Und so werden verschiedene Medien (zum Beispiel das Fernsehen, das Internet und die Tageszeitung) von den meisten Jugendlichen eigentlich ganz vernünftig und gezielt für ihre Bedürfnisse und Interessen genutzt. Im Vergleich zum Fernsehen sind das Internet und das Handy in der heutigen Zeit die zentrale Informations- und **Kommunikationsquellen** für Jugendliche.

source: Jürgen Bofinger, ISB München. Staatsinstitut für Schulqualität und Bildungsforschung Schellingstraße 155, 80797 München Tel.: 089 2170-2101, Fax: 089 2170-2105. www.isb.bayern.de

der Alltag – *everyday life*	die Tatsache – *fact*	der Ansturm – *onrush*
die Ausstattung – *equipment*	der Verlust – *loss*	der Zweck – *purpose*
selbstverständlich – *naturally*	gleichzeitig – *simultaneous*	vernünftig – *reasonable*
der Vormarsch – *advance*	verzichten – *to do without, dispense with*	das Bedürfnis – *need*
vernachlässigen – *to neglect*		

Übung 1 – Sehen Sie sich die Zusammengesetzten Wörter im Text an. Aus welchen zwei Wörtern ist das fett gedruckte Wort zusammengesetzt und was bedeutet das gesamte Wort in Englisch?

Beispiel: Jugendzimmer → Jugend + Zimmer = *young person's room*
Unterhaltungselektroni usw.

Übung 2 – Beantworten Sie die folgenden Fragen schriftlich.

1. Nennen Sie ein paar neue digitale Medien, die für Jugendliche selbstverständlich sind.

2. Wie schaffen es die Jugendlichen, noch Zeit für den Computer zu finden?

3. What does the author conclude at the end? Do modern media really alter how young people spend their free time?

4. How important is the TV in today's world?

Sprechen

Gerätebesitz Jugendlicher 1998 und 2004

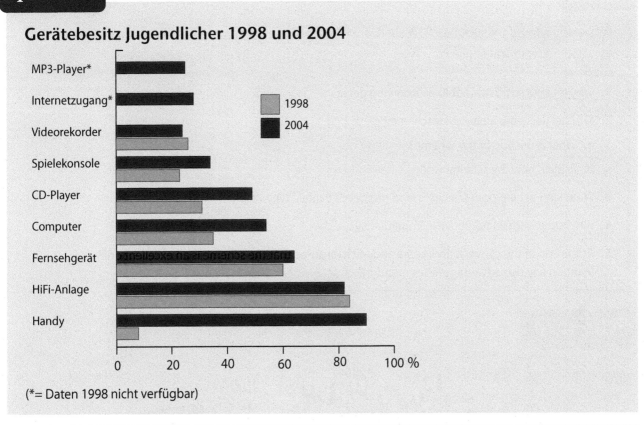

(*= Daten 1998 nicht verfügbar)

Übung 1 – Betrachten Sie die Grafik. Sind Sie überrascht über die Statistik? Besprechen Sie Ihre Meinung mit der Klasse.

Übung 2 – Machen Sie eine Umfrage in der Klasse. Wer besitzt welche Medien? Vergleichen Sie dann Ihre Ergebnisse mit der Grafik. Gibt es ein Ergebnis, das Sie besonders überrascht? Sprechen Sie darüber in der Klasse.

Schreiben

Äußerung zum Thema

Übung 1 – Der Text befasst sich mit dem Thema „Jugendliche und moderne Medien". Äußern Sie Ihre Meinung dazu, indem Sie die folgenden Fragen beantworten.

- ◆ Welche Medien sind für Sie unerlässlich, also ohne was kommen Sie auf keinen Fall aus?
- ◆ Nennen Sie drei Vorteile und drei Nachteile von Handys.
- ◆ Was passiert in Ihrer Schule, wenn Sie mit einem Handy im Unterricht erwischt werden?
- ◆ Für was benutzen Sie das Internet? Finden Sie das Internet nützlich?
- ◆ Finden Sie es gut, einen Fernseher oder einen Computer im Zimmer zu haben? Begründen Sie Ihre Meinung.
- ◆ Wie oft sehen Sie jeden Tag fern, und was ist Ihre Lieblingssendung?

Hören

Track 21 **Übung 1** – Sie hören jetzt ein Gespräch zwischen zwei Studenten. Beantworten Sie die Fragen auf Englisch.

1. Why is Laura so frustrated? Explain, giving details.

2. Michael describes a particular scheme:

   a. What is the title of the scheme?

   b. Explain how the scheme works.

3. What kind of help does Michael's landlord need? Explain why.

4. Why could Michael not move in immediately?

5. At the end of the conversation, Laura and Michael agree that the scheme is an excellent one. Mention any two advantages they mention.

Schreiben

Übung 1 – Sehen Sie sich den Cartoon an. Beschreiben Sie zunächst einfach nur das Bild. Was sehen Sie? Machen Sie Stichpunkte.

Übung 2 – Was denken Sie? Äußern Sie sich kurz zum Cartoon.

Übung 3 – Beantworten Sie die folgenden Fragen schriftlich.

1. Verschicken Sie viele SMS-Nachrichten?

2. Finden Sie es besser eine SMS zu verschicken, oder direkt mit der Person zu sprechen?

3. Warum ist es manchmal besser oder einfacher eine SMS zu schreiben?

4. „SMS-Nachrichten zerstören die Kommunikation." Äußern Sie sich kurz zu diesem Punkt.

5. Können Sie sich ein Leben ohne Handy vorstellen? In welcher Situation würden Sie Ihr Handy am meisten vermissen?

Grammatik

Konjunktiv II (*subjunctive II*)

The subjunctive expresses something that isn't actual fact, that isn't real or that probably won't happen.

Example: If Frida **were** here, you could talk to her.
                  or
                  I wish Frida **were** here.

 Note! Both sentences express a situation that is contrary to fact or that is hypothetical.

In German, there are two forms of the subjunctive. In this chapter, we will look at the general subjunctive, *Konjunktiv II* (subjunctive II).

The *Konjunktiv II* for **regular/weak verbs** looks like this:

Ich **würde** gerne **gehen**.
Du **würdest** lieber Computer **spielen**.
Er **würde** das Handy **benutzen**.
Wir **würden** den neuen Computer **kaufen**.
Ihr **würdet** das Handy **benutzen**.
Sie **würden** im Internet **surfen**.

Konjunktiv II = ***würde*** + the infinitive.

Übung 1 – Learn this form of *werden* until you know it off by heart!

Übung 2 – Translate the following German sentences into English.

1. Ich spiele Fußball.

2. Wir feiern den Schulabschluss.

3. Sie fragt den Lehrer.

4. Er sucht gerne Informationen im Internet.

≫

5. Sie glauben dir nicht.

6. Du heiratest mich vielleicht dieses Jahr.

7. Ihr liebt euer Handy.

8. Computer kosten viel Geld.

9. Sie warten auf Klaus.

10. Die Eltern interessieren sich sehr für deine Arbeit.

Übung 3 – Now rewrite the sentences in exercise 2 using the subjunctive II.

Grammatik

The *Konjunktiv II* (subjunctive II) for **irregular/strong verbs** looks like this:

Ich **käm**e zu dem Computerkurs.
Du **ging**est öfters in die Schule.
Er **hätt**e lieber ein anderes Mobiltelefon.
Wir **wär**en nicht so faul.
Ihr **säh**et die Schüler an den Computern.
Sie **käm**en am Samstag vorbei.

Konjunktiv II = stem of imperfect form of *er/sie/es* + umlaut on the vowel in the stem, where possible + ending.

[er **hätte**] [er **wäre**] [er **gäbe**] [er **ginge**] [er **würde**]

Übung 4 – Complete the following grids using the correct *Konjunktiv II* (subjunctive II) verb forms.

	sein	haben	werden	geben	gehen
ich					
du		hättest			
er/sie/es				gäbe	
wir			würden		gingen
ihr	wäret				
sie/Sie					

	müssen	dürfen	können	mögen	sollen	wollen
ich	müsste					
du					solltest	
er/sie/es		dürfte				
wir						wollten
ihr				möchtet		
sie/Sie			könnten			

Grammatik

Note!

♦ The verbs in the shaded grid are modal verbs! Remember the word order rule for modal verbs when using them in a sentence.

♦ The verbs *haben, mögen, können* and *werden* are often used to express polite requests.

♦ The subjunctive is usually used together with *wenn* in a sentence.

Examples: Wenn ich jünger wäre, könnte ich schneller rennen.
Wenn ich Geld hätte, würde ich ein Auto kaufen.
Julia würde ein Laptop kaufen, wenn sie Geld hätte.

Übung 5 – Write ten sentences in the *Konjunktiv II* (subjunctive II) using the verbs in the grids above. Include some polite requests.

Examples: Ich könnte eine gute Note in Deutsch bekommen.
Du solltest nicht ohne Regenschirm spazieren gehen.
Er hätte gerne eine Tasse Kaffee.
Könnten Sie mir helfen?

Übung 6 – Identify the *Konjunktiv II* in the following text.

In dem Geschäft gab es viele Fernseher, ganze Wände voller bunter Bildschirme. Auf jedem lief dasselbe Fernsehprogramm, dieselbe nervige Seifenoper. Sie wollte endlich ein neues Gerät und sie wusste, wenn sie nicht jetzt sofort einen kaufte, würde sie es nie tun. Ein junger Mann sprach sie an und wollte wissen, ob er ihr helfen könnte. Sie erklärte ihm, was sie sich wünschte, und dachte, es wäre einfacher, wenn sie erst im Internet nachgesehen hätte. So konnte sie sich nicht entscheiden. Wenn sie wiederkäme dachte sie, würde sie sich vorher besser informieren.

Nebendarsteller des eigenen Lebens

Nachrichten aus dem Jahr 1990: Der Sprecher der DDR-Nachrichtensendung „Aktuelle Kamera" sagt, Staatsratspräsident Erich Honecker habe die Grenzen der DDR für Westdeutsche geöffnet, die dem Kapitalismus den Rücken kehren wollen. Eine Szene aus dem Film „Goodbye Lenin!" Florian Lukas verliest die ungewöhnlichen Nachrichten. Lukas ist in Ostberlin aufgewachsen, in „Goodbye Lenin!" spielt er den Westler Denis. Gemeinsam mit Alex (Daniel Brühl) fälscht er Nachrichten, um dessen Mutter vorzuspielen, dass es die deutsche Einheit nie gegeben hat.

◆ Wie hast du dich dann auf die Rolle als Nachrichtensprecher vorbereitet?

Wolfgang Becker, der Regisseur, hat mir eine 90-Minuten-Videokassette mit Sendungen der „Aktuellen Kamera" gegeben – aus der Wendezeit und aus der Zeit davor. Die habe ich eine Woche lang ununterbrochen angeschaut. Meine Freundin, die aus dem Westen kommt, ist fast wahnsinnig geworden.

◆ „Goodbye Lenin!" spielt 1989/90. Wie hast du die Zeit der Wende erlebt?

Damals herrschte eine positive Anarchie, in der alles möglich schien. Die alte Ordnung löste sich auf und suchte eine Richtung in die neue Ordnung. Die Bundesrepublik war als Ordnungsmacht zwar schon präsent, hatte aber noch keinen Einfluss.

◆ Daniel Brühl spielt als geborener Westdeutscher den Ossi Alex. Du kommst aus dem Osten und spielst einen Wessi.

Wenn ich mir Berlin angucke, ist das gar nicht so ungewöhnlich. Hier gibt es unheimlich viele Menschen, die im ehemaligen Ostteil der Stadt Ossi spielen – obwohl sie aus dem Westen kommen. Diese Leute haben eine Vorliebe für DDR-Flair.

◆ Worum geht es bei dem Film „Goodbye Lenin!"?

Es geht um eine positive und entspannte Identifikation mit dem Osten. Dass man sich nicht nur aus Trotz mit dem Osten identifiziert. Ich sehe das ja an meiner eigenen Geschichte: Ich habe viel getan, um nicht als doofer Ostler gesehen zu werden. Ich wollte Dinge annehmen, die ich wirklich besser fand. Bestimmte Werte wie Liberalität, Offenheit und Toleranz.

≫

Trotzdem: Die Kindheit, die ich hatte, war in der DDR. Das bleibt. Man muss einfach einsehen, die DDR war ein anderer Staat. Das ist so, als würde man in Spanien aufwachsen und mit 17 nach Deutschland kommen.

source: Dirk Vongehlen, Februar 2003

der Nebendarsteller – *supporting actor*	der Regisseur – *director*	ehemalig – *former*
den Rücken kehren – *to turn one's back on*	ununterbrochen – *continuous*	entspannt – *relaxed*
ungewöhnlich – *unusual*	wahnsinnig – *crazy*	der Trotz – *defiance*
gemeinsam – *together*	auflösen – *to dissolve*	die Werte – *values*
fälschen – *to forge*	der Einfluss – *influence*	

Übung 1 – Beantworten Sie die folgenden Fragen auf Deutsch.

1. Erklären Sie, wie sich Florian Lukas auf seine Rolle vorbereitet hat.

2. Warum „spielen" manche Wessis im ehemaligen Ostteil Berlins Ossis?

3. Worum geht es in dem Film „Goodbye Lenin!"?

Übung 2 – Der Film „Goodbye Lenin!" spielt zur Zeit der deutschen Wiedervereinigung. Was wissen Sie über diese Zeit in Deutschland? Wissen Sie auch etwas über das Leben in der DDR? Was wissen Sie über die Zeit des Mauerfalls? Was ist ein Trabant? Was sind die „jungen Pioniere" oder eine „Datsche"? Versuchen Sie, im Internet so viele Informationen wie möglich zu finden, und besprechen Sie Ihre Ergebnisse mit der Klasse.

Übung 3 – Sehen Sie den Film mit Ihrer Klasse gemeinsam an, schreiben Sie eine *kurze* Zusammenfassung der Handlung, und geben Sie Ihre Meinung dazu, indem Sie die folgenden Fragen beantworten.

1. Wie hat Ihnen der Film gefallen?

2. Wie fanden Sie das Ende des Films?

3. Was haben Sie von dem Film gelernt?

4. Würden Sie den Film weiterempfehlen?

 Remember! In der mündlichen Prüfung haben Sie die Möglichkeit, über einen deutschen Film zu sprechen. Wenn Ihnen der Film gefällt, bereiten Sie ihn für die Prüfung vor!

Vokabeln zu Kapitel 13

Learn the vocabulary regularly. Use the empty columns for practice.

das Handy	mobile phone		
der Computer	PC, computer		
fernsehen	to watch TV		
die Glotze	goggle box (TV)		
sich informieren	to inform oneself		
hilfreich	useful		
das moderne Leben	modern life		
überfordert	overburdened		
die Erfindungen	inventions		
sich entspannen	to relax		
ablenken	to distract		
stören	to disrupt		
manchmal	sometimes		
Handys nerven	mobiles are annoying		
praktisch	practical		
das Fenster zur Welt	window on the world		
Informationen im Überfluss	excess of information		
die Nachforschung	investigation, search		
die Lieblingssendung	favourite programme		
Stress abbauen	to reduce stress		
im Internet surfen	to surf the net		
die Tastatur	keyboard		
der Bildschirm	screen		

Useful Phrases

Man ist immer und überall erreichbar.	*One is always contactable, no matter where.*
Im Notfall kann man immer jemanden anrufen.	*In an emergency one can always make a call.*
Wenn man zu spät ist, kann man Bescheid sagen.	*If you are late you can call ahead.*
Ich habe mehr Privatsphäre, denn ich kann mit meinem eigenen Handy telefonieren.	*I have more privacy because I can use my own phone.*
Manche Leute schalten nie ihr Handy aus.	*Many people never switch off their mobiles.*
Ich finde im Kino/Krankenhaus/in der Schule hat ein Handy nichts zu suchen.	*I think there should be no mobiles at the cinema/in hospital/in school.*
Manchmal möchte ich einfach meine Ruhe.	*Sometimes I just want peace and quiet.*
Ich möchte nicht immer sofort für jeden erreichbar sein.	*I don't always want to be immediately available for everyone.*
Handys sind bei uns in der Schule verboten.	*Mobile phones are not allowed in our school.*
Die Hersteller bringen immer neue Geräte heraus.	*The manufacturers bring out new models all the time.*
In der Schule gibt es viel Neid und Druck.	*There is a lot of envy and pressure at school.*
Manche Schüler werden ausgelacht, wenn sie ein altes Handymodell haben.	*Many students are laughed at if they own an old mobile.*
Am liebsten benutze ich das Internet zum …	*I like using the internet best for …*
Es gibt gefährliche Menschen im Internet.	*There are dangerous people on the internet.*
Eltern versuchen ihr Bestes.	*Parents try their best.*
Manchmal schreiben Leute gemeine Sachen im Internet.	*Sometimes people write horrible things online.*
Das wäre undenkbar.	*That would be unthinkable.*
Ich würde sterben/durchdrehen.	*I would die/go crazy.*

Kapitel 14

Die Umwelt

Übung 1 – Sehen Sie sich die Wortzusammensetzungen (*compound words*) genau an. Schreiben Sie die Wörter auf, aus denen das ganze Wort zusammengesetzt ist und übersetzen Sie das zusammengesetzte Wort.

1. Mülltrennung   → der Müll + die Trennung = *waste separation*

2. Verpackungsmüll

3. Regenwald

4. Umweltkatastrophe

5. Ozonloch

6. Müllberg

7. Getränkedose

8. Mülleimer

9. Waldsterben

Lesen

Leseverständnis 1 (leicht)

Übung 1 – Setzen Sie die fehlenden Satzteile (1–6) an die richtige Stelle im Text ein.

1. In Deutschland werden die meisten Tageszeitungen auf Papier aus 100 % Altpapier gedruckt.

2. das in Deutschland produziert wird,

3. denn je mehr Papier wiederverwertet wird,

4. Andererseits wird aber auch immer neues Papier in den Müll geworfen,

5. In der gleichen Zeit wurden 15,1 Millionen Tonnen Altpapier gesammelt.

6. Auch der Verbrauch von Wasser ist sehr viel niedriger.

Papier-Recycling

Nach Weihnachten werden das Papier von Geschenken und Verpackungen auf den Müll geworfen. Vielleicht kommt dieser Müll bald wieder zu Ihnen zurück, z. B. mit der Zeitung.

In Deutschland wurden im Jahr 2005 19,2 Millionen Tonnen Papier verbraucht.
_____.
Das bedeutet, dass ungefähr 79 Prozent des Papiers wiederverwertet werden. Dadurch werden Rohstoffe gespart, _____, desto weniger Holz wird für die Papierproduktion eingesetzt. Im Moment wird aus vierzig Prozent des Holzes, _____, Papier hergestellt.

Bei der Produktion von Recyclingpapier braucht man außerdem sehr viel weniger Energie als bei der Herstellung von neuem Papier aus Holz. _____.

Einige Produkte bestehen zu einem hohen Anteil aus Altpapier:
_____. Allerdings kann man Papier nicht immer wieder recyceln. Wenn Papier mehrmals wiederverwertet wurde, geht ein Teil kaputt und kann nicht mehr genutzt werden, um neues Papier herzustellen. _____, so dass der Recycling-Kreislauf weiter funktionieren kann.

source: http://www.deutschlern.net/aufgabe.php?show=9&lc=557&id=3913

Hören

 Tracks 22–25 **Übung 1 – Sie hören jetzt vier verschiedene Wettervorhersagen. Hören Sie gut zu und beantworten Sie die Fragen auf Englisch. Bevor Sie die Hörverständnis-Übung machen, sehen Sie sich die Wetter-Vokabeln auf Seite 202 genau an.**

Teil A

1. Give two details about the weather south of the River Danube.

2. What are the temperatures predicted for the following day?

Teil B

3. Give three details of the weather that day.

4. What will be the temperatures at night-time?

≫

Teil C

5. What kind of weather is expected for today? Give four details.

6. What will the weather be like tomorrow?

Teil D

7. What speed did the hurricane register?

8. What happened on the south cost as a result of the hurricane?

das Wetter – *weather*	vereinzelt – *isolated, scattered*	die Temperatur – *temperature*
bedeckt – *overcast*	sonnig – *sunny*	der Hurrikan/Orkan – *hurricane*
der Regen – *rain*	bewölkt – *cloudy*	die Überschwemmung – *flood*
der Schnee – *snow*	zeitweise – *at times*	der Sturm – *storm*
die Höchstwerte – *highest temperatures/values*	heiter – *fair*	

Sprechen

Übung 1 – Sehen Sie sich die beiden Illustrationen unten genau an. Besprechen Sie Ihre Eindrücke und Gedanken mit der Klasse. Im Dialog mit Ihrem Partner beantworten Sie dann die Fragen zum Thema „Umwelt".

1. Wie umweltbewusst sind Sie? Finden Sie es wichtig umweltfreundlich zu leben?

2. Was machen Sie für den Umweltschutz?

3. Was macht man in Ihrer Schule für den Umweltschutz?

4. Denken Sie, die Iren sind ein umweltbewusstes Volk?

5. Was könnte man noch für den Umweltschutz in Irland machen?

6. In Deutschland gibt es ein Pfand auf alle Plastikflaschen. Wie finden Sie das?

7. Glauben Sie, dass die globale Erwärmung etwas mit der Umweltverschmutzung zu tun hat?

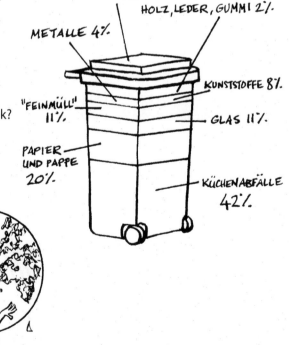

Schreiben

Äußerung zum Thema

Übung 1 – Setzen Sie die Satzhälften unten richtig zusammen. Schreiben Sie die Sätze in Ihr Heft und übersetzten Sie sie.

Beispiel: Ich finde die Klimaveränderung ein Problem.

1. Ich finde die Klimaveränderung …
2. Wir haben …
3. Sie geben Flaschen, Dosen, …
4. Wir haben Luft- und …
5. Ich interessiere mich …
6. Wir müssen Müll vermeiden, indem wir …
7. Man kann zu Fuß gehen, denn das …
8. Wir können alle …
9. Wir könnten alle unseren Müll trennen und …
10. Die Zahl der Autos …
11. Wir müssen jetzt eine Steuer für …
12. Die Iren sind in letzter Zeit …
13. Wir müssen die Umweltverschmutzung …
14. Iren gehen zur …
15. Ich bringe oft Sachen …

a. … umweltbewusster geworden.
b. … nimmt ständig zu.
c. … Wasserverschmutzung.
d. … zu viel Hausmüll.
e. … bekämpfen.
f. … wiederverwerten.
g. … ein Problem.
h. … Plastiktüten bezahlen.
i. … Recyclinganlage.
j. … Zeitungen und alte Kleider ab.
k. … Energie sparen.
l. … hilft der Umwelt und ist gesund.
m. … mehr Sachen wiederverwerten.
n. … zur Recyclinganlage.
o. … für den Umweltschutz.

Übung 2 – Äußern Sie sich zum Thema „Umwelt" schriftlich, indem Sie die folgenden Fragen beantworten.

- Welches sind Ihrer Meinung nach die größten Umweltprobleme in der Welt heute?
- Welche möglichen Lösungen gibt es?
- Was tun Sie für die Umwelt?
- Machen Sie drei Vorschläge, wie jeder sich umweltfreundlicher verhalten kann.

Grammatik

Reflexive Verben (*reflexive verbs*)

Reflexive verbs describe a person or a thing doing something to himself, herself or itself.
A reflexive verb has a main verb and a reflexive pronoun.

Example: Ich   wasche   mich. (*I wash myself.*)
         subject   verb   **reflexive pronoun**

 Note! Reflexive verbs are linked to the reflexive pronouns, so you need to learn them! The reflexive pronouns in the accusative are as follows:

sich waschen (*to wash oneself*)

ich wasche **mich**	er/sie/es wäscht **sich**	ihr wascht **euch**
du wäschst **dich**	wir waschen **uns**	sie/Sie waschen **sich**

Übung 1 – In pairs, think of some verbs that you think are 'reflective'. Write them up on the board.

Übung 2 – Check the reflexive verbs against the list at the back of the book. Then fill in the gaps in the following text.

Ich ärgere _____ über Menschen, die _____ nicht für die Umwelt einsetzen. Meine

Klassenlehrerin regt _____ besonders darüber auf, wenn wir zu viel Papier verbrauchen. Nikki ist

das alles egal. Sie strengt _____ nicht für die Umwelt an. Sie denkt, dass wir _____ zurzeit in

einer Phase befinden, in der _____ jeder Gedanken über die Umwelt macht, und wir sollen

_____ einfach beruhigen und _____ entspannen.

Übung 3 – Write ten sentences using the reflexive verbs that you now know.

Grammatik

> **Note!** If you use a reflexive verb with a part of the body or an article of clothing, the reflexive pronoun will be in the **dative** case! The reflexive pronouns in the dative are as follow:
>
> ich wasche **mir** die Hände   wir waschen **uns** die Hände
> du wäschst **dir** die Hände   ihr wascht **euch** die Hände
> er/sie/es wäscht **sich** die Hände   sie/Sie waschen **sich** die Hände
>
> Did you notice that reflexive pronouns in the dative are the same as those in the accusative except for the 'I' and singular 'you' forms?

Übung 4 – Add the correct reflexive pronoun to each sentence.

1. Ich wasche _____ und dann putze ich _____ die Zähne.

2. Er zieht _____ an und setzt _____ an den Küchentisch.

3. Meine Schwester schminkt _____ mindestens eine halbe Stunde jeden Morgen!

4. Du rasierst _____ nur alle zwei Tage?

5. Wir treffen _____ am Bahnhof.

6. Donnerstags ruhen die Eltern _____ aus.

7. Ich freue _____ schon riesig auf deinen Brief.

8. Hoffentlich schreibst du _____ bald.

9. Ich möchte von _____ einen Aufsatz bis Donnerstag.

10. Du musst _____ helfen!

Übung 5 – Complete each of the following sentences using the verb in brackets. Remember to use the correct form of the verb.

1. Die Schüler _____ _____. (sich beeilen)

2. Max muss _____ noch _____. (sich umziehen)

3. Leonard _____ _____ die Hände. (sich waschen)

4. Du musst _____ noch _____. (sich rasieren)

5. Im Sommerurlaub _____ ihr _____ jeden Tag. (sich sonnen)

6. Mein Opa _____ _____ am Nachmittag immer ___. (sich ausruhen)

7. Ich komme gut mit meinem Bruder aus, wir _____ _____ nur selten. (sich streiten)

8. Im Unterricht dürfen wir _____ nicht _____. (sich unterhalten)

9. Das Kind hat _____ im Garten _____. (sich verstecken)

10. Wir _____ _____ nicht so gut. (sich fühlen)

Sprechen

Übung 1 – Sammeln Sie relevante Vokabeln und beschreiben Sie Ihrem Partner eines dieser Bilder. Ihr Partner kann Ihnen noch zusätzliche Fragen stellen. Tauschen Sie dann die Rollen und bearbeiten Sie das andere Bild.

Lesen

Leseverständnis 2 (schwer)

Botschafter für unsere Umwelt

Im April 2002 fuhr Justus, 17 Jahre, mit der Greenpeace-Delegation „Kids for Forests" zur UN-Urwaldgipfelkonferenz nach Den Haag. Dort forderte er mit eintausend anderen Kindern und Jugendlichen aus aller Welt lautstark den Erhalt der letzten Urwälder. Beeindruckt von den „Kids for Forests" versprachen die Politiker damals: Wir haben verstanden! Wir kümmern uns jetzt! Um an diese Versprechen zu erinnern, fuhren die „Kids for Forests" jetzt nach Kuala Lumpur. Dort tagte die UN-Konferenz zum Schutz von Urwäldern und Meeren (CBD). Justus aus Schwerin war wieder für Greenpeace-Deutschland dabei – zusammen mit Laura, 15 Jahre, aus Würzburg. Das Magazin *JUMA* hat die beiden interviewt:

Eine Chance für die Kids

◆ Laura, du bist in einem Greenteam aktiv. Wie kann man sich das vorstellen?

Als ich zwölf Jahre alt war, gab es das Tankerunglück vor den Galapagos-Inseln. Das hat mich so aufgeregt, dass ich unbedingt etwas machen wollte, um meinen Protest auszudrücken. Gemeinsam mit meiner Klasse und einigen Freunden haben wir dann über 700 Unterschriften gegen die Verschmutzung der Meere gesammelt. Danach habe ich bei Greenpeace ein Greenteam gegründet, um mich weiter für die Umwelt zu engagieren. Die Anzahl der Greenteam-Mitglieder und die Themen haben sich dann im Laufe der letzten drei Jahre immer wieder geändert. Zurzeit arbeiten wir mit drei bis sechs Jugendlichen zwischen 15 und 16 Jahren am Thema Wald.

◆ Welche Aktionen habt ihr schon für den Schutz der letzten Urwälder gemacht?

Wir haben in einem Greenteam-Camp ein riesiges Banner gemalt. Darauf sind sieben Urwaldtiere abgebildet, die symbolisch für die letzten großen Urwaldregionen der Erde stehen. Das sind ein Huemul-Hirsch aus den Anden, ein Orang-Utan aus den Regenwäldern Südostasiens, ein nordamerikanischer Wolf, ein europäischer Braunbär, ein sibirischer Tiger, ein Jaguar aus dem Amazonas und ein afrikanischer Waldelefant. In der Mitte steht „Kids for Forests", quasi als Vertreter dieser aussterbenden Arten.

≫

Vor kurzem haben wir in der Würzburger Innenstadt einen Informationsstand zur Lage der Urwälder und Meere gemacht. Dabei kamen wieder über 700 Unterschriften zusammen, mit denen wir dann zu den Copy-Shops gegangen sind, um für den ausschließlichen Einsatz von Recyclingpapier zu werben. Es ist unglaublich, dass Jahrtausende alte Urwaldriesen z. B. einfach zu Klopapier und billigem Baumarktholz verarbeitet werden!

◆ Was haben die „Kids for Forests" in Malaysia gemacht?

Die „Kids for Forests" wurden in Malaysia von Kindern aus 14 Ländern vertreten. Sie kamen zum Beispiel aus Kamerun, Russland, Thailand und aus vielen europäischen Ländern. Wir haben im Konferenzgebäude eine Schatzinsel aufgebaut, auf der wir die politischen Delegierten über unsere Forderungen informiert haben. Wenn die Politiker sehen, dass sich so viele Kinder und Jugendliche aus so vielen Ländern auf den Weg gemacht haben, um Hand in Hand für die Urwälder und Meere zu kämpfen, so hoffe ich, dass sie dann auch etwas für unsere Zukunft tun. Schließlich verwalten sie ja unser ökologisches Erbe.

◆ Warst du aufgeregt? Immerhin warst du bei einer UN-Konferenz!

Also, erst einmal denke ich, dass Malaysia für die „Kids for Forests" eine super Chance war: Wir waren direkt dabei, als Entscheidungen getroffen wurden. Klar, ich war auch aufgeregt, Malaysia ist ja ganz schön weit weg. Aber die Freude darauf, etwas für die Urwälder und Meere zu tun, überwog.

source: *JUMA* 3/2004, seite 12–13

fordern – *to demand*	das Tankerunglück – *tanker accident*	unglaublich – *unbelievable*
der Erhalt – *preservation*	aufgeregt – *excited, agitated*	der Riese – *giant*
beeindruckt – *impressed*	die Unterschrift – *signature*	die Schatzinsel – *treasure island*
versprechen – *to promise*	gründen – *to found*	der Urwald – *jungle*
sich kümmern – *to take care of, look after*	abgebildet – *displayed*	überwiegen – *to outweigh*
	der Vertreter – *representative*	

Übung 1 – Beantworten Sie die folgenden Fragen zum Text.

1. Warum fährt Justus nach Den Haag?

2. Wie hat Laura ihren Protest ausgedrückt?

3. Woran arbeitet Lauras Greenteam im Moment?

4. Beschreiben Sie das Banner, das Laura im Greenteam-Camp gemalt hat.

5. Was haben Laura und ihr Team in Würzburg gemacht?

6. Erklären Sie den Ausdruck „ökologisches Erbe".

Übung 2 – Complete the table below with the correct personal pronouns.

Nominative	English	Accusative (direct object in a sentence)	English	Dative (indirect object in a sentence)	English
ich	I		me		(to) me
du	you		you		(to) you
er	he		him		(to) him
sie	she		her		(to) her
es	it		it		(to) it
wir	we		us		(to) us
ihr	you		you		(to) you
sie	they		them		(to) them
Sie	you		you		(to) you

Übung 3 – Look over the the text *Geschichte eines Arbeitslosen* again and mark all the relative pronouns you can find. Can you explain why the cases change for some?

Übung 4 – Complete the following sentences with the correct pronouns.

Die Frau hat keine Arbeit. _____ hat 20 Jahre in einer Schuhfabrik gearbeitet. _____ ist seit 10 Jahren glücklich verheiratet. _____ Mann ist Metzger und _____ arbeitet in einem Supermarkt. „_____ sind alle sehr zufrieden gewesen und wir haben _____ keine Sorgen um Geld machen müssen", sagt die Frau. Der Mann ist anderer Meinung. Es gefällt _____ nicht, dass die Familie nur ein Einkommen hat. Die Kinder sind noch in der Schule und _____ brauchen immer Geld für viele Dinge. „_____ stört die Situation schon", sagt er. „Aber was können _____ machen? _____ nervt es vielleicht nicht, da du jetzt viel mehr Freizeit hast. Aber was ist mit _____ Einkommen?", sagt er zu seiner Frau. _____ stimmt _____ zu. „_____ ist es auch nicht recht. Den Managern in der Chefetage ist _____ egal. _____ haben ja Arbeit. _____ verdanken wir ja die Situation", meint die Frau. Fest steht, es wird in der nächsten Zeit nicht einfach sein für die ganze Familie. „Mal sehen, was _____ die Zukunft bringt", denkt die Frau.

Sprechen

Übung 1 – Sprechen Sie über dieses Bild in Ihrer Klasse.

Lesen

Leseverständnis 3 (schwer)

Arbeitslos? Selbst schuld!

Deutschlands Mittelschicht spricht heute über Arbeitslose, als wären sie Kriminelle. In der öffentlichen Debatte gelten sie nicht mehr als Opfer der **Verarmung**, sondern als Mitschuldige an der sozialen Krise.

Kriminelle sieht die Öffentlichkeit – je nach Zeitgeist – mal als **Opfer** der Gesellschaft, mal als **Sünder**. Ebenso ist es mit den Arbeitslosen: Als zu Beginn der achtziger Jahre die Arbeitslosigkeit erstmals seit dem Wirtschaftswunder die Millionengrenze deutlich überschritt, da gab es noch den mitleidigen Blick. Arbeitslose, das waren Opfer der kapitalistischen Gesellschaft. Diesen Menschen wurde „die Arbeit weggenommen". Solche Sätze, typisch für die damalige Zeit, zeigen: Arbeit galt als etwas, das jedem Mensch zusteht. Wer dem Menschen die Arbeit wegnimmt, der ist böse.

Gut 20 Jahre später, drei Millionen Arbeitslose mehr: Der gesellschaftliche Blick auf Menschen ohne Arbeit hat sich komplett geändert. Die neuen Begriffe lauten: „Sozialhilfe**adel**" oder „Arbeitslosenkarrieren". Es geht nicht mehr um etwas, das diesen Menschen fehlt (Arbeit), sondern um etwas, das sie bekommen, nämlich staatliche **Unterstützung**. Sie bekommen Geld vom Staat und müssen (oder brauchen!) nicht zu arbeiten. Das Problem liegt nicht bei den Arbeitslosen, die spätestens nach einem Jahr wieder einen neuen Job finden. Nein, die Debatte dreht sich fast ausschließlich um die Langzeitarbeitslosen. Berichte über diese Menschen lesen sich heute so: ≫

„Udo Schmidt ist 44 Jahre alt und wohnt noch bei seinen Eltern. Er ist klein und wiegt um die 130 Kilo. Im Sommer hat er sich ein Piercing in die linke Augenbraue bohren lassen. Als junger Mann hat Schmidt Elektriker gelernt. An seine letzte Arbeitsstelle kann er sich nicht mehr erinnern. Arbeit ist in Langendorf einfach kein Thema. Udo Schmidt lebt vom Arbeitslosengeld und davon, DVDs zu brennen."

(Langzeit-)Arbeitslose sind an ihrem Schicksal nicht nur selbst schuld („Wer wirklich Arbeit will, der findet auch welche"), sie sind auch noch ein **Ärgernis** für die restliche Gesellschaft (Alkoholfahnen, schlechte Manieren). Die arbeitende **Gesellschaft** ist verärgert und bitter über die heutige Situation.

Die Zeiten haben sich geändert.

überschreiten –	*to overstep*
mitleidige Blicke –	*pitying stares*
etwas zustehen –	*to be entitled to something*
wegnehmen –	*to take away*
böse –	*bad*
sich erinnern –	*to remember*
die Manieren –	*manners*

source: Christian Rickens. *Spiegel Online*, 2. November 2006

Übung 1 – Schlagen Sie die **fett gedruckten** Wörter im Wörterbuch nach und tragen Sie die neuen Wörter in Ihr Vokabelheft ein.

Übung 2 – Beantworten Sie die folgenden Fragen zum Text.

1. Was hält Deutschlands Mittelschicht von den Arbeitslosen?

2. Beschreiben Sie Udo Schmidt.

3. Explain the expression *Arbeitslosenkarriere*.

Übung 3 – Sprachbewusstsein. Aus welchen Wörtern bestehen folgende zusammengesetzte Wörter aus dem Text, und was bedeuten sie?

1. Langzeitarbeitsloser   → lange + Zeit + Arbeitsloser = *long-time unemployed*

2. Wirtschaftswunder

3. Zeitgeist

4. Millionengrenze

Übung 4 – Grammatik. Schreiben Sie den Absatz über Udo Schmidt aus dem Text ins Präteritum um.

Schreiben

Äußerung zum Thema

Übung 1 (schwer) – Äußern Sie sich schriftlich zum Thema „Arbeitslosigkeit" und beachten Sie die folgenden Fragen.

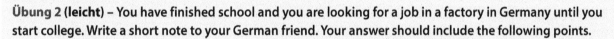

- ◆ Ist Arbeitslosigkeit ein Problem in Irland?
- ◆ Hat der keltische Tiger Arbeit für alle geschaffen?
- ◆ Leiden die Iren unter dem weltweiten Konjunkturtief?
- ◆ Wie wird den Arbeitslosen in Irland geholfen?
- ◆ Gibt es Arbeit, welche die Iren nicht machen wollen?
- ◆ Was sind Ihrer Meinung nach die größten Probleme für Arbeitslose in Irland.
- ◆ Was kann man machen, um nicht zum Langzeitarbeitslosen zu werden?

Übung 2 (leicht) – You have finished school and you are looking for a job in a factory in Germany until you start college. Write a short note to your German friend. Your answer should include the following points.

- ◆ Explain that you have just finished your Leaving Certificate and that you are looking for a summer job.
- ◆ Tell your friend that the job situation in Ireland is not very good at the moment. There are a lot of people unemployed.
- ◆ Describe your skills and what kind of job you are looking for.
- ◆ Say that you will be able to rent a small apartment for the duration of your stay or ask if you can stay with her/him.
- ◆ Say that you will send or email her/him your CV.
- ◆ Express your hope that you will find a job, as you really need to save some money for college.

Hören

Tracks 27–29 **Übung 1** – Sie hören jetzt drei verschiedene Kurznachrichten. Beantworten Sie die folgenden Fragen schriftlich. Die Vokabeln unten dienen als Hilfestellung.

1. According to Gerald Weber, how many jobs are going to be cut back?

2. How many workers are in full-time employment with Airbus in Germany?

3. What other company is cutting back on jobs?

4. How many jobs are going to be lost?

5. How many people were unemployed in Germany last December?

abbauen – *to cut*	ehrlich – *honest*
beschleunigen – *to accelerate*	ehemalige – *former*
gleichzeitig – *simultaneously*	die Einschätzung – *estimate*
ankündigen – *to announce*	der Volkswirt – *economist*
ausfallen – *to turn out*	

Extra

Leseverständnis

Als ich vor einiger Zeit beim Durchblättern eines Fotoalbums auf ein Bild von der Hochzeit meiner Eltern stieß, wollte ich wissen, wen ich alles kannte. Inzwischen hatte ich selbst geheiratet und war bereits älter als das Paar auf der Hochzeitsfotografie. Das Bild war vor der Kirche aufgenommen, in der die Hochzeit stattgefunden hatte, und außer meinem Vater und meiner Mutter waren darauf meine vier Großeltern zu sehen, von denen jetzt nur noch zwei am Leben sind, dann noch ein Urgroßvater, den ich nicht mehr gekannt habe, die Schwester meines Vaters und die zwei Brüder meiner Mutter. Um diesen familiären Kern des Bildes gruppierten sich die engen Verwandten sowie die Geschwister der Großeltern, die ich alle nicht kannte, und einige Freunde des Paares, die mir alle fremd waren. Unter diesen fiel mir ein Mann auf, der ganz am Rand des Bildes auf einer Steinbank unter einem Baum saß und die Szene betrachtete, als ob er nicht ganz dazugehöre. Seine Augen waren dunkel und blickten sehr ernst, auf seinem Kopf sah man kein einziges Haar, und seine Hände waren auf einen Stock mit einem silbernen Knauf gestützt. Der Mann trug weiße Handschuhe, was in jener Zeit ungebräuchlich war. Da ich mich nicht erinnerte, diesen Mann jemals in Zusammenhang mit meinen Eltern gesehen zu haben, nahm ich mir vor, meinen Vater gelegentlich danach zu fragen.

Als ich meinen Vater das nächste Mal zu Hause besuchte, schauten wir sein Album mit den Hochzeitsfotografien durch, aber auf all den Bildern war kein solcher Mann zu sehen. Wahrscheinlich, meinte mein Vater, sei es ein Passant gewesen, der zufällig vorbeigekommen sei. (…) Als ich dem Vater wenig später mein Bild zeigte, war er sehr erstaunt, schüttelte den Kopf und sagte, nie, nie habe er diesen Mann gesehen. Irgendwie hatte ich das Gefühl, der Mann habe etwas mit meiner Mutter zu tun, die kurz vor meiner Heirat gestorben war. Bald darauf bat mich meine Schwester, Taufpate ihres neugeborenen Kindes zu sein. Sie verschickte nachher ein Bestellungsheft mit nummerierten Fotos von der Taufe. Mein Blick traf zuerst auf das Bild mit der Nummer 12. Es zeigte die Taufpatin und mich vor der Dorfkirche, ich trug das Kind in den Armen, und zwei Schritte hinter mir stand der Mann mit den weißen Handschuhen und blickte mir über die Schulter. Ich rief sofort meine Schwester an und fragte sie, ob sie den Mann auf diesem Bild kenne. Ihr war er jedoch nicht aufgefallen, und da sie die Fotos nicht zur Hand hatte, rief ich den Fotografen an. Er gab mir zur Antwort, auf seinem Abzug und auch auf dem Negativ sei kein solcher Mann im Hintergrund sichtbar. Der Mann verschwand nicht, wie ich heimlich hoffte, von den beiden Bildern, und jeder, dem ich die Bilder zeigte, sah ihn ebenfalls.

die Hochzeit – *wedding*	der Zusamenhang – *connection*
inzwischen – *in the meantime*	der Passant – *passer-by*
der Kern – *centre*	der Taufpate – *godparent*
die Verwandten – *relatives*	der Abzug – *copy*
der Knauf – *knob*	der Hintergrund – *background*
ungebräuchlich – *unusual*	verschwinden – *to disappear*
erinnern – *to remember*	beobachten – *to watch, observe*

≫

Ich begann nun auch, mich plötzlich umzudrehen, etwa, wenn ich einen Platz überquerte, aber auch, wenn ich in einem Laden etwas einkaufte, und sogar, wenn ich mich allein in einem Zimmer befand. Das Gefühl, jemand beobachte mich, ergriff mich immer mehr, es kam sogar vor, dass ich nachts im Bett aufschreckte, weil ich glaubte, am Fußende sitze einer und schaue mich an. Trotzdem konnte ich nicht an die wirkliche Existenz des Mannes glauben. Das ist letzte Woche anders geworden. (…)

source: Franz Hohler, *Die Fotografie*, Leaving Certificate 2000 HL

Übung 1 – Lesen Sie den Text und beantworten Sie die folgenden Fragen schriftlich.

1. Was erfährt der Leser im ersten Abschnitt über die Person des Erzählers? Nennen Sie zwei Details.

2. Der Erzähler sieht sich das Hochzeitsfoto seiner Eltern länger an, weil er wissen will, wen er alles kennt. Füllen Sie die folgende Liste aus.

Personen, die er kennt	Personen, die er nicht kennt

3. Die Hochzeitsfotos, die der Sohn (der Erzähler) und der Vater haben, sind nicht miteinander identisch. Was ist anders auf den Fotos, die der Vater hat?

4. Warum ist der Erzähler überrascht, als er die Fotos von der Taufe des Kindes seiner Schwester anschaut?

5. Was findet der Erzähler heraus, als er mit dem Fotografen telefoniert?

Übung 2 – Beantworten Sie die folgenden Fragen auf Englisch.

1. The narrator notices a man in his photographs who doesn't seem to belong to the wedding party. Why not? Give two reasons.

2. Describe the mysterious man in the wedding photograph. Mention four details.

3. What effect does the man in the photograph have on the narrator's life? Give two details.

4. The atmosphere of the story is one of mystery. In the construction of the story, how does the author create this atmosphere? Mention three points.

Vokabeln zu Kapitel 16

Learn the vocabulary regularly. Use the empty columns for practice.

kein Geld	no money		
die Langzeitarbeitslosen	long-term unemployed		
die Umschulung	re-training		
die Bewerbung	application		
der Lebenslauf	CV		
das Vorstellungsgespräch	interview		
der Arbeitgeber	employer		
der Arbeitnehmer	employee		
sich nach Kräften bemühen	to make every endeavour		
die Ausbildung	education		
die Folgen	consequences		
der Vorschlag	suggestion		
die Lösung	solution		
die Ursache	cause		
wenig	little, few		
finanzielle Probleme	financial problems		
kein Geld für Luxusgüter	no money for luxuries		
der Teufelskreis	vicious circle		
der Lohn	pay		
der Streik	strike		
das Gehalt	salary		
die Halbtagsarbeit	part-time work		
die Stellenangebote	job advertisements		
die Kürzungen	cut-backs		
Fabriken schließen	to close factories		
Arbeitsstellen kürzen	to cut back on posts		
die Unzufriedenheit	discontent		
die Rezession/ Konjunkturschwäche	recession, economic downturn		
die Hypothek	mortgage		
enteignen	to dispossess		

Useful Phrases

Es beeinflusst das alltägliche Leben.	*It affects everyday life.*
Manche Arbeitslosen leiden unter Depressionen.	*Many unemployed people suffer from depression.*
Es ist sehr schwierig, sich jeden Tag aufs Neue zu motivieren.	*It is difficult to motivate yourself anew every day.*
Schnell vergammelt man den ganzen Tag.	*It is easy to waste the whole day.*
Man muss versuchen, eine Routine beizubehalten.	*One has to try to maintain a routine.*
Positiv denken ist sehr wichtig.	*It is important to think positively.*
Man muss optimistisch bleiben.	*One has to remain optimistic.*
Einige Leute sind sehr verschuldet und brauchen ihre Arbeit.	*Some people have huge debts and depend on their work.*
Rechnunen können nicht bezahlt werden.	*Bills can't be paid.*
Sie sind unter Druck ihre Hypothek zurückzuzahlen.	*They are under pressure to pay their mortgage.*
Die Zeit des keltischen Tigers/Wirtschaftsbooms ist vorbei.	*The time of the celtic tiger/economic boom is over.*
Man muss bereit sein, alles zu machen, selbst wenn man überqualifiziert ist.	*One has to be prepared to do anything, even if one is overqualified.*
Manche Familien sind besonders schwer betroffen.	*Some families are particularly badly hit.*

Kapitel 17

Armut und Obdachlosigkeit

Zum Aufwärmen

Übung 1 – Sehen Sie sich das Bild an. Beschreiben Sie das Bild und sammeln Sie gemeinsam mit der Klasse Ihre Gedanken an der Tafel. Schreiben Sie neue Wörter in Ihr Vokabelheft auf.

Lesen

Leseverständnis 1 (schwer)

Übung 1 – Lesen Sie den Buchtipp.

Wem gehört die Stadt? Armut und Obdachlosigkeit in den Metropolen

(Hrsg. Elisabeth Blum)

Thema dieses Buches ist die **Vertreibung** von Armen und Obdachlosen aus unseren modernen Städten. Es ist ein Buch, das zum Handeln aufruft.

Eine Form von Armut ist Obdachlosigkeit: Menschen, die auf der Straße leben, in Hauseingängen schlafen oder sich Betten aus **Pappe** bauen. Bei solchen Bildern denken die meisten Menschen an die Großstädte der „Dritten Welt": Kairo oder Kalkutta zum Beispiel.

Aber in allen reichen Industriestädten, von München über Paris bis New York, ist Obdachlosigkeit eine tägliche **Realität**. Die Fotos in dem Buch dokumentieren deutlich die zunehmende **Vertreibung** von Armen und

»

Obdachlosen. Parks und Plätze werden immer öfter von menschlichem und anderem „Unrat" gesäubert. Die Menschen wollen eine „saubere Stadt". Die Lösung: Vertreibung der ungewollten Bewohner.

In *Wem gehört die Stadt?* wird nicht nur der Finger auf die **Wunde** von Armut und Obdachlosigkeit gelegt. Diskutiert werden auch die **Ursachen**, vor allem die wachsende Arbeitslosigkeit auf der einen Seite und die immer weniger werdenden Sozialleistungen auf der anderen Seite.

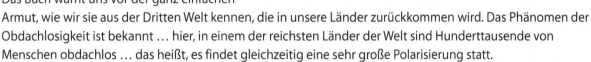

Das Buch warnt uns vor der ganz einfachen Armut, wie wir sie aus der Dritten Welt kennen, die in unsere Länder zurückkommen wird. Das Phänomen der Obdachlosigkeit ist bekannt … hier, in einem der reichsten Länder der Welt sind Hunderttausende von Menschen obdachlos … das heißt, es findet gleichzeitig eine sehr große Polarisierung statt.

In dem Buch findet man viele Reportagen aus Großstädten wie Paris und Genf, New York, Berlin oder Hongkong. Einige Berichte gehen besonders unter die Haut. Zum Beispiel der von den „Schattenfrauen" in Kalifornien, die mitten in den reichen Wohnvierteln in ihren Autos leben. Nach außen hin zeigen sie sich weiterhin als gestylte Damen der Mittelschicht, um nicht die letzte Chance auf einen neuen Ehemann oder einen Job zu verspielen.

Oder das Schicksal der Käfigmenschen in Hongkong: alte, „**ausgemusterte**" Arbeiterinnen und Arbeiter, die der reiche Stadtstaat nicht mehr braucht, und die nun in 90 x 90 x 180 Zentimeter großen Käfigen vor sich hin vegetieren.

zunehmend – *increasing*	der Schatten – *shadow*	Neben den Mechanismen von Vertreibung und **Ausgrenzung** beschreibt der Sammelband auch die unorthodoxen Ideen und Lösungen: Das „homeless vehicle" zum Beispiel, eine Idee für eine fahrbare Wohnung für Wohnungslose in New York City.
der Unrat – *rubbish*	weiterhin – *furthermore*	
säubern – *to clean*	der Käfig – *cage*	
ungewollt – *unwanted*	das Umdenken – *rethink*	
die Sozialleistung – *social benefit*	die Beschlagnahme – *confiscation*	
stattfinden – *to happen, take place*	zugänglich – *available*	
es geht unter die Haut – *it gets under the skin*		

Wem gehört die Stadt? ist ein Buch, das zum Handeln aufruft. Die Berichte und Reportagen sollen zum Umdenken anregen. Da ein grundlegender gesellschaftlicher **Wandel** nötig ist, macht die Architektin Elisabeth Blum konkrete Vorschläge für die **Gegenwart**: Beschlagnahme von Gebäuden, Umbau leer stehender Fabrikhallen, Errichtung preiswerter „Existenzhotels", die für alle Wohnungslosen zugänglich sind – das sind Alternativen, die hier diskutiert werden.

Wie die meisten Alternativen in diesem Band sind sie provokant und radikal – aber eine Lösung kann aber eben nur radikal ausfallen.

source: Beate Hinrichs. 10.06.2008. http://www.dw-world.de/dw/article/0,2144,100306,00.html

Übung 2 – Schlagen Sie die **fett gedruckten** Wörter aus dem Text im Wörterbuch nach.

Übung 3 – Beantworten Sie die folgenden Fragen schriftlich.

1. Was machen die reichen Industrieländer gegen die Obdachlosigkeit?

2. Was ist die Ursache der Obdachlosigkeit laut dem Text?

3. According to the text, some reports in the book get under one's skin. Describe one of the examples about homeless people in other cities.

4. The book makes suggestions as to how we could deal with homeless people. Do you think they are realistic? Can you think of an alternative?

Schreiben

Äußerung zum Thema

Übung 1 (schwer) – Der Text befasst sich mit einem interessanten Thema. Äußern Sie kurz Ihre Meinung dazu und überlegen Sie wie die Situation der Obdachlosigkeit in Ihrem Land gesehen wird. Ihre Antwort sollte die folgenden Punkte beinhalten.

◆ Gibt es Obdachlose in Irland? Ist es ein Problem?

◆ Was macht der Staat für die Obdachlosen. Gibt es besondere Einrichtungen für Menschen ohne Wohnungen?

◆ Glauben Sie, es wird genug gemacht?

◆ „Ich gebe Bettlern nie Geld, die kaufen sich doch sowieso nur Alkohol davon." Was sind Ihre Gedanken zu diesem Kommentar? Geben Sie persönlich Geld? Ist es sinnvoll? Begründen Sie Ihre Meinung.

Übung 2 (leicht) – You want to work in a soup kitchen during the Christmas period in Munich. Write a short note for your German penpal to pass on to the organisers of the homeless shelter. You should mention the following points:

◆ State your name, age and where you are from.

◆ Explain that you are a good friend of (penpal's name) who works for the homeless shelter.

◆ Say you are in Germany over Christmas and you would like to help out in the soup kitchen.

◆ Explain that you have worked in a shelter in Ireland and you have plenty of experience.

◆ Say that you are a friendly and hardworking person who likes to help out.

◆ Finish with an appropriate closing sentence.

> ```
> Hilfe!
> ```
> **Here are some words to help you:**
> homeless shelter – *das Obdachlosenasyl*
> I come from – *ich komme aus*
> Christmas – *Weihnachten*
> to help – *helfen*
> soup – *die Suppe*
> experience – *die Erfahrung*

Hören

Kaffee trinken gegen Armut

Der Kaffee, den wir trinken, wurde bislang immer bei uns geröstet – die Menschen in den Herkunftsländern haben an der Verarbeitung des Rohkaffees nichts verdient. Ein neues Kaffeeprojekt will das ändern.

Steigende Lebensmittelpreise sind zum globalen Problem geworden. Sie treiben Millionen Menschen in den Entwicklungsländern in noch größere Armut. Da kommt ein neues Kaffeeprojekt gerade rechtzeitig. Es will die äthiopischen Kaffee-Bauern ökonomisch unabhängiger machen. Unterstützt wird es vom Tiefkühlkost-Hersteller „Frosta" und der EWEA (*Ethiopian Women Exporters Association*). Das *Brigitte* Magazin sprach mit Frosta-Geschäftsführer Felix Ahlers.

Übung 1 – Hören Sie jetzt das Interview und beantworten Sie die folgenden Fragen auf Englisch. Die Vokabeln unten dienen als Hilfestellung.

1. What is different about the Arabica coffee?

2. How much was the duty on roasted coffee until it became duty free in 2007?

3. How high is the percentage of farmers in Ethiopia?

4. Why does Felix Ahlers say the coffee is good for the environment?

5. Where can you buy the coffee and how much does it cost?

rösten – *to roast*
das Herkunftsland – *country of origin*
die Verarbeitung – *processing*
rechtzeitig – *in time*
unabhängig – *independent, autonomous*
ernten – *to harvest*
der Zoll – *duty*

streichen – *to cancel*
weiterverarbeiten – *to continue processing*
abhängig – *dependent*
die Ernte – *harvest*
das Siegel – *seal, logo*
gemahlen – *ground*

Lesen

Leseverständnis 2

Zehn Tage in der Gosse

Ein Ex-Obdachloser kehrte für seinen Kampf gegen Obdachlosigkeit und Sucht auf die Straße zurück

Bonn, Hauptbahnhof – kurz vor Weihnachten. Einige Obdachlose sitzen in einer Ecke. Einer der Betrunkenen geht plötzlich wütend auf sein Gegenüber los. Der Grund: Der Mann hatte einen Schluck Schnaps von ihm abgelehnt.

„Das ist die schlimmste Art, einen Obdachlosen zu beleidigen", weiß Stephen Smith. Trotzdem musste der 55-jährige Engländer ablehnen: 20 Jahre lang war er alkohol- und drogensüchtig, fünf Jahre lebte er in London auf der Straße. Bis er Ende der 70er Jahre „errettet" wurde. Heute, 20 Jahre später, arbeitet er als Immobilienmakler und lebt in Augsburg mit seiner Frau und zwei Söhnen. Für zehn Tage kehrte der Ex-Obdachlose nun, kurz vor Weihnachten, zurück auf die Straße, um auf die Not dieser Menschen aufmerksam zu machen.

Zehn Tage und Nächte isst Smith wieder, was er erbetteln kann. Er wäscht sich nicht, schlägt sich die Nächte an Bahnhöfen um die Ohren. Er stinkt. Er friert, hört auf zu denken. „Auf der Straße funktioniert der Verstand nicht mehr."

In Frankfurt, Berlin, Leipzig – überall hört er die gleiche traurige Geschichte: Streit mit dem Partner, der Griff zur Flasche oder zu Drogen, Verlust des Jobs, der Wohnung – und zuletzt der Hoffnung.

Smiths Horrortrip auf die Straße: Als er vierzehn war, gab ein Arzt ihm Amphetamine und missbrauchte ihn. Von da an habe er 20 Jahre lang bis zu 100 Tabletten täglich genommen, erzählt Smith, während er seine heutige Ersatzdroge trinkt – schwarzen Kaffee. „Durch Zufall" sei er in die Londoner Unterwelt gekommen, war bei Einbrüchen dabei und überfiel Geldtransporter. „Ich war steinreich. Ich hatte ein riesiges Haus, Autos, Frauen." Aber die Drogen machten ihn paranoid. „Schließlich landete ich auf der Straße – ohne einen Penny." Bis Hannelore auftauchte, eine 24-jährige Touristin aus Bayern. Durch die Liebe zu ihr habe er nach langem Kampf seine Sucht besiegt, sagt Smith voller Stolz.

Vorbei ist die dunkle Zeit trotzdem nicht. Dreimal die Woche geht Smith zur Selbsthilfegruppe für Alkoholiker.

Jahrelang kämpfte er in England gegen Drogen und Obdachlosigkeit. Er bot Premier Tony Blair seine ehrenamtliche Mitarbeit an als „Minister of the gutter" – „Minister der Gosse".

Jetzt will der selbsternannte „Sprecher der Obdachlosen" in Deutschland helfen und ein Reha-Zentrum bei Augsburg für zehn „hoffnungslose Fälle" aufbauen.

die Gosse – *gutter*	missbrauchen – *to abuse*
der Kampf – *fight, struggle*	der Einbruch – *break-in*
die Sucht – *addiction*	besiegen – *to conquer*
ablehnen – *to refuse*	der Stolz – *pride*
Immobilienmakler – *estate agent*	ehrenamtlich – *voluntary*
die Not – *misery*	hoffnungslos – *hopeless*
der Verstand – *mind*	

source: Bettina Weiguny. *Focus Magazin* 1/1999

Übung 1 – Beantworten Sie die folgenden Fragen.

1. Describe Stephen Smith, giving as many details as possible.

2. What are the reasons why people end up on the street?

3. What is Smith trying to do to help homeless people in Germany?

4. Warum ist Stephen Smith obdachlos geworden?

5. Beschreiben Sie die 10 Tage, die Stephen als Obdachloser erneut durchlebt.

6. Wie sieht Stephen Smiths Leben jetzt aus, wo er nicht mehr drogensüchtig und obdachlos ist?

Sprechen

Übung 1 – Beschreiben Sie mündlich die Karikatur. Was sehen Sie? Was sagt der Künstler damit aus? Stimmen Sie zu?

Übung 2 – Verbinden Sie die Satzhälften und übersetzen Sie dann die Sätze ins Englische.

Beispiel: Viele Menschen sind heutzutage auf Sozalhilfe angewiesen. –
Many people these days are dependent on social welfare benefits.

1. Viele Menschen sind heutzutage
2. Manche Familien sind oft nur in der Lage,
3. Weihnachten kann für manche Eltern
4. Viele Obdachlose leben mit ein paar Decken
5. Der Staat bemüht sich,
6. Es gibt viele Menschen, die ihre Augen
7. Obdachlosigkeit und Armut sind
8. Oft sind Kinder und ältere Menschen
9. Es gibt Einrichtungen, die den Obdachlosen

a. die Opfer von Armut.
b. in Hauseingängen in der Innenstadt.
c. etwas gegen die wachsende Armut zu tun.
d. ein großes Problem in unserer Gesellschaft.
e. Essen und warme Kleidung geben.
f. oft ein großes Problem darstellen.
g. die nötigsten Dinge zu kaufen.
h. verschließen und das Elend ignorieren.
i. auf Sozialhilfe angewiesen.

Übung 3 – Diskutieren Sie mit der Klasse das Thema „Armut in der Welt". Die folgenden Fragen/Punkte dienen als Anregung für die Diskussion.

- In welchen Ländern ist Armut ein großes Problem?
- Wie könnte man das Problem der Armut lindern?
- Glauben Sie, Geld an die armen Länder zu schicken ist eine Lösung?
- Die Welt ist nicht engagiert genug.
- Es gibt zu viele andere Probleme außer Armut.

Grammatik

Konjunktiv I *(subjunctive I)*

 Remember! in Chapter 13 you were introduced to subjunctive II (*Konjunktiv II*), which is used to describe unfulfilled conditions.

In this chapter we will be looking at subjunctive I (*Konjunktiv I*), the less common type of the subjunctive form.

Subjunctive I is used for indirect speech in writing.

Examples: Er sagt: „Ich habe keine Arbeit." – *He says: "I have no job."* (**direct speech**)
Er sagt, er habe keine Arbeit. – *He says he has no job.* (**indirect speech**)

 Note! This form of reported speech is only used in formal spoken and written German, as in a newspaper or on the news, for example.

- Subjunctive I is restricted to the third person singular (***er/sie/es***). You simply just add **-e** to the stem of the verb:

er fahr**e**
sie besuch**e**
es werd**e**
man hab**e**

- The exceptions are ***sein*** and the **modal verbs**:

sein

ich sei	wir seien
du sei(e)st	ihr seiet
er/sie/es sei	sie/Sie seien

- Only the ***ich*** and ***er*** forms of the modal verbs use subjunctive I:

dürfen: ich dürfe, er dürfe
können: ich könne, er könne

Übung 1 – Work out the subjunctive I forms for *mögen*, *müssen*, *sollen* and *wollen* to complete the list of modal verbs.

1. mögen: ich _____, er _____

2. müssen: ich _____, er _____

3. sollen: ich _____, er _____

4. wollen: ich _____, er _____

Übung 2 – Report these statements using subjunctive I.

Example: (Nicki) Ich bin arbeitslos. – Sie sagt, sie sei arbeitslos.

1. (Georg) Ich arbeite in einem Büro.

2. (Michaela) Ich mache um 1 Uhr Mittagspause.

3. (Anne) Ich gehe zu Fuß zur Arbeit.

4. (Sonja) Ich fahre mit dem Auto ins Büro.

5. (Justus) Ich möchte meinen Beruf wechseln.

6. (Fred und Simon) Wir spielen am Wochenende Fußball.

7. (Nina) Ich setze mich für die Menschen der Dritten Welt ein.

8. (Julia und Anna) Wir haben keine Zeit.

9. (Rita) Ich hasse meinen Job.

10. (Renate) Ich bin sehr hilfsbereit.

Übung 3 – Ask your neighbour the following questions and write out her/his reply as reported speech.

1. Wie alt bist du?

2. Wie viele Geschwister hast du?

3. Wie kommst du mit deinen Eltern aus?

4. Was ist dein Lieblingsfach in der Schule?

5. Was ist deine Lieblingsfarbe?

6. Was isst du nicht gerne?

7. Wann machst du deinen Schulabschluss?

8. Was machst du für den Umweltschutz?

9. Spendest du Geld für die Dritte Welt?

10. Kennst du Familien, die arm sind?

Grammatik

 Note! In spoken German, a **dass** clause is often used for reported speech. Remember word order! The verb is sent to the end.

Examples: „Ich schreibe heute eine Klassenarbeit." – *"I am doing a test today."* (**direct speech**)

Sie sagt, dass sie heute eine Klassenarbeit schreibt. –

She says that she is writing a test today. (**indirect speech**)

Übung 4 – Rewrite your answers from Übung 3 as indirect speech, this time using a *dass* clause.

 Tipp! For extra exercises on indirect speech, visit www.nthuleen.com or www.german-grammar.de (Chapter 19).

Extra

Leseverständnis

Zu Hause gab es ständig Zoff

Die 15-jährige Katja ist eines von 3000 Straßenkindern in Berlin

Berlin. **Zerlumpt** und ungewaschen steht Katja mit ihren zwei Hunden am Bahnhof Zoo in Berlin. „Haste mal 'en Euro", fragt sie jeden, der an ihr vorbeigeht. In dem Hin und Her auf dem Bahnhof steht sie ganz ruhig da und bewegt sich keinen Zentimeter von ihrem Platz, während die Menschen meist **teilnahmslos** an ihr vorbeihasten. Nach drei Stunden wird sie so viel erbettelt haben, dass es für den Tag reicht. Die 15-Jährige gehört zu den etwa 3000 obdachlosen Kindern und Jugendlichen, die in Berlin leben. Täglich werden es mehr.

Die genaue Zahl kennt niemand. Sie sind nicht registriert und müssen sich nirgends melden. Die Kinder und Jugendlichen fühlen sich alleingelassen. Nein, sie wollen nicht so leben wie ihre Eltern. Nicht die Regelmäßigkeit, die **Zwänge** und die Moral. **Gewalt** und Missbrauch in der Familie kommen dazu. Da laufen sie weg.

Geeignete Schlupfwinkel sind die Großstädte mit ihrer Anonymität. Meist aus Brandenburg, Sachsen-Anhalt und Mecklenburg-Vorpommern kommen Jugendliche in die Hauptstadt. „Berlin wirkt wie ein Magnet auf Obdachlose", sagt Jugendsenator Thomas Krüger. Sie halten sich mit **Stehlen** und Betteln über Wasser, schlafen versteckt in Parks, S-Bahnhöfen und unter Brücken. Dropout zu werden ist nur eine Frage der Zeit.

≫

Katja kommt wie die meisten der 14- bis 18-Jährigen aus einer **wohlhabenden** Familie. Der Vater, ein Professor, und die Mutter, eine Lehrerin, wollten nur das Beste für ihr Kind. Leistungsdruck in der Schule, keine Freunde und Konkurrenz unter den Geschwistern waren das Resultat. „Es gab ständig Zoff. Vor vier Wochen habe ich es dann nicht mehr ausgehalten", sagt Katja. Zuerst schnitt sie die „langweiligen, **braven**, langen Haare" ab. Die Kleider wurden getauscht, Hund und Kumpels kamen dazu. Jetzt fühlt sich Katja „nicht mehr so allein".

Für Eltern verloren

Der Berliner Senat stellt im Jahr rund 10 Millionen Euro für einen Jugendnotdienst (eine Kontakt- und Beratungsstelle und Übernachtungsmöglichkeiten) zur Verfügung. „Ein Tropfen auf den heißen Stein", meint der Leiter der Kontakt- und Beratungsstelle Robert Hall.

„Wir versuchen die Hilfsangebote so zu gestalten, dass sie für die Kinder und Jugendlichen leicht zu erreichen sind", sagt der Sprecher der Senats-Jugendverwaltung, Thorsten Schilling. Mit einem Betreuungs-Bus vor Ort und einem Notdienst will der Senat „den Jugendlichen näherkommen". Mehr Geld soll in Zukunft für die „Familienhilfe" bereitgestellt werden. Dort werden die Kinder und Jugendlichen mit ihren Eltern betreut und beraten werden.

Die Jugendlichen sind nach relativ kurzer Zeit für ihre Eltern verloren, die Einflüsse der „Straße" **verändern** sie total. Hall und die drei Mitarbeiter versuchen in jedem Fall „erst einmal, zwischen den Jugendlichen und deren Eltern zu vermitteln."

Oft ist auch das nicht mehr möglich. Manche Eltern sind sogar froh, dass die Kinder endlich weg sind, sagt Hall. Während der 13 Dienstjahre hat er sich mit vielen „Argumenten" der Eltern auseinandersetzen müssen. In der Wohnung sei jetzt mehr Platz, und die Probleme mit den **Halbwüchsigen** sei man auch los. Nur rund 1400 Jugendliche werden jährlich von ihren Eltern „vermisst" gemeldet. „Es ist kaum zu glauben, wie oft Geld im **Mittelpunkt** von Diskussionen steht."

vorbeihasten – *to hurry by*	der Kumpel – *buddy*
erbetteln – *to scrounge something*	gestalten – *to design*
alleingelassen – *left alone*	betreuen – *to look after*
die Regelmäßigkeit – *regularity*	beraten – *to advise*
der Missbrauch – *abuse*	vermitteln – *to mediate*
der Zoff – *trouble*	sich auseinandersetzen – *to deal with something*
tauschen – *to swap*	

source: Heike Deutsch, Leaving Certificate 1996 HL

Übung 1 – Schlagen Sie die **fett gedruckten** Vokabeln im Wörterbuch nach und tragen Sie sie dann in Ihr Vokabelheft ein.

Übung 2 – Explain the expressions *sich über Wasser halten* and *ein Tropfen auf den heißen Stein*.

Übung 3 – Beantworten Sie die Fragen auf Englisch.

1. When Katja goes to the station, we learn from the introductory paragraph that she is dirty and in ragged clothes. What does she do and how does she behave?

2. Why is the precise number of homeless children and young peple in Berlin not known?

3. Several reasons are given for children running away from home. Mention one.

4. Outline the details given about Katja's background.

5. What reasons did Katja have for leaving home?

6. Mention two measures the Berlin Senate is taking to alleviate the problems of homeless children and young people.

7. The youth workers dealing with the problem of homeless children and young people mention some parents' attitudes towards their children. Give three examples.

Vokabeln zu Kapitel 17

Learn the vocabulary regularly. Use the empty columns for practice.

die Armut	poverty		
obdachlos	homeless		
die Obdachlosigkeit	homelessness		
der Obdachlose	homeless person		
am Rande der Existenz	on the edge of existence/ livelihood		
betteln	to beg		
die Lumpen	rags		
zerlumpt	ragged		
ungewaschen	unwashed		
dreckig/schmutzig	dirty		
aussichtslos	hopeless, forlorn		
verzweifelt	desperate		
einsam	lonely		
hilflos	helpless		
die Unterkunft	shelter		
das Verbrechen	crime		
die Kriminalität	criminality		
wohlhabend	wealthy		
unfair	unfair		
die Konsumwelt	world of commerce/ consumption		
die Sozialhilfe	social aid		
die Suppenküche	soup kitchen		
unter Brücken schlafen	to sleep under bridges		
der Hauseingang	house entrance		
die Parkbank	park bench		
der Pappkarton	carton		
abrutschen	to slide down		
das Umfeld	environment		
die Konsequenzen	consequences		
die Folgen	implications		
unmenschlich	inhumane		
die Sozialwohnungen	social housing		
die Warteliste	waiting list		

Useful Phrases

Die Menschen engagieren sich nicht genug.	*People don't do enough.*
Es müsste mehr gemacht werden.	*More should be done.*
Viele Leute denken nur an sich selbst.	*A lot of people just think of themselves.*
Wenn die Zeiten hart sind, geht es der untersten Gesellschaftsschicht besonders schlecht.	*The lower end of the social class is particularly badly affected when times are hard.*
Die sozial Schwachen leiden besonders.	*The socially weak suffer the most.*
Wir sammeln Geld in der Schule.	*We collect money in school.*

Appendix

Masculine (*Maskulinum*)

- nouns ending in:
  - *-at (der Salat)*
  - *-er (der Fernseher)*
  - *-graf (der Fotograf)*
  - *-hof (der Bahnhof)*
  - *-ich (der Teppich)*
  - *-ig (der König)*
  - *-iker (der Physiker)*
  - *-ismus (der Rassismus)*
  - *-or (der Autor)*
  - *-stoff (der Brennstoff)*
  - *-tag (der Geburtstag)*
- male persons and animals
- names of seasons, months, days
- makes of cars
- alcoholic drinks (except for *das Bier*!)

Feminine (*Femininum*)

- nouns ending in:
  - *-age (die Garage)*
  - *-e (die Schule)*
  - *-ei (die Bäckerei)*
  - *-enz (die Tendenz)*
  - *-ette (die Toilette)*
  - *-heit (die Freiheit)*
  - *-ie (die Familie)*
  - *-ik (die Politik)*
  - *-in (die Lehrerin)*
  - *-ion (die Religion)*
  - *-keit (die Einsamkeit)*
  - *-schaft (die Wirtschaft)*
  - *-tät (die Universität)*
  - *-ung (die Bildung)*
  - *-zeit (die Freizeit)*
- female persons and animals
- trees, rivers
- ships and planes
- numerals

Neuter (*Neutrum*)

- ◆ nouns ending in:
  -chen *(das Mädchen)*
  -haus *(das Gasthaus)*
  -land *(das Ausland)*
  -lein *(das Fräulein)*
  -ma *(das Thema)*
  -ment *(das Argument)*
  -mittel *(das Waschmittel)*
  -nis *(das Zeugnis)*
  -o *(das Studio)*
  -um *(das Zentrum)*
  -zeug *(das Flugzeug)*
- ◆ young animals
- ◆ place names, hotel names
- ◆ continents, countries (except *die Schweiz, die Türkei, die Vereinigten Staaten*)
- ◆ metals, materials
- ◆ infinitives used as nouns (*rennen – das Rennen; essen – das Essen*)

Verb lists

Reflexive verbs

sich amüsieren – *to have fun*
sich an'strengen – *to make an effort*
sich an'ziehen – *to get dressed*
sich ärgern – *to get angry*
sich auf'regen – *to get excited*
sich aus'ruhen – *to rest*
sich aus'ziehen – *to get undressed*
sich beeilen – *to hurry*
sich beruhigen – *to calm down*
sich duschen – *to shower*
sich ein'setzen – *to plead for something*
sich erholen – *to recuperate*
sich freuen – *to be happy/delighted*
sich fühlen – *to feel*
sich gewöhnen an etwas – *to get used to something*
sich rasieren – *to shave*
sich schminken – *to put on make-up*
sich setzen – *to sit down*
sich sonnen – *to sunbathe*
sich streiten – *to fight*
sich um'ziehen – *to change clothes*
sich unterhalten – *to chat*
sich verspäten – *to be late*
sich waschen – *to wash*

Strong/irregular verbs

infinitive	3rd person present	3rd person imperfect	3rd person perfect	English
beginnen	er beginnt	er begann	er hat begonnen	*to begin*
bieten	er bietet	er bot	er hat geboten	*to offer*
bitten	er bittet	er bat	er hat gebeten	*to ask for*
bleiben	er bleibt	er blieb	er ist geblieben	*to remain*
bringen	er bringt	er brachte	er hat gebracht	*to bring*
denken	er denkt	er dachte	er hat gedacht	*to think*
dürfen	er darf	er durfte	er hat gedurft	*to be allowed to*
essen	er isst	er aß	er hat gegessen	*to eat*
fahren	er fährt	er fuhr	er ist gefahren	*to travel*
finden	er findet	er fand	er hat gefunden	*to find*
fliegen	er fliegt	er flog	er ist geflogen	*to fly*
geben	er gibt	er gab	er hat gegeben	*to give*
haben	er hat	er hatte	er hat gehabt	*to have*
kennen	er kennt	er kannte	er hat gekannt	*to know*
kommen	er kommt	er kam	er ist gekommen	*to come*
können	er kann	er konnte	er hat gekonnt	*to be able to*
laufen	er läuft	er lief	er ist gelaufen	*to walk*
lesen	er liest	er las	er hat gelesen	*to read*
mögen	er mag	er mochte	er hat gemocht	*to like to*
müssen	er muss	er musste	er hat gemusst	*to have to*
nehmen	er nimmt	er nahm	er hat genommen	*to take*
schlafen	er schläft	er schlief	er hat geschlafen	*to sleep*
sein	er ist	er war	er ist gewesen	*to be*
sollen	er soll	er sollte	er hat gesollt	*to be supposed to, ought*
sprechen	er spricht	er sprach	er hat gesprochen	*to speak*
stehen	er steht	er stand	er hat gestanden	*to stand*
streiten	er streitet	er stritt	er hat gestritten	*to quarrel*
tragen	er trägt	er trug	er hat getragen	*to carry; wear*
trinken	er trinkt	er trank	er hat getrunken	*to drink*
tun	er tut	er tat	er hat getan	*to do*
vergessen	er vergisst	er vergaß	er hat vergessen	*to forget*
werden	er wird	er wurde	er ist geworden	*to become*
wissen	er weiß	er wusste	er hat gewusst	*to know*
wollen	er will	er wollte	er hat gewollt	*to want to*

Weak/regular verbs

antworten – *to answer*
arbeiten – *to work*
baden – *to bathe*
brauchen – *to need*
feiern – *to celebrate*
fragen – *to ask*
glauben – *to believe*
grüßen – *to greet*
hoffen – *to hope*
holen – *to get, fetch*
interessieren – *to interest*
kaufen – *to buy*
kochen – *to cook*
kosten – *to cost*
lachen – *to laugh*
leben – *to live*
lernen – *to learn*
lieben – *to love*
machen – *to do*

malen – *to paint*
mieten – *to rent*
nennen – *to name, call*
rauchen – *to smoke*
reisen – *to travel*
sagen – *to say*
schenken – *to give*
schicken – *to send*
schmecken – *to taste*
sparen – *to save*
spielen – *to play*
suchen – *to look for, search*
üben – *to practise*
wählen – *to choose*
wecken – *to wake*
wohnen – *to live*
wünschen – *to wish*
zahlen – *to pay*
zeigen – *to show*

Separable verbs

ab'holen – *to fetch*
ab'fahren – *to depart*
an'fangen – *to start*
an'kommen – *to arrive*
an'rufen – *to phone*
sich an'ziehen – *to get dressed*
auf'hören – *to stop*
auf'machen – *to open*
auf'stehen – *to get up*
aus'gehen – *to go out*

aus'steigen – *to get out/off*
ein'schlafen – *to fall asleep*
ein'steigen – *to get in/on*
fern'sehen – *to watch TV*
statt'finden – *to take place*
teil'nehmen – *to take part*
um'steigen – *to change trains*
zu'machen – *to close*
zurück'fahren – *to travel back, return*

Adjectives and pronouns

Adjective endings after *der, dieser, jeder, mancher, …*:

	masculine	feminine	neuter	plural
nominative	-e	-e	-e	-en
accusative	-en	-e	-e	-en
dative	-en	-en	-en	-en
genitive	-en	-en	-en	-en

Adjective endings after *ein, mein, kein, …*:

	masculine	feminine	neuter	plural
nominative	-er	-e	-es	-en
accusative	-en	-e	-es	-en
dative	-en	-en	-en	-en
genitive	-en	-en	-en	-en

Adjective endings with **no article**:

	masculine	feminine	neuter	plural
nominative	-er	-e	-es	-e
accusative	-en	-e	-es	-e
dative	-em	-er	-em	-en
genitive	-en	-er	-en	-er

Possessive pronouns

mein – *my*

dein – *your (familiar singular)*

sein – *his, its*

ihr – *her (singular)*

unser – *our*

euer – *your (familiar plural)*

ihr – *their (plural)*

Ihr – *your (formal singular and plural)*

Possessive pronoun endings are the same as for the indefinite article (*ein, eine, …*) and *kein*:

	masculine	**feminine**	**neuter**	**plural**
nominative	mein	mein**e**	mein	mein**e**
accusative	mein**en**	mein**e**	mein	mein**e**
dative	mein**em**	mein**er**	mein**em**	mein**en**
genitive	mein**es**	mein**er**	mein**es**	mein**er**

Question words

warum? – *why?*
was? – *what?*
wer? – *who?*
weshalb? – *why?*
wie? – *how?*
wie viel? – *how many?*
wieso? – *why?*
woher? – *where (from)?*
wohin? – *where (to)?*

Wer? Was? *(Who? What?)*

Nominative: wer? – *who?*   was? – *what?*
Accusative: wen? – *whom?*   was? – *what?*
Dative: wem? – *to whom?*   wovon? – *from what?*
Genitive: wessen? – *whose?*   wessen? – *whose?*

Money

In Germany and Austria the currency is the euro:

EUR 1,20 – ein Euro zwanzig
EUR 10 – zehn Euro
EUR 0,50 – fünfzig Cent

In the German speaking part of Switzerland the currency is the Swiss franc (*Schweizer Franken*). The small coins are called *Rappen*:

23,30 SF – dreiundzwanzig Franken dreißig
5 SF – fünf Franken
0,20 – zwanzig Rappen

Numbers

0 – null

1 – eins	1st – **erste**
2 – zwei	2nd – zwei**te**
3 – drei	3rd – **dritte**
4 – vier	4th – vier**te**
5 – fünf	5th – fünf**te**
6 – sechs	6th – sechs**te**
7 – sieben	7th – **siebte**
8 – acht	8th – acht**e**
9 – neun	9th – neun**te**
10 – zehn	10th – zehn**te**
11 – elf	11th – elf**te**
12 – zwölf	12th – zwölf**te**
13 – dreizehn	13th – dreizehn**te**
14 – vierzehn	14th – vierzehn**te**

… etc.

20 – zwanzig	20th – zwanzig**ste**
21 – einundzwanzig	21st – einundzwanzig**ste**
30 – dreißig	30th – dreißig**ste**
40 – vierzig	40th – vierzig**ste**
50 – fünfzig	50th – fünfzig**ste**
60 – sechzig	60th – sechzig**ste**
70 – siebzig	70th – siebzig**ste**
80 – achtzig	80th – achtzig**ste**
90 – neunzig	90th – neunzig**ste**
100 – einhundert	100th – einhundert**ste**

… etc.

$1/2$ – ein Halb (*a half*)

$1/3$ – ein Drittel (*a third*)

$1/4$ – ein Viertel (*a quarter*)

$3 + 3 = 6$	drei plus drei ist gleich sechs
$3 \times 3 = 9$	drei mal drei ist gleich neun
$12 \div 3 = 4$	zwölf geteilt/dividiert durch drei ist gleich vier
$3 - 3 = 0$	drei minus drei ist gleich null

Audio transcripts

Kapitel 1 – Meine Familie und ich

Interview mit Andrea Langenfeld

Brigitte.de: Frau Langenfeld, Ihre Familie besteht bereits seit sieben Jahren. Wie würden Sie Ihr Verhältnis untereinander beschreiben?

Andrea Langenfeld: Im Laufe der Zeit hat sich das Verhältnis verändert. Am Anfang waren wir einfach ein Paar, das seine eigenen Kinder an den Wochenenden mitgebracht hat. Wir sind ganz langsam zusammengewachsen. Als Paul auf die Welt kam, sind Norbert und ich zusammengezogen. Das hat die Situation verändert. Aber da unsere Kinder sich bereits aneinander gewöhnen konnten, war die Umstellung für sie nicht so groß. Zu Paul haben alle drei ein besonders gutes Verhältnis, sie verwöhnen ihn sehr gerne.

Brigitte.de: Wie war am Anfang Ihrer Beziehung das Verhältnis untereinander?

Andrea Langenfeld: Am Anfang war es etwas kompliziert. Es kam hin und wieder zu eifersüchtigen Attacken. Norberts Sohn Philipp ist ein Einzelkind und war es einfach gewöhnt, dass sein Vater immer nur für ihn da ist. Er war sehr eifersüchtig auf mich, weil ich mit seinem Vater so viel Zeit verbrachte. Jedes der Kinder hatte seine eigene Art, mit der neuen Situation umzugehen. Meine Tochter hat lauthals herausgebrüllt, dass sie uns alle blöd findet und lieber auch die Wochenenden bei ihrem Vater verbringen will. Das tat weh.

Brigitte.de: Wie sind Sie mit diesen Konflikten umgegangen?

Andrea Langenfeld: Wir haben versucht, ein paar ganz klare Regeln zu machen. Zum Beispiel wollte Philipp immer bei uns im Bett schlafen. Das ging natürlich nicht. Wir haben es weder ihm noch den anderen Kindern erlaubt. Jeder Elternteil hat sich die Zeit genommen, mit seinen eigenen Kindern etwas zu unternehmen und so ein bisschen „quality time" mit ihnen zu verbringen.

Brigitte.de: Haben Ihre Kinder dadurch gelernt, die neue Familie zu akzeptieren?

Andrea Langenfeld: Ja. Wir haben in der ganzen Zeit versucht, ihnen zu helfen, miteinander vertraut zu werden. Wir haben unsere gesamte Freizeit zusammen verbracht, wir sind Fahrrad gefahren, waren schwimmen, sind gerudert. Alles, was Kindern Spaß macht. Ich glaube, das beste Erlebnis war ein Zelturlaub. Die Kinder haben zusammen in einem Zelt geschlafen, was bei ihnen so was wie ein „Wir-Gefühl" ausgelöst hat. Sie waren aufeinander angewiesen, konnten zusammen Blödsinn machen, fühlten sich von uns unabhängig. Mittlerweile verstehen sie sich ziemlich gut. Natürlich mit den üblichen Reibereien, die überall vorkommen.

source: Martina Schönenborn. Artikel vom 21.03.2002.
http://www.brigitte.de/frau/familie/patchwork/index.html?p=3

Kapitel 2 – Wohnen und Umgebung

Wohnungsschau: Anne zieht aus

Jetzt.de: Du lebst mit einer 84-jährigen Frau zusammen, wie ist es denn dazu gekommen?

Anne: Ich habe in Würzburg studiert und bin dann für ein Jahr als „assistant teacher" nach Birmingham. Als ich zurückgekommen bin, waren meine Möbel weg. Ich habe eine ziemlich große Familie und zwei meiner kleinen Schwestern sind umgezogen und haben einfach meine Sachen mitgenommen. Deshalb hab' ich einfach etwas Möbliertes gesucht, als ich nach München gezogen bin. Hat ja keiner wissen können, dass das so ausgeht.

Jetzt.de: Du redest wohl gerade von deiner jetzigen Wohnsituation?

Anne: Stimmt genau. Ich hatte wenig Zeit, etwas zu finden, und der Münchner Wohnungsmarkt ist teuer. So bin ich aus Verzweiflung hier bei Frau Schmidt eingezogen. Am Anfang wäre mir auch nie in den Sinn gekommen, dass ich das nicht so gut finden würde.

Jetzt.de: Was genau findest du denn nicht so gut?

Anne: Na ja, die Wohnung hier schätze ich auf 180 Quadratmeter, sie liegt mitten in Schwabing, ist Altbau, hat einen Balkon und mein Zimmer kostet 300 Euro – also eigentlich viele Pluspunkte. Leider ist Frau Schmidt der große Minuspunkt.

Jetzt.de: Die Wohnung teilt ihr euch doch aber nicht wirklich, das sieht hier so abgetrennt aus.

Anne: Richtig. Frau Schmidt wohnt in einem Teil, wir im anderen. Aber wir teilen uns eine Toilette und darum bleibt sie in allen Türen stehen und kommentiert, wie wir atmen, das Bett machen, abstauben, unsere Schreibtische aufräumen sollen. Das nervt total. Außerdem ist der Balkon an unserer Küche, weshalb sie auch da ständig durchläuft.

Jetzt.de: Eure Küche ist ja auch ein ziemlicher Sonderfall.

Anne: Oh ja. Frau Schmidt will sich nicht mit uns eine Küche teilen, was ich absolut verstehen kann. Deshalb hat sie in das Bad, das in ihrem Teil der Wohnung liegt, eine kleine Küche eingebaut, und in die Küche, die in unserem Teil liegt, eine Dusche gestellt.

Das ist echt der Horror. Man kann also praktisch aus der Dusche das Essen am Herd umrühren. Wir haben nur ein Waschbecken, in dem wir das Geschirr spülen und uns auch unsere Zähne putzen. Widerlich, oder?

Jetzt.de: Kommt Frau Schmidt denn 'rein, wenn ihr hier duscht?

Anne: Ja klar, wenn sie gerade jetzt in diesem Moment auf den Balkon muss, schon. Dann bleibt sie gerne mal stehen und redet. Total peinlich … Sie hat einfach wenig Distanzgefühl und irgendwie habe ich die Nase voll.

Jetzt.de: Das heißt, du willst ausziehen?

Anne: Ja, lange bleib' ich hier nicht mehr. Wenn wir Gäste haben, lauscht Frau Schmidt an der Tür, sie versteckt das Toilettenpapier und sie hört so laut Fernsehen, dass ich bald einen Hörschaden bekomme. Alles ist alt, gammelig und kaputt und außerdem stinkt es. Ich dachte, ich gewöhne mich an den Geruch, aber das ist leider nicht so. Frau Schmidt lüftet nicht sehr oft, weil sie Heizkosten sparen will. Sie macht nur selten die Fenster auf.

Jetzt.de: Du hast wirklich ganz schön die Nase voll, oder?

Anne: Ja, ich muss hier echt raus, denn langsam werde ich verrückt hier.

Jetzt.de: Dann mach doch gleich mal einen Aufruf hier an unsere Hörer.

Anne: Sehr gern. Ich suche ein WG-Zimmer in Uni-Nähe bis 350 Euro. Meine Mitbewohner sollten lustig sein. Ach und ich hätte gern eine Küche zum Kochen, nicht zum Duschen.

source: Text von Michele Loetzner. http://jetzt.sueddeutsche.de/texte/anzeigen/424169

Kapitel 3 – Freizeit und Hobbys

Sie hören Nachrichten

Teil 1   Einbrechen macht müde: Gauner schläft auf Sofa ein   Track 3

Kempten – Ziemlich anstrengend, so ein Einbruch! So ging es offenbar einem Einbrecher in Kempten. Er schlief in der Wohnung seines Opfers einfach auf dem Sofa ein.

Dort entdeckte ihn der Sohn der Bewohnerin am Samstagvormittag, berichtete die Polizei am Montag. Der Einbrecher wachte auf und versuchte, über ein Fenster zu entkommen – mit dem Schmuck, den er in einem Strumpf versteckt hatte. Der Sohn war aber schneller. Er schnappte den Mann und sperrte ihn in ein Mülltonnenhäuschen. Die Polizei nahm den 20 Jahre alten Mann dann fest.

Teil 2   Tornado trifft Pfadfinder-Lager in USA   Track 4

Washington – Ein Tornado hat im US-Staat Iowa mit voller Kraft ein Pfadfinder-Lager getroffen und nach Medienberichten mindestens vier Menschen getötet. Außerdem wurden in dem Lager „Little Sioux Scout Ranch" mindestens 20 junge Leute zum Teil schwer verletzt. Die Bergung der Opfer dauert am Abend an. In dem Camp in Sioux Falls hielten sich nach den Worten eines Pfadfinder-Sprechers zur Zeit des Unwetters gut 90 Jungen und Teenager im Alter zwischen 13 und 18 Jahren auf.

Teil 3   Unbekannter wirft Stein von Autobahnbrücke   Track 5

Rastede – Ein Vierteljahr nach dem tödlichen Holzklotzwurf in Oldenburg hat ein Unbekannter am Abend fast an der gleichen Stelle erneut einen Stein von einer Autobahnbrücke geschleudert. Der Stein schlug direkt vor dem Gesicht einer 24 Jahre alten Autofahrerin in die Windschutzscheibe ein, teilte die Polizei in Oldenburg mit. Nur weil die Scheibe nicht zerbrach, sei nichts Schlimmeres passiert. Die Frau sah den Steinewerfer im Rückspiegel weglaufen, konnte ihn aber nicht beschreiben.

source: *Kindernachrichten*, 16.06.2008. http://www.derwesten.de/nachrichten/kindernachrichten/2008/6/16/news-56023668/detail.html

Kapitel 4 – Arbeiten und Nebenjobs   Track 6

Interview mit Michael Mollnuber, JobCoach des JugendService

Reporter: Herr Mollnuber, wann sollte man Ihrer Meinung nach mit der Jobsuche starten?

M. Mollnuber: Grundsätzlich sollte man unterscheiden zwischen Jobsuche und Berufsorientierung. Mit der Berufsorientierung sollte man so früh wie möglich anfangen. Am besten bereits vor Abschluss der Schulzeit. Es ist sehr wichtig, dass sich Jugendliche selbst aktiv über verschiedene Berufe informieren.

Reporter: Wie findet man heraus, für welchen Beruf man am besten geeignet ist?

M. Mollnuber: Zu allererst sollte man sich einen Überblick verschaffen. Man kann mit Eltern, Freunden und Bekannten sprechen, weil diese einen gut kennen.

Im Internet gibt es auch verschiedene Berufsinteressenstests. Diese Tests sind kostenlos, aber nicht immer sehr präzise.

Dann gibt es noch das Berufsinformationszentrum BIZ. Hier kann man sich gut über verschiedenste Berufe informieren.

Ich empfehle auch ein Praktikum, denn damit kann man Berufe im echten Leben kennen lernen. Nur so kann man herausfinden, ob ein Beruf wirklich so ist, wie man ihn sich vorstellt, und ob er einem gefällt.

Reporter: Wo bekommt man Informationen über Aufgaben und Tätigkeiten in einem bestimmten Beruf?

M. Mollnuber: Auch hier ist das Angebot groß. In jeder Schule gibt es Lehrer, die eine spezielle Ausbildung zum Bildungsberater haben. Eigeninitiative ist auch hier sehr wichtig. Mit dem Internet oder in der Schulbücherei kann man schon einmal theoretisch viele Informationen zu verschiedenen Jobs finden. Durch einen Telefonanruf oder einen persönlichen Besuch bei Firmen kann man sich auch gut informieren, außerdem zeigt man dadurch dem Unternehmer, dass man engagiert und interessiert ist.

Eltern, Bekannte und Verwandte oder auch Freunde, die bereits in diesem Beruf arbeiten, können einen auch sehr gut beraten.

Reporter: Wie sollte die aktive Bewerbungsphase aussehen?

M. Mollnuber: Nach der Berufsorientierung beginnt die Suche nach Firmen, die den gewünschten Beruf anbieten. Das Internet ist sehr gut, um Firmen zu finden. Das BIZ hat natürlich eine große Menge an Informationsmaterial oder einfach die „Gelben Seiten" im Telefonbuch.

Dann ist es wichtig, gute Bewerbungsunterlagen zu erstellen. Eine gute Bewerbungsmappe beinhaltet einen Brief, Lebenslauf mit Foto, Zeugnisse und/oder andere Zertifikate. Das Foto sollte etwas größer als ein Passbild sein. Auch hier sollte auf gute Qualität geachtet werden.

Schlechte und unprofessionelle Bewerbungen landen oft schnell im Papierkorb.

Reporter: Welche Fehler passieren Jugendlichen am häufigsten, wenn sie sich bewerben?

M. Mollnuber: Schlecht zusammengestellte oder sogar fehlerhafte Bewerbungsunterlagen. Es kommt auch immer wieder vor, dass sich Jugendliche nicht gut über die Firma informieren und vorbereiten. Bei Vorstellungsgesprächen kann das oft zu peinlichen Situationen führen.

Reporter: Ja, vielen Dank Herr Mollnuber, ich hoffe unsere Hörer haben Ihre Tipps hilfreich gefunden.

source: http://www.jugendservice.at/themen/bildung-beruf/lehrlings-coaching/tipps-vom-jobcoach.html

Kapitel 5 – Schule

Betina interviewt den Kapitän des Segelschiffs „Thor Heyerdahl", Detlev Soitzek

Betina: Kapitän Soitzek, Sie leiten ein Projekt „High Seas High School". Die Schüler sind von Ihrer Seeschule begeistert. Wie begann das Projekt eigentlich?

Soitzek: Hmmm … Äh, in den USA gab es schon Seeschulen, in Deutschland noch nicht. Im Jahre 1993 hatten der Schuldirektor der Hermann-Lietz-Schule auf der Insel Spiekeroog und ich als Kapitän die Idee dazu. Seitdem sind wir jedes Jahr 5 Monate unterwegs. Ende Oktober segeln wir immer mit unserem Segelschiff „Thor Heyerdahl" in die Karibik.

Betina: Sie sagen wir, wer ist denn das genau?

Soitzek: Das sind maximal 25 Schüler, Jungen und Mädchen. Meistens aus der elften Klasse verschiedener Schulen, drei Lehrer, eine erfahrene Segelcrew und ich.

Betina:	Aus einem Segelschiff ein Klassenzimmer zu machen, ist wirklich originell. Aber wie sieht es bei Windstärke 10 aus?
Soitzek:	Es wird selbstverständlich nur dann unterrichtet, wenn das Meer ruhig ist oder das Segelschiff im Hafen vor Anker liegt.
Betina:	Ist das dann normaler Schulunterricht?
Soitzek:	Eben nicht. Der Unterricht konzentriert sich hauptsächlich auf unsere Reiseländer in Mittel- und Südamerika. Die Schüler lernen nicht nur Erdkunde, auch die jeweilige Sprache, Kultur, Politik und Geschichte der Länder spielen eine große Rolle. Fächer wie Mathe, Physik, Navigation, Tauchen und Meeresbiologie stehen auch auf dem Stundenplan. Die Schüler machen Erfahrungen aus erster Hand. Wir machen Landprojekte. Zum Beispiel besuchen wir eine Sprachschule in Guatemala und eine Tabakfabrik in Havanna. Wir klettern auf den 4000 Meter hohen Vulkan Santa Maria. Im Oktober 1998 waren wir auch auf einer Insel vor Honduras, wo der Hurrikan „Mitch" fast alles zerstört hat.
Betina:	Das ist ja ein spannendes Programm.
Soitzek:	Stimmt. Hierzu kommt ja auch noch, dass die Schüler zweimal pro Woche kochen müssen. Sie müssen das Schiff auch sauber machen, auf die Masten klettern und lernen, wie man Segel setzt.
Betina:	Und Sie als Kapitän segeln die ganze Zeit?
Soitzek:	Nein, im Gegenteil. Auf der Rückfahrt aus der Karibik übernehmen die Schüler das Kommando über das Schiff und steuern es über den Atlantik in die Heimat zurück. Die Schüler wählen sogar ihren eigenen Kapitän und ich hab' dann nichts mehr zu sagen. Bei unserem intensiven Seetraining haben selbst die Schüler, die vor der Reise nicht segeln konnten, das Segeln gelernt.

source: Leaving Certificate Examination, 2000, Part 1

Kapitel 6 – Fremdsprachen lernen

Track 8

Sprachen lernen. Spaß oder Stress?

Interviewer:	Was motiviert euch beim Sprachenlernen?
Lilija:	Ich heiße Lilija und komme aus der Ukraine. Es macht Spaß, wenn man die Sprache beherrscht. Mich motiviert es, wenn ich mich mit den anderen Leuten unterhalten kann.
Ivo:	Hallo, ich bin der Ivo, ich bin 18 Jahre alt und lebe in Kroatien. Ich mag die Deutschstunden, weil wir eine andere Kultur kennen lernen und weil die deutsche Geschichte sehr interessant ist.
Sara:	Hi, ich heiße Sara und komme auch aus Kroatien. Es gefällt mir, wenn wir in der Klasse über moderne Themen wie Film, Musik, Autos oder über das, was auf der Welt passiert, sprechen.
Tomasz:	Ich bin der Tomasz und lebe in Polen. Ich bin 15 Jahre alt. Es gibt viele Gründe, die mich zum Fremdsprachenlernen motivieren. Heutzutage hat ein Mensch ohne gute Ausbildung keine Möglichkeiten, eine gute Arbeit zu finden. Mich motiviert auch das Arbeiten in Gruppen.
Cathrine:	Hallo, ich komme aus Vinderup in Dänemark und ich heiße Cathrine. Es motiviert mich, wenn wir Spiele und Reisen machen oder einen Schüleraustausch! Ich will viel reisen und darum finde ich es gut, Sprachen zu lernen!
Alexandra:	Ich bin die Alexandra, ich bin 16 Jahre alt und lebe in Frankreich. Mir gefallen Themen, die mich dazu motivieren, nachzudenken und mich und die Welt in Frage zu stellen. Im Unterricht mag ich deutsche Texte bearbeiten. Ich finde, das macht Spaß.
Interviewer:	… und was demotiviert euch?

Daniela:	Hallo, ich heiße Daniela und ich lebe in Kroatien. Ich bin volljährig. Was mich nervt, ist, wenn wir Texte lesen, weil man in den Büchern immer viele neue Wörter findet. Das finde ich total schwierig.
Sergei:	Hi, mein Name ist Sergei. Ich komme aus Kasachstan. Schlechte Noten und Hausaufgaben demotivieren mich. Der Leistungsdruck, der nervt mich auch sehr.
Gisela:	Ich heiße Gisela und komme aus Finnland. Eine schlechte Stimmung, ein böser Lehrer oder zu leichte oder schwierige Übungen können negativ für die eigene Motivation sein. Man hat dann einfach keinen Bock mehr, zu lernen. Manchmal nerven mich auch die Landeskunde und die Grammatik, weil es sehr trockener Unterrichtsstoff ist.
Magdalena:	Mein Name ist Magdalena und ich lebe in Lublin, das ist in Polen. Ich bin 16 Jahre alt und lerne seit vier Jahren Deutsch. Ich finde, dass Sprachenlernen Stress ist, weil es schwierig ist, Vokabeln zu lernen und es nicht immer eine genaue Übersetzung gibt!

source: *JUMA* 4/2002. http://www.juma.de./2002/j4_02/mamit.htm

Kapitel 7 – Reisen und Austausch
Track 9

Interview mit Taylan zum Thema „Austausch nach Südafrika"

Sisol.de:	Hallo, Taylan. Danke, dass du dir Zeit genommen hast, ein wenig über euer Projekt zu erzählen. Du nimmst an deiner Schule an der Südafrika-AG teil, welche unter anderem auch einen Austausch nach Port Elizabeth in Südafrika organisiert. Kannst du ein wenig mehr über das Projekt erzählen?
Taylan:	Ja. Klar. Also, die Südafrika-AG existiert schon seit vier Jahren an meiner Schule. Wir versuchen, mehr über das Land herauszufinden, und treffen uns deshalb regelmäßig in der Schule oder bei Teilnehmern zu Hause. Das Projekt an sich beinhaltet einen dreimonatigen Austausch. Hierbei repräsentieren wir nicht nur unsere Schule, sondern helfen auch im Missionvale Centre und im Kinder-Aidszentrum aus. Es ist kein Urlaub für uns, sondern eher eine Erfahrung vom anderen Afrika.
Sisol.de:	Du wirst auch an dieser Reise teilnehmen. War das für dich sofort klar oder eher eine spontane Entscheidung?
Taylan:	Das war für mich sofort klar. Nicht die Idee vom „Einfach-mal-weg-sein" hat mich motiviert, sondern die Vorstellung, Leuten zu helfen, die es wirklich nötig haben!
	Wenn ich daran denke, dass ich so viel Gutes in dieser kurzen Zeit tun kann, freue ich mich!
Sisol.de:	Wie lange dauert der Aufenthalt in Südafrika?
Taylan:	Drei Monate. Auf dem Plan steht natürlich helfen, helfen und nochmals helfen.
	Nebenbei werden wir dort jeden Tag zur Schule gehen – sogar in Schuluniform!
	Aber wir wollen auch ein wenig das Land kennen lernen und so stehen unter anderem Kapstadt, Johannesburg und eine einwöchige Übernachtung auf einer Farm in der Wüste auf dem Programm.
Sisol.de:	Wenn ihr mal nicht auf Reise seid, werdet ihr dann bei einer Gastfamilie wohnen?
Taylan:	Ja. In einer einheimischen Familie. Jeder bekommt eine Familie zugeteilt und landet hoffentlich bei einer, mit der er oder sie sich gut versteht. Die Familien bekommen jeweils 100 Euro für die drei Monate für die Extra-Kosten.
Sisol.de:	Ihr werdet also verschiedene Seiten von Afrika kennen lernen. Findet der Austausch regelmäßig statt und können sich auch Schüler von anderen Schulen an diesem Projekt beteiligen, vielleicht sogar an dem Austausch selbst einmal teilnehmen?

Taylan:	Beteiligen kann man sich auf verschiedene Weisen. Am besten mit Geldspenden. Die Teilnahme an einem Austausch wird sicherlich schwierig, da es nicht so viele Plätze gibt.
Sisol.de:	Ein gutes Schlusswort. Ich wünsche euch viel Erfolg bei eurem Projekt und eine gute Reise. Eine letzte Frage noch: Wie lange dauert der Flug?
Taylan:	Hmm, das weiß ich ehrlich gesagt nicht ganz genau. Um die 20 Stunden werden wir sicher fliegen müssen.
Sisol.de:	Na dann, viel Spaß!

source: Daniel Lüdeking, 03.12.2006. sisol.de – Das Schul-Informations-System Oldenburg.
http://www.sisol.de/jobschool/artikel/C9DBEE107AA74A0785B45EBBE990D120.sisol

Kapitel 8 – Zukunftspläne

Montag, 18.00 Uhr. Sie hören Nachrichten

Teil 1
Track 10

Verrückt nach Tanz – Eines der größten Tanzworkshop-Festivals findet diesen Februar in Deutschland statt. An vier Tagen unterrichten die besten Tänzer der Welt in fast 300 Seminaren. Dabei sein kann jeder, vom Anfänger bis zum Profi.

An vier Tagen, vom 26. Februar bis zum 1. März, findet im Europa-Park Rust bei Freiburg das dritte Euro Dance Festival statt, nach Angaben der Veranstalter ist es das größte Tanzworkshop-Festival in Europa.

Von morgens bis abends wird unterrichtet und getanzt, die Kurse beginnen um 9 Uhr und enden um 18 Uhr. Wer bis dahin noch nicht genug hat, kann an drei Abenden spektakuläre Shows der Tanz-Weltspitze erleben.

Für einen Vier-Tagespass zahlen Interessierte bis Mitte Februar 275,- Euro, danach sind die Kosten 299,- Euro. Tagespässe und Schnuppertickets sind ebenfalls im Angebot.

Teil 2
Track 11

Los Angeles – Im US-Bundesstaat Kalifornien kämpft die Feuerwehr weiter gegen die verheerenden Brände in der Nähe von Los Angeles und dem südlich gelegenen Orange County. Immer noch werden die Löscharbeiten von starken Winden behindert, die die Flammen immer wieder anfachen. Die Behörden gehen davon aus, dass bis zu 1200 Häuser zerstört wurden. Ein Sprecher äußerte den Verdacht, dass zumindest die Brände in Santa Barbara von Brandstiftern gelegt worden sein könnten.

source: http://www.dw-world.de/dw/article/0,2144,3799449,00.html

Teil 3
Track 12

Hannover – Ein Koffer mit Schmuck im Wert von 300 000 Euro ist einem Bahnreisenden in einem ICE gestohlen worden. Wie die Bundespolizei am Dienstag mitteilte, fuhr der 68-jährige Schmuckhändler aus Thailand am Montagmorgen mit dem ICE von einer Messe in Berlin nach Hannover.

Nach dem Einsteigen ließ er angeblich einen Trolley-Koffer mit dem Schmuck und zwei weitere Gepäckstücke auf dem Gang zurück, um sich einen Sitzplatz zu suchen. Als er hinter Berlin-Spandau sein Gepäck holen wollte, war der Schmuckkoffer verschwunden.

Zeugen berichteten später von einer Frau, die in Berlin-Spandau kurz vor dem Schließen der Türen mit einem Koffer eilig den ICE verließ. Bei ihren Ermittlungen wertet die Polizei zudem Videoaufnahmen aus, die Überwachungskameras im Bahnhof Spandau nach der Ankunft des Zuges gemacht haben.

source: http://www.spiegel.de/reise/aktuell/0,1518,591137,00.html

Kapitel 9 – Auslandsaufenthalt

Interview mit ausländischen Studenten in Bochum

Interviewer:	Was hat Sie besonders an Deutschland überrascht? Erzählen Sie von Ihren ersten Eindrücken.
Jean-Baptiste:	Ich bin erstaunt, wie viele Mädchen in Deutschland Bier trinken.
Luca:	Die Universität ist viel größer und moderner als die meiner Heimatuniversität in Genua. Dort ist das Gebäude aus dem 18. Jahrhundert. Hier funktioniert alles, Getränkeautomaten oder der Fahrstuhl zum Beispiel …
Élise:	In Tours haben wir viele verschiedenen Orte für die einzelnen Fachbereiche. Hier ist alles nah beieinander. Das finde ich super.
Mathieu:	Leider ist der Deutschkurs nicht so intensiv wie ich gehofft hatte. Wir müssten viel mehr pauken. Hoffentlich bekommen wir noch mehr Informationen über das Studium. Das ist für mich alles noch ein großes Rätsel. Aber wie sagt man in Deutschland? Aller Anfang ist schwer!
Cornelie:	Wir müssen Referate halten und Hausarbeiten schreiben. Dafür bekommt man ECTs (*European Credit Transfer*) als Bestätigung, dass man den Kurs gemacht und bestanden hat. Das ist etwas anders als in meiner Uni zu Hause.
Interviewer:	Wo wohnen Sie? Und wie finden Sie Ihre Wohnsituation hier in Deutschland?
Hana:	Ich wohne in einem Studentenwohnheim, in dem auch deutsche Studentinnen wohnen. Sie sind sehr nett. Wenn ich morgens eine Tasse Kaffee trinken möchte, kann ich mich mit einer Deutschen treffen und mit ihr sprechen. Sie kann meine Fehler korrigieren.
Jean-Baptiste:	Ich wohne mit zwei Deutschen in einer Wohnung. Das ist sehr interessant. Mit den anderen Studenten in dem Wohnheim tauschen wir über das Intranet Musik, Dokumente usw.
Guiseppina:	Ich lebe in einem Appartement mit einem kleinen Bad. Es ist sehr schön, doch leider gibt es dort keine anderen Studenten und auch keinen Fernseher. Darum fühle ich mich manchmal allein.
Wojciech:	Bei uns wohnen 15 Studenten auf einer Etage. Wir teilen uns eine Küche, zwei Toiletten und zwei Duschen. Das ist ein bisschen wenig.
Interviewer:	Was machen Sie in Ihrer Freizeit hier in Bochum? Was gibt es so für Studenten zu tun?
Céline:	Es gibt viele Sportmöglichkeiten an der Universität: Fußball, Tennis, Volleyball, Handball … Ich persönlich möchte vor allem Basketball spielen und schwimmen gehen.
Cornelie:	Wir bekommen mit dem Studentenausweis ein Studententicket für die öffentlichen Verkehrsmittel. Damit kann man in ganz Nordrhein-Westfalen herumfahren. Dortmund, Münster und Köln interessieren mich sehr!
Kamil:	Ich werde mich auf die DSH-Prüfung vorbereiten. DSH bedeutet „Deutsche Sprachkenntnisse für den Hochschulzugang". Die kann ich gut brauchen, wenn ich nachher weiter in Deutschland studieren möchte.
Arnaud:	Es gibt hier so viele Sport-Wettbewerbe, zum Beispiel einen Triathlon im Sommer. Darauf werde ich mich vorbereiten, ich habe bereits mit dem Training angefangen. Ich möchte Fußballspiele in Bochum und Dortmund besuchen – schließlich sind diese Städte dafür bekannt.

source: *TIPP* 3/2002, Seite 24–25, Warum Bochum?

Kapitel 10 – Ausländer

Sie hören Nachrichten

Teil 1
Track 14

Frankfurt – Mehr als ein Jahr lang hat ein bei einem privaten Postdienst beschäftigter Briefträger offenbar die ihm anvertraute Post nicht ausgetragen. Frankfurter Polizisten fanden am Montag rund 20 000 Sendungen für die Postleitzahlgebiete 60436, 60425 und 60509. Zu den Adressen gehören nach Angaben der Polizei unter anderem Behörden, Anwaltskanzleien, Arztpraxen, Krankenhäuser und eine Grundschule.

Es scheint, dass der 23 Jahre alte Briefträger keine Post geöffnet, sondern sie in Schränken, Kisten und im Keller gesammelt hat. Eine Nachbarin beobachtete ihn am Montag, als er eine große Anzahl von Briefen in einen Mülleimer warf. In einer ersten Vernehmung hat der Mann ausgesagt, er habe sich überfordert gefühlt. Er besuche eine Abendschule, um den Schulabschluss zu machen, und habe keine Zeit mehr gehabt, die Post auszutragen.

source: *Frankfurter Allgemeine Zeitung*, 10. September 2008

Teil 2
Track 15

Randale im Flugzeug – Ein 79 Jahre alter Fluggast, der auf einem Flug von Istanbul nach Frankfurt randaliert hatte, ist am Donnerstagabend nach der Landung vorübergehend festgenommen worden. Der Passagier beschimpfte das Kabinenpersonal und stieß einer Stewardess einen Servierwagen vor die Brust. Die Stewardess stürzte und wurde von mehreren herunterfallenden Getränkeflaschen getroffen. Der Pilot konnte den Vorfall über Funk am Flughafen melden.

Der Sohn des randalierenden Mannes, der seinen Vater abholen wollte, meinte zu dem Verhalten seines Vaters nur: „Mein Vater ist halt stur."

source: *Frankfurter Allgemeine Zeitung*, 20. September 2008

Teil 3
Track 16

Zum Schluss das Wetter.

Der Sommer kommt nicht in Schwung – am Freitag scheint im Süden und Südosten noch länger die Sonne. Zwischen Saarland, Harz und Mecklenburg sind jedoch reichlich Wolken unterwegs und es kann bereits am Vormittag zeitweise regnen. Sonst zeigt sich zumindest zeitweise die Sonne. Tagsüber folgen verbreitet Schauer und Gewitter. Die Temperaturspanne reicht von teilweise nur 20 Grad an der Nordsee bis 31 Grad in Niederbayern.

Am Samstag fällt im Süden zunächst verbreitet Regen, hier lockert es erst am Nachmittag auf. In weiten Teilen Deutschlands gehen bei einem Mix aus Sonne und Wolken einige Schauer und Gewitter nieder. Die Temperaturen erreichen meist 19 bis 24 Grad.

Noch eine kurze Verkehrsmeldung. Achtung Autofahrer auf der A7 Hamburg Richtung Hannover – zwischen Thieshope und Garlstorf gab es einen Unfall mit einem LKW, der rechte Fahrstreifen ist gesperrt.

source: http://www.sueddeutsche.de/app/wetter/index.html?action=wetterbild&bread
=deutschland&dynt=Wetterbild

Kapitel 11 – Irland – Deutschland – Europa
Track 17

Joachim interviewt Gudrun zum Thema „Karneval in Deutschland"

Joachim: Hallo, Gudrun. Wie siehst du denn heute aus?

Gudrun: Wieso? Ganz normal. Es ist doch Karneval.

Joachim:	Gudrun sitzt mir hier im Studio mit einer roten Clownsnase gegenüber. Auf dem Kopf trägt sie eine grüne Perücke.
Gudrun:	Es ist Karneval oder manche sagen auch Fasching oder Fastnacht, und da feiere ich mit den anderen Narren. Also, ein Narr ist doch eine Person, die – zumindest im Mittelalter – als Spaßmacher bezeichnet wurde und die Leute zum Lachen bringen soll.
Joachim:	Woher kommt dieses Fest „Karneval" eigentlich?
Gudrun:	Also, das ist doch das letzte Fest vor der Fastenzeit, die Zeit, in der man nicht so viel essen darf. Früher durfte man vor Ostern kein Fett und Fleisch, keine Milch und Butter, keinen Käse und vieles andere essen. Und eben vor dieser „schweren" Zeit durfte man noch mal so richtig abfeiern und Party machen.
Joachim:	Aha, sehr interessant. Was ist typisch für den Karneval?
Gudrun:	Typisch zum Karneval: verkleidete Menschen, Partys, viel Spaß und natürlich die Umzüge. Besonders in Köln, denn hier zieht der Rosenmontagszug durch die Stadt.
	Der Rosenmontagszug besteht aus ungefähr 45 Gruppen und ist 6,5 Kilometer lang und dauert etwa 4 bis 5 Stunden. Man sieht Musikbands, Tanzgruppen und viele bunt geschmückte Wagen.
Joachim:	Das wird in Deutschland live im Fernsehen übertragen.
Gudrun:	Der Rosenmontagszug ist ein Muss für jeden Kölner, ein Pflichtprogramm. 2 Stunden vorher muss man schon da sein, um einen guten Platz an der Straße zu finden. Es werden viele Süßigkeiten geworfen und ganz wichtig ist noch der kölsche Schlachtruf.
Joachim:	„Helau", oder?
Gudrun:	Um Gottes willen, das sagt man nur in Düsseldorf oder Mainz. Sag das bloß nie in Köln. Nein, „Alaaf" ruft man. „All-af". Es ist absolut verboten, „Helau" zu sagen. Merk dir das gut, falls du mal zum Karneval nach Köln fährst. „Kölle alaaf"!!! musst du rufen.
Joachim:	Ich werd's mir merken. Wie ist das eigentlich mit dem Verkleiden? Kann man auch ohne Kostüm mitfeiern?
Gudrun:	Verkleiden ist ein absolutes Muss. Jedes Kostüm ist erlaubt. Und wenn man ungeschminkt zum Zug geht, wird man sicherlich geschminkt.
Joachim:	Also lieber vorsichtig sein. Am besten verkleidet man sich vorher selbst. Dann erlebt man keine böse Überraschung. So, jetzt haben wir aber genug geredet, jetzt wird endlich gefeiert!
Gudrun:	Genau.
Joachim:	Na, in diesem Sinne „Kölle Alaaf" oder „Helau". Und wer jetzt trotzdem noch ein bisschen ernsthaft lernen möchte, der kann ja bei www.deutschlern.net die Übungen zum Karneval bearbeiten.
Gudrun:	Ja. Tschüs, bis zum nächsten Mal.

source: http://www.deutschlern.net/aufgabe.php?show=16&lc=36&id=3084

Kapitel 12 – Drogen und Jugendprobleme

Sie hören Kurznachrichten

Teil 1 – Mehr Dopingfälle in Deutschland   Track 18

Die Zahl der positiven Dopingtests ist auch in Deutschland weiter gestiegen. Die nationale Anti-Doping-Agentur will daher noch mehr Kontrollen durchführen.

Die Nationale Anti-Doping-Agentur (NADA) hat im Jahr 2007 72 positive Dopingfälle registriert. Im Vergleich zum Vorjahr stieg die Anzahl der positiven Tests damit um zehn. 62 Fälle wurden im Wettkampf und 10 außerhalb registriert. Wie die NADA auf ihrer Jahrespressekonferenz mitteilte, wurden insgesamt 9532 Tests durchgeführt.

Im Vergleich zum Jahr 2006 stiegen die Trainingskontrollen 2007 um 354 auf 4871. Für das gesamte Jahr 2008 plant die NADA eine drastische Steigerung der Kontrollen außerhalb des Wettkampfs auf bis zu 9000.

source: 09.09. 2008. http://www.sueddeutsche.de/sport/weitere/artikel/546/184965/

Teil 2 – Elefant überwindet nach dreijähriger Entziehungskur Heroinsucht   Track 19

Einem chinesischen Elefanten ist es nach einer dreijährigen Entziehungskur gelungen, seine Heroinsucht zu überwinden. Der Elefant wurde von Drogenschmugglern missbraucht. Während der Entziehungskur bekam er auch den Ersatzstoff Methadon. Allerdings in einer fünfmal so hohen Dosis.

source: 20.10.08. http://www.focus.de/panorama/welt/drogen-elefant-ueberwindet-nach-dreijaehriger-
entziehungskur-heroinsucht_aid_342071.html

Teil 3 – Wer raucht wie viel?   Track 20

In Deutschland rauchen 25 Prozent aller Erwachsenen regelmäßig, weitere 4 Prozent bezeichnen sich als Gelegenheitsraucher. 35 Prozent der Männer rauchen, 22 Prozent der Frauen. Bei den Berufsgruppen stehen Bauarbeiter, Fernfahrer und Busfahrer an der Spitze: 52 Prozent von ihnen greifen regelmäßig zur Zigarette. Unter Ärzten, Apothekern und Lehrern rauchen nur 18 Prozent.

source: http://www.krebsgesellschaft.de/rauchen_datenzahlenfakten,1050.html

Kapitel 13 – Neue Medien   Track 21

Zwei Studenten treffen sich und besprechen ein wohl bekanntes Problem: Zimmersuche

Michael: Hallo, Laura. Na, bist du immer noch auf Zimmersuche?

Laura: Ein Zimmer zu suchen ist so frustrierend. Ein billiges Zimmer in der Nähe der Stadt gibt es nicht. Und die Mietpreise. Total hohe Mieten, die man als Student einfach nicht bezahlen kann.

Michael: Ich habe ein ganz billiges Zimmer gefunden.

Laura: Wie denn das, Michael, ich bin immer noch am suchen!

Michael: Also, pass auf. Letzte Woche habe ich zufällig im Studentensekretariat einen Zettel gesehen. Da stand groß geschrieben „Wohnen für Hilfe für alte Leute". Ich bin direkt beim Büro „Wohnen für Hilfe" vorbeigegangen und habe nun tatsächlich ein Zimmer.

Laura: Wohnen für Hilfe. Was ist denn das?

Michael: Studenten wohnen bei alten Leuten zu Hause, helfen ihnen im Haus und müssen dafür weniger Miete zahlen. Also hat man für ein bisschen Hausarbeit ein billiges Zimmer.

Laura: Keine schlechte Idee. Wie funktioniert das eigentlich? Wie viel Arbeit musst du machen? Wie viel Miete musst du bezahlen?

Michael: Also, wie viel Arbeit man machen muss, hängt davon ab, wie groß das Zimmer ist. Mein Zimmer ist zum Beispiel 16 Quadratmeter groß, also muss ich 16 Stunden im Monat helfen. So ungefähr vier Stunden Arbeit pro Woche. Miete zahle ich da nur die Hälfte. Der Mietpreis reduziert sich nämlich immer um die Hälfte. So habe ich ein Zimmer zum halben Preis.

Laura: Das Zimmer ist also in der Wohnung von … ja von wem eigentlich?

Michael: Ich wohne bei einem Herrn Kunert. Er ist 82, hat Probleme mit seiner Hüfte, also kann nicht richtig gehen und braucht Hilfe beim Staubsaugen, Wäschewaschen, Bügeln und Einkaufen.

Laura:	Ja, und konntest du sofort einziehen?
Michael:	Nee, so einfach geht das nicht. Das Büro Wohnen für Hilfe hat den ersten Kontakt organisiert. Herr Kunert und ich sollten uns erst mal kennen lernen. Ich war mindestens drei Mal bei ihm. Es ist wichtig, dass die Partner gut zueinander passen und gut miteinander auskommen. Mit Herrn Kunert habe ich mich prima verstanden und bin nach drei Tagen eingezogen.
Laura:	Dann haben ja beide was davon, du und Herr Kunert. Ohne deine Hilfe müsste Herr Kunert vielleicht in ein Altersheim. Das wäre ja schade für ihn.
Michael:	Genau. Jetzt kann er länger in seiner eigenen Wohnung bleiben, und ist nicht mehr so allein und isoliert.
Laura:	Und wir Studenten haben ein preiswertes Zimmer.
Michael:	Ja, und das sogar in der Innenstadt.
Laura:	Was! Zeig mir sofort, wo das Büro ist.

source: Leaving Certificate, 1999, Part 1

Kapitel 14 – Die Umwelt

Die Wettervorhersage

Teil A
Track 22

Südlich der Donau bedeckt und etwas Regen, ab 1000 Metern auch Schnee. Sonst teils neblig-trüb, teils aufgelockerte Bewölkung und meist trocken. Höchstwerte zwischen fünf und elf Grad.

Morgen von Nordwesten her neuer Regen, sonst wechselhaft und nur vereinzelt sonnig. Tageshöchstwerte sechs bis zwölf Grad.

source: http://www.dw-world.de/dw/article/0,2144,3793081,00.html
http://www.dw-world.de/dw/article/0,2144,3788915,00.html

Teil B
Track 23

In der Nordwest-Hälfte anfangs überwiegend stark bewölkt mit etwas Regen, später Übergang zu wechselnder Bewölkung. Im Süden und Osten zeitweise heiter. Höchstwerte 20 bis 25 Grad.
Am Abend sinken die Temperaturen auf 12 bis 15 Grad ab und es kann zu kurzen Gewittern kommen.

source: http://www.dw-world.de/dw/article/0,2144,3775564,00.html

Teil C
Track 24

Ein Hochdruckgebiet über Westeuropa sorgt weiterhin für hochsommerliche Temperaturen. Heute bleibt es weiterhin heiter, wolkenlos, aber auch extrem trocken. Die Temperaturen steigen tagsüber auf Werte von 31 bis 35 Grad Celsius an. Gegen Abend stellenweise Regen und die Temperaturen sinken auf 25 Grad ab.
Die Aussichten für morgen weiter unveränderlich.

source: LC Listening HL, 1998

Teil D
Track 25

Havanna – der Hurrikan „Paloma" hat sich auf seinem Zug über Kuba abgeschwächt. Am Samstagabend war er zunächst mit Windgeschwindigkeiten von 200 Kilometern pro Stunde und schweren Regenfällen auf die Südost-Küste getroffen und hatte dort schwere Überschwemmungen ausgelöst. Die Stromversorgung brach gebietsweise zusammen. Mehrere hunderttausend Menschen waren zuvor bereits in Sicherheit gebracht worden. Meteorologen erwarten eine weitere Abschwächung des Sturms, der inzwischen in Richtung der Bahamas weiterzog.

source: http://www.dw-world.de/dw/article/0,2144,3775564,00.html